육도·삼략

명저
고전

육도 삼략

강태공·황석공 지음 김원중 옮김

Humanist

일러두기

1. 이 책은 남송 시대 효종孝宗과 광종光宗 연간의 《무경칠서武經七書》 백문白文, 즉 표점이 찍히지 않은 책을 저본으로 삼아 교감을 덧붙인 우시페이鄔錫非의 《육도독본六韜讀本》(타이베이台北, 삼민서국三民書局, 1996)과 푸지에傅傑의 《삼략독본三略讀本》(타이베이台北, 삼민서국三民書局, 1996)을 저본으로 삼아 완역한 것이며, 번역 과정에서 명나라 유인劉寅의 《육도직해六韜直解》(국회도서관 소장본)와 《삼략직해三略直解》(국회도서관 소장본)의 현토와 해설을 참조했다. 원서의 분절은 기본적으로 저본을 따랐으며 역자가 분절한 것도 더러 있다. 번역은 원전의 읽는 맛을 살리기 위해 '왈曰' 자를 기준으로 나누었으나 원문은 행갈이를 하지 않고 그대로 두었다. 더러는 우리말 번역의 전후 맥락을 고려하여 단락을 구분한 것도 있다. 명백한 오류라고 판단되는 제한적인 범위 내에서 원문을 교열하여 번역한 경우도 있다.
2. 《육도삼략》은 20여 종의 판본이 있고 누락된 글인 일문佚文도 있는 등 판본상 논란이 적지 않지만, 판본 문제는 저본을 충실히 따르는 정도의 수준에서 마무리했으므로 특별한 경우를 제외하고는 거론하지 않았다.
3. 번역의 원칙은 원문에 충실한 번역을 전제로 했고, 내용의 이해를 돕기 위해 주석을 덧붙였으며, 제한된 범위에서 의역도 곁들였다.
4. 이 책의 구성은 전체 해제와 각 권, 각 편 해설, 각 편 본문으로 이루어졌다. 본문은 소제목과 번역문, 원문, 각주 순으로 구성되었다. 소제목은 역자가 임의로 붙인 것으로, 독자가 내용을 쉽게 유추할 수 있게 했다.
5. 주석은 참고문헌에 예시된 다양한 번역서와 주석서를 참조했으며, 국내의 주요 번역본들의 번역을 비교 검토하면서 번역의 충실성을 기하고자 노력했다.
6. 각 권과 편의 해설은 각 권과 편의 핵심 내용을 정리하면서 구체적으로 살펴본 것이다. 역자의 독단을 경계했으며, 가급적 본문과의 중복을 피하고자 노력했다.
7. 번역문에서 대괄호 [ ] 안의 문구는 내용 이해를 위해 역자가 추가한 것이고, 더러 첨가한 소괄호 ( ) 안의 내용은 해당 단어에 대한 간단한 설명이다.
8. 찾아보기는 핵심어·개념어·인명·서명 등을 중심으로 작성했다.

옮긴이 서문

《육도六韜》와 《삼략三略》은 병법서로 알려져 있으며 지은이를 기준으로 900여 년의 시간 차이가 존재하는데, 마치 한 권처럼 《육도삼략》으로 불리기도 하는 꽤 특이한 책이다. 이 두 책은 용병술을 다루는 듯하지만, 다루는 범위가 훨씬 넓어 제왕의 자질을 비롯하여 인재 선발, 장수를 세우는 원칙 등 국가와 천하 경영을 위한 지침도 다양하고 심도 있게 제시한다. '육도'라는 명칭이 여섯 가지 감추어진 계책이란 의미이고, '삼략'은 세 가지 전략이라는 뜻이니, 이 책들이 지향하는 바를 충분히 알 수 있다.

《육도》는 전체가 대화체 문장인데, 주로 주周나라 문왕文王과 무왕武王의 질문에 대한 강태공姜太公의 답변 방식으로 이루어져 있어서 비교적 생동감이 있다. 내용 구성을 보면 전반 두 권이 정치 전략과 국가 운영 방법을 다루고 있고, 중간 세 권은 군사 전술과 작전 계획 등을 다루고 있으며, 마지막 한 권이 군대의 조직과 편성, 운용 등을 다루고 있다. 분량도 《손자병법孫子兵法》의 세 배나 되니 편폭으로 봐도 적지 않다. 이에 비해 《삼략》은 대화체가 아닌 서술식 문장으로 이루어져 있으며, 군대의 운영이나 용병술보다는 기미와 권모를 비롯하여 전쟁과 정치의 근본적인 문제를 다룬 내용이 많으며 명쾌한 논지 전개가 일품이다.

물론 두 권의 저자들은 패권이 난무하고 전쟁이 일상화되었던 주나라의 격변기와 전국戰國시대와 진秦나라 말기의 시대적 분위기를 벗어나지 못했으므로, 생각이 어떤 방식으로 나라를 다스리는가 하는 문제와 어떤 방식으로 백성을 다스릴 수 있느냐 하는 문제로 집약되었다. 끊임없는 전쟁 속에 고민하는 군주들을 위해 강태공은 방향을 제시했고, 군주들은 경청하면서 나라를 다스렸다. 강태공은 정치적 모략과 전략적 자질을 통해 군사軍師가 되어 자기 능력을 유감없이 보여주었다.

《삼략》은 황석공黃石公이 자신의 비책을 물려받을 자격이 있는지 없는지 하는 시험에 통과한 장량張良에게 전수하여 세상에 알려졌고, 구전설화 같은 극적인 이들의 만남의 과정은 역사가 사마천司馬遷에 의해 충실하게 기록되어 그 신빙성을 획득하면서 신비스러운 탄생 과정을 갖게 되었다. 사상적으로 보면 용병과 치국도 '유도柔道', 즉 '부드러운 도'를 기본으로 삼아야 함을 강조하고 있으니, 노자老子의 사상에 바탕을 두는 듯 보인다. 그러면서도 인의와 도덕 등 유가 사상도 강조하고, 게다가 절제와 겸손의 미덕을 제시하는 논조이면서도 변화무쌍한 구체적인 전략도 당연히 종횡으로 전개한다. 역설적으로 이처럼 다양한 사상과 용어, 개념의 출현으로 인해 이 두 권이 위서라는 논란이 제기되기도 했으나, 이 두 권의 존재 자체나 원저자를 뒤엎을 만한 결정적 증거가 나온 것은 아니다.

내가 이 《육도》와 《삼략》에 관심을 기울이고 번역 작업에 착수하게 된 계기는 꽤 오래전 《사기史記》 완역 작업을 하면서 이미 사마천에 의해 거론된 인물들이고 이들이 이 책들의 저자라는 점이 작용했다. 또 다른 이유는 10여 년 전에 《손자병법》을 번역하면서 이 두 권의 책과 일정 부분 겹치는 내용이 있다는 점을 발견하면서 한번 꼼꼼히 들여다봐야겠다고 생각했다.

제목의 '도韜' 자와 '략略' 자에서 느껴지겠지만, 어디를 읽어봐도 단순한 병법서나 용병 지침서의 성격에 그치지 않고 풍부한 사상과 내용을 두루 다루고 있다는 점에도 깊은 인상을 받았다. 도道와 덕德에 입각한 인의와 덕망과 의로운 통치를 강조하여 군주의 자질과 도덕적 정당성이 얼마나 국가 경영에 필수적인지를 말하며, 인재의 선발이나 민심의 중요성, 백성을 먼저 살피는 정치를 강조하면서도 미인계와 이간계, 매수 전략 등 다양한 기만술을 담은 것에 이르기까지 깊이 있고 방대한 내용을 아우르고 있다. 말하자면 《손자병법》과 비슷한 면이 있으면서도 세부적인 방향성이나 전략 등에서는 전혀 다른 범주와 차원으로 다가왔던 것이다.

물론 나는 이 두 책이 《손자병법》과 상보적인 관계라는 점에 주목했고 비교해서 읽으면 아주 유용하리라는 확신을 갖게 되었다.

이를테면, 손자孫子(손무를 높여 부르는 말)가 첫머리부터 강조했듯이, 전쟁을 어쩔 수 없을 때는 하지만 가능하면 삼가라는 명제는 이 두 권의 책에서도 일관되게 강조하고 있으며, 유연하고도 능력 있는 군주와 장수의 자질론을 언급하는 것도 비교하면서 읽을거리다. 군주나 장수에게 도덕적 잣대를 들이대는 것과 천하는 군주 한 사람의 것이 아닌 만백성의 것임을 강조한 《육도》의 해당 부분을 읽다 보면 민본과 애민을 강조한 측면도 유사하다. 이 이외에도 신상필벌과 인재 중시, 임기응변 전략, 문화와 도덕으로 무장하되 결국 무력이라는 수단도 동원하여 온전한 승리를 거두는 전략이 필요하다는 것도 간과할 수 없는 대목이다.

30여 년을 훌쩍 넘는 기간 동안 고전을 연구하고 번역해오면서 이번에 선보이는 《육도·삼략》은 다른 병법서들과 다른 묘한 신비로움을 느꼈다는 점과 함께 병법서 겸 전략서 특유의 웅장함과 통찰력을 봤으며, 이미 3,000여 년 전에 이런 천하 경영의 비책을 담론했다는 데서 오는 심리적 긴장감도 자리했다.

한편 《육도·삼략》의 일문逸文을 여러 문헌에서 발견하고도 이 통행본과의 대조나 번역 작업을 하지 못해 아쉬운 마음이 없진 않으나, 모쪼록 널리 알려진 이 《육도·삼략》의 진가가 역자의 무딘 붓끝에 의해 훼손되지 않고, 이 땅의 고전 애독자들에게 제대로 전달되기를 바라는 마음뿐이다.

수천 년이 지난 한문으로 된 고전과 함께하는 작업이 일상이 된 지 오래되었다. 이번 작업도 그간 해왔던 내 나름의 번역 원칙을 적용하고자 노력했으나, 과연 《육도·삼략》이라는 대작의 의미를 얼마나 제대로 살렸는지 두려운 마음도 많이 든다.

작업을 마무리하고 있는 지금, 연구실 창가 너머로 100여 년 만의 폭염을 잠시나마 주춤하게 하는 소나기가 사납게 내리고 있다. 이 여름도 곧 가을로 접어들 것이고, 세월도 굽이굽이 흘러가리라. 하지만 수천 년을 지켜온 고전은 늘 그 자리에 있으면서 독자들의 손길을 기다리고 있다.

언제나 늘 응원을 보내주는 고전 애독자들께 다시 한번 고개 숙여 감사드린다.

2025년 7월
죽전의 연구실에서
김원중

차 례

옮긴이 서문 5
해제 용병술과 제왕학, 천하 경영의 비책,《육도》와《삼략》 15

육도六韜

제1권 문도文韜　　　　　　　　　　　　　　　　　　　47

제1편 문사文師: 문왕의 스승 | 제2편 영허盈虛: 채움과 비움 | 제3편 국무國務: 나라의 업무 | 제4편 대례大禮: 군신 간의 예의 | 제5편 명전明傳: 분명하게 전하다 | 제6편 육수六守: 여섯 가지 지킴 | 제7편 수토守土: 영토를 지키다 | 제8편 수국守國: 나라를 지키다 | 제9편 상현上賢: 현명한 자를 숭상하다 | 제10편 거현擧賢: 현명한 자를 등용하다 | 제11편 상벌賞罰: 상 주고 벌하기 | 제12편 병도兵道: 군사를 부리는 원칙

제2권 무도武韜　　　　　　　　　　　　　　　　　　　99

제13편 발계發啓: 개발하고 계도하라 | 제14편 문계文啓: 문치로 계도하다 | 제15편 문벌文伐: 문치로 정벌하다 | 제16편 순계順啓: 민심에 따라 계도하다 | 제17편 삼의三疑: 세 가지 의심

제3권 용도龍韜   121

제18편 왕익王翼: 왕의 보좌 | 제19편 논장論將: 장수를 논한다 | 제20편 선장選將: 장수를 선발하다 | 제21편 입장立將: 장수를 세우다 | 제22편 장위將威: 장수의 위엄 | 제23편 여군勵軍: 군대를 격려하다 | 제24편 음부陰符: 은밀한 부신符信 | 제25편 음서陰書: 은밀한 문서 | 제26편 군세軍勢: 군대의 형세 | 제27편 기병奇兵: 기병의 운용 | 제28편 오음五音: 다섯 가지 소리 | 제29편 병징兵徵: 군대의 이기고 지는 징조 | 제30편 농기農器: 농사와 병기

제4권 호도虎韜   173

제31편 군용軍用: 군대의 운용 장비 | 제32편 삼진三陳: 세 가지 진법 | 제33편 질전疾戰: 빠르게 싸워라 | 제34편 필출必出: 반드시 벗어나라 | 제35편 군략軍略: [행군하는] 군대의 모략 | 제36편 임경臨境: 국경에 다다르다 | 제37편 동정動靜: 움직임과 고요함 | 제38편 금고金鼓: 징과 북 | 제39편 절도絕道: [적군이] 길을 끊는다면 | 제40편 약지略地: 적지를 공략하다 | 제41편 화전火戰: 불로 싸워라 | 제42편 누허壘虛: [적의] 보루가 비어있다면

제5권 표도豹韜   221

제43편 임전林戰: 숲속에서의 전투 | 제44편 돌전突戰: 돌격전 | 제45편 적강敵強: 적이 강하다면 | 제46편 적무敵武: 적이 용감하다면 | 제47편 오운산병烏雲山兵: 산지에서의 오운진법 | 제48편 오운택병烏雲澤兵: 늪지에서의 오운진법 | 제49편 소중少眾: 적은 군사로 많은 적과 싸우다 | 제50편 분험分險: 험지에서의 분산

제6권 견도犬韜   249

제51편 분합分合: 분산과 집중 | 제52편 무봉武鋒: 무용이 있는 선봉 | 제53편 연사練士: 병사를 선발하다 | 제54편 교전教戰: 전술을 가르쳐라 | 제55편 균병均兵: 병력을 고르게 배치하라 | 제56편 무거사武車士: 용맹한 전차 병사 | 제57편 무기사武騎士: 용맹한 기마 병사 | 제58편 전차戰車: 전차전 | 제59편 전기戰騎: 기병전 | 제60편 전보戰步: 보병전

삼략三略

상략上略 285

1. 모든 일은 인재 얻는 것이 먼저다 | 2. 부드러움과 약함의 힘이 제왕의 스승이 갖춰야 할 덕목이다 | 3. 현명한 사람과 백성에게 기대고 정성을 다하라 | 4. 나라의 영웅은 선비다 | 5. 군사를 부리는 요체와 인재 등용의 방도 | 6. 장수는 사졸들과 모든 일을 함께하라 | 7. 장수가 위엄으로 삼는 것과 온전한 승리의 비결 | 8. 지친 군대란 | 9. 상과 벌에 엄격하라 | 10. 상벌을 타당하게 하라 | 11. 군주는 장수를 믿어야 한다 | 12. 장수가 갖춰야 할 자질 | 13. 장수의 모략은 비밀이 최우선 | 14. 장수가 삼가는 네 가지 | 15. 선비와 사졸을 부리거나 충성을 다하게 하는 법 | 16. 은혜와 백성이 갖는 힘 | 17. 나라가 비고 백성이 가난해지면 안 되는 이유 | 18. 망하는 나라의 개념 | 19. 도적질의 실마리 | 20. 환란의 원천 | 21. 어지러움의 뿌리 | 22. 나라의 간적이란 | 23. 나라의 폐해가 되는 경우 | 24. 등용과 물러남의 원칙 | 25. 나라의 패망을 초래하는 길 | 26. 간사하고 아첨하는 신하를 등용해서 벌어지는 일 | 27. 군주의 눈과 귀를 막고 가리는 자를 경계하라

중략中略 317

1. 역할에 따라 다른 통치 방식 | 2. 장수의 일에 군주는 관여하지 마라 | 3. 군대의 미묘한 다섯 가지 권도 | 4. 대중을 미혹시키거나 아랫사람을 가까이하지 못하게 하라 | 5. 무당과 축원하는 자를 들이지 마라 | 6. 의로운 선비를 재물로써 부리려 하지 마라 | 7. 군주와 신하 모두 덕이 우선이다 | 8. 임기응변과 속임수와 기이한 계책이 최우선 | 9. 《삼략》의 요지와 군주가 《삼략》을 꼭 알아야 하는 이유

하략 下略

1. 덕으로 다스리고 인재를 불러들여라 | 2. 덕이 있는 군주가 되어 남을 즐겁게 하라 | 3. 편안한 정사로 원만히 이끌어라 | 4. 도·덕·인·의·예, 다섯 가지는 한 몸이다 | 5. 왕명(命)·명령(令)·정치(政)의 삼위일체 | 6. 천 리 밖 현인을 맞이하라 | 7. 선한 정사를 순박한 백성에게 베풀라 | 8. 의심과 미혹을 다스려야 안정된다 | 9. 하늘을 거스르지 마라 | 10. 윗사람을 범하는 자가 존귀해진다면 | 11. 때를 기다리는 신하 될 자의 처신 | 12. 병기는 상서롭지 못하지만 어쩔 수 없을 때는 써야 한다 | 13. 호걸을 통제하라 | 14. 마땅함을 잃지 마라 | 15. 군주는 군주, 신하는 신하 | 16. 현인을 곁에 둬라 | 17. 이롭게 하든, 해롭게 하든 한 사람이 문제다

참고문헌 344
찾아보기 350

해제

용병술과 제왕학, 천하 경영의 비책,
《육도》와《삼략》

《육도》와《삼략》은 어떤 책인가

《육도六韜》와《삼략三略》이라는 두 병법서는 우리에게는 한 권처럼 널리 알려져 있으나, 실제로는 서로 다른 저자에 의해 쓰인 책이며, 지어진 시기도 수백 년의 시간 차이가 존재하므로, 그 내용이나 형식 또한 뚜렷하게 구분된다. 그럼에도 불구하고 두 책이 함께 거론되고 심지어 한 권처럼 병기되는 이유는, 모두 병법서라는 공통점이 있고, 그 이면에는 나라를 다스리고 천하를 경영하는 전략과 비책이 두루 담겨있기 때문이다.

먼저《육도》를 보면,《육도》는《태공육도太公六韜》라고도 하며[1] 여기서 '도韜' 자는 '감추다'라는 뜻으로 활집이나 칼집을 가리키는 '도弢'와 같은 글자다. '육도'라는 명칭은 여섯 가지 감추어진 계책이란 뜻으로, 천하를 다스리고 군대를 다루는 전략을 포괄한다.

전체적인 구성 체계는 주周나라 문왕文王과 무왕武王이 태공망太公望(속칭은 강태공)에게 묻고 태공망이 답하는 방식이다. 권마다 다루는 주제가 있는데, 첫 두 권인 《문도文韜》와 《무도武韜》는 정치 전략과 국가 운영 방법에 초점을 맞추며, 《용도龍韜》와 《호도虎韜》, 《표도豹韜》는 군사 전술과 작전 계획을 중심으로 다룬다. 마지막 《견도犬韜》는 군대의 조직과 훈련을 포함하여 전차병·기병·보병 등 삼대 병종의 편성과 운용 방식에 대해 구체적으로 서술한다.

전체 분량은 약 1만 6,800자로, 병법서의 고전인 약 6,000자인 《손자병법》의 거의 세 배 분량이고, 주나라의 태공망 여상呂尙이 저술한 것으로 전해지며, 무경칠서武經七書 가운데 가장 오래된 병서로 알려져 있다.

《삼략三略》은 《황석공삼략黃石公三略》으로도 알려져 있다. 황석공은 진秦나라 말기의 은사隱士인데, 전쟁과 정치의 본질적인 면을 다루면서도 인의와 도덕의 중요성도 거론하며, 군대의 운영과 용병술

---

1) 사실상 《수서隋書》〈경적지經籍志〉에 《태공육도太公六韜》 이외에 《태공음모太公陰謀》, 《태공금궤太公金匱》, 《태공병법太公兵法》, 《태공삼궁병법太公三宮兵法》이라는 명칭이 보이는데, 이런 책 이름은 후세 사람들이 이름을 빌렸을 가능성이 크다. 물론 이런 책 이름이 거론된다는 것은 역설적으로 병가에서 강태공의 만만치 않은 위상을 보여주는 단서이기도 하다. 심지어 당唐나라 때는 문묘文廟에는 공자孔子를 모셨고 무묘武廟에는 태공太公을 모신 사례도 있으니, 태공의 위상이 만만치 않았음은 분명하다.

못지않게 국가 경영의 다양한 전략적 지침을 담고 있다. '삼략'이란 말은 〈상략上略〉, 〈중략中略〉, 〈하략下略〉 세 편으로 이루어져 있기 때문에 붙여진 명칭이다.

이 책의 성격에 대해 송나라 조공무晁公武는 자신의 저서《군재독서지郡齋讀書志》(권14)에서 "그 책은 용병과 기미와 권모의 묘를 논한다(其書論用兵機權之妙)."라고 말하여, 그 전략적 가치에 대해 높은 평가를 내린 바 있는데, 서술형 문장으로 구성되어 있어 대화체인 《육도》와는 그 구성 체계가 다르다.

《육도》와《삼략》은 누가 지었는가

《육도》와《삼략》의 지은이 문제는 논란의 여지가 있다.《육도》는 무경칠서의 하나로 강태공姜太公이 저자로 알려져 있다. 강태공의 생애에 관한 자료는《사기史記》가 가장 신뢰할 만한 근거로 제시된다. 태공은 성이 강姜이고, 이름은 아牙이니, 강아姜牙가 이름이다.

사마천司馬遷에 의하면, 강태공은 본래 동해東海 출신으로[2] 어려서 가난했고 힘든 일을 많이 겪었으며, 문왕인 서백西伯 창昌을 거의 만

---

2) "太公望呂尙者, 東海上人."(《사기史記》〈제태공세가齊太公世家〉)

년에 만났다고 한다. 그 만남의 과정은 《육도》의 첫 편에 비교적 상세하게 나와 있어 그 신빙성에 무게를 줄 만하다. 문왕이 강태공을 만난 뒤 고공단보古公亶父가 바라던 인재라는 의미에서 태공망太公望이라고 불렀으므로 후인들도 그를 태공太公 혹은 강태공이라고 불렀다. 태공의 조상은 예전에 여呂 지방에 봉해졌으며, 이는 오늘날 신채新蔡(허난성 주마뎬시 신차이현)와 상채上蔡(허난성 주마뎬시 상차이현의 남서쪽) 사이 지역으로 추정된다. 이 때문에 그는 '여상呂尙'이라는 이름으로도 불린다.

사마천은 강태공 여상의 업적을 《사기》〈화식열전貨殖列傳〉에서 다음과 같이 매우 구체적으로 적시하고 있다.

> 전에 태공망여상呂尙이 영구營丘에 봉해졌을 때 그 땅은 소금기가 많고 백성이 적었다. 그래서 태공망은 부녀자들의 길쌈을 장려하여 기교를 극대화하고, [각지로] 생선과 소금을 유통시키자 사람과 물건이 돌아오고 줄을 지어 잇달아 모여들었다. 그리하여 제나라는 천하에 관과 띠와 옷과 신을 퍼뜨려, 동해와 태산 사이의 제후들은 옷과 관을 바로 하고 제나라로 가서 조회하였다.[3]

---

3) "故太公望封於營丘, 地潟鹵, 人民寡, 於是太公勸其女功, 極技巧, 通魚鹽, 則人物歸之, 繦至而輻湊. 故齊冠帶衣履天下, 海岱之閒斂袂而往朝焉."(《사기》〈화식열전〉)

사마천은 계속하여 "천하를 셋으로 나누고 그 둘을 주나라에 귀의시킨 것은 태공의 모계謀計가 대부분을 차지한다."[4]라고 극찬하며 그의 정치 군사적 역량을 높이 평가했다. 또 이런 이야기도 전해 온다. 문왕이 유리羑裏(지금의 허난성 안양시 탕인현에서 북쪽으로 4킬로미터 정도 떨어진 곳에 위치한다)에 구금되어 있을 때 태공이 산의생散宜生, 굉요閎夭 등과 모의하여 미녀와 재물을 주왕에게 바치고 그를 구해주었다는 것이다. 또 다른 설은 태공이 은殷나라의 폭군인 주왕紂王을 섬기다가 그의 무도함을 보고 떠난 뒤 제후들을 유세했으나 받아들여지지 않자 주나라 문왕에게 갔다는 것으로 이 역시 나름의 설득력이 있는 설이다.

강태공은 말년에 이르러 주나라 문왕인 서백 창을 만나게 되며, 이후 문왕이 사망하고 무왕이 즉위한 후에는 그의 군사軍師로 발탁되어 '사상보師尙父'라는 존칭을 받았으니, 그의 전략적 공적이 충분히 인정받은 것으로 평가할 만하다. 예를 들면, 무왕이 즉위한 뒤에 800여 제후들과 맹진盟津에 모여 세력을 확인했으나, 아직 때가 이르지 않았다고 판단해서 2년 뒤에 다시 은나라 정벌에 나섰다. 하지만 당시 불길한 점괘와 폭우로 인해 거사를 망설였는데, 강태공이 과감히 정벌하는 게 낫다고 주장했고, 결국 이를 통해 승리하게

---

4) "天下三分, 其二歸周者, 太公之謀計居多."《사기》〈제태공세가〉)

되었다. 이후 빈민을 구제하고 충신인 기자箕子를 석방하여 인심을 수습하는 등 주나라 정권 안정에도 핵심적인 역할을 했다. 사실상 제齊나라에서 관중管子과 손무孫武, 사마양저司馬穰苴 등 실무에 강한 인재와 병가가 등장한 것도 태공의 영향이 크다는 말은 일리가 있다.

정리하자면, 문왕과 무왕이라는 주나라의 역사적 전환기를 맞아 그들을 보좌한 핵심 인물이 바로 태공이고, 그는 정치적 모략과 전략적 자질에서 탁월함을 보여주며 병법가의 시조로서 전설적 위상을 얻게 되었으며, 바로 유명한 《육도》를 지은 것이다.

《삼략》은 무경칠서의 하나로, 진나라 말기의 병법가인 황석공이 저술한 것으로 전해지며, 이를 장량張良이 전수받아 세상에 알려지게 된 것이다. 황석공은 진나라의 폭정에 환멸을 느끼고 세상을 피해 은둔한 인물로 알려져 있으며, 장량은 진시황秦始皇 암살 모의가 실패한 후 이름을 숨긴 채 하비下邳(지금의 장쑤성 쉬저우 피저우시)에 숨어 살다가 우연히 황석공을 만나게 된다. 이 두 사람의 만남은 전설처럼 극적이며, 장량은 황석공에게서 미래를 위한 비책이 담긴 《태공병법》을 전수받는다.

이 과정은 사마천이 《사기》에 매우 상세히 기록하고 있으며, 구전설화와 같은 면모도 함께 지닌다. 간단히 그 내용을 읽어보자.

> 장량이 일찍이 한가한 틈을 타 하비의 다리 위를 천천히 걸어가는데, 한 노인이 거친 삼베옷을 걸치고 장량이 있는 곳으로 다가와 곧장

자기 신발을 다리 밑으로 떨어뜨리고는 장량을 돌아보며 말했다. ……
다시 닷새 뒤에 장량은 밤이 반도 지나지 않아서 그곳으로 갔다. 얼
마 있다가 노인도 오더니 기뻐하며 말했다. "마땅히 이렇게 해야지."
한 권의 엮은 책을 내놓으며 말했다. "이 책을 읽으면 왕 노릇 하려는
자의 스승이 될 수 있을 것이다. 10년 후에 그 효과를 보게 될 것이다.
13년 뒤에 젊은이가 또 제북濟北에서 나를 만날 수 있을 것인데, 곡성
산穀城山 아래의 누런 돌(黃石)이 나이니라." 그러고는 결국 떠나니, 다
른 말도 없었고, 다시는 만날 수도 없었다. 날이 밝아 그 책을 보았더
니 곧 《태공병법》이었다. 이에 장량은 그 책을 기이하게 여겨 늘 익히
고 그것을 외워가며 읽었다.[5]

이처럼 사마천이 기술하고 있는 내용은 장량과 황석공의 만남
이 극적인 요소가 매우 많아 허구로 여겨질 만큼 신비로운 면이 있
다. 훗날 장량이 한고조漢高祖 유방劉邦을 만나 하비 서쪽의 땅을 공
략한 공로로 신임을 얻게 되어 패공의 휘하에 들어가게 된다. 사마
천은 여기에 "장량이 자주 《태공병법》으로 패공에게 유세하자, 패

---

[5] "良嘗閒從容步游下邳圯上, 有一老父, 衣褐, 至良所, 直墮其履圯下, 顧謂良曰 ……
五日, 良夜未半往. 有頃, 父亦來, 喜曰: '當如是.' 出一編書, 曰: '讀此則爲王者師矣.
後十年興. 十三年孺子見我濟北, 穀城山下黃石卽我矣.' 遂去, 無他言, 不復見. 旦日
視其書, 乃太公兵法也. 良因異之, 常習誦讀之."(《사기》〈유후세가留侯世家〉)

공이 그를 좋게 여겨 항상 그의 계책을 취하곤 했다."(《유후세가》)라고 말하여 이 책의 내용이 실제로 활용되었고 존재했음을 분명히 했다.

그러면서도 장량은 "또 다른 사람에게도 《태공병법》을 말했으나 그들은 모두 이해하지 못했다."(《유후세가》)라고 하여 이 책의 난해함과 전략적 가치를 제대로 이해하지 못하는 사람이 많았음을 한탄했다. 이러한 전승 과정을 거치며 후대 사람들은 이 책을 '삼략三略'이라 불러 전해오게 된 것이다.

물론 사마천의 기록을 통해 황석공과 장량의 불가사의한 관계를 알 수 있으면서도 역사적 사실에 기반한 것인지는 의문의 여지가 있지만, 《사기》에서 《삼략》의 탄생 과정이 상세히 기록되어 있는 이상, 이 책이 지닌 전략적 가치와 영향력은 충분히 인정할 수 있겠다.

《육도》와 《삼략》은 위서인가

《육도》라는 명칭은 《장자莊子》의 〈서무귀徐無鬼〉 편에 등장하는 '금판육도金版六弢'라는 표현에서 그 기원을 찾을 수 있다. 여기서 '육도六弢'는 시詩·서書·예禮·악樂과 함께 제왕의 통치 논리를 구성하는 요소로 언급된다. 《경전석문經典釋文》에서는 이 '육도'가 곧 태공의 병법서인 《육도》(즉, 《문도》·《무도》·《용도》·《호도》·《표도》·《견도》)를 의미한다고 해석했다. 그러나 다른 일각에서는 '육도'라는 표현이 《주서

周書》의 한 편명으로 사용된 것일 가능성도 있다고 보고 있다.

반고班固의 《한서漢書》〈예문지藝文志〉에서는 《육도》를 병가류兵家類가 아닌 유가류儒家類에 수록하고 있으며, '주사육도육편周史六弢六篇'이라는 목록만 등장할 뿐 구체적인 내용은 실려있지 않으나, 《한서》의 대표적 주석가인 안사고顔師古가 해석했듯이 '육도'는 현재 전해지는 《육도》를 가리키며, 병법과 군사전략을 말하는 데에는 이론의 여지가 없다. 안사고는 '도弢' 자가 바로 '도韜'를 뜻한다고 부연하기도 했으니 말이다. 오래된 문헌인 만큼 논란이 많은 것이 사실이지만, 《육도》가 고대부터 일정한 권위를 가진 병법서로 인식되어왔음은 부인할 수 없다.

《육도》에 대한 가장 이른 시기의 기록은 《수서隋書》〈경적지經籍志〉의 병가류에서 확인할 수 있다. 이 문헌에는 "태공육도 5권, 주나라 문왕의 스승인 강망 지음〔太公六韜五卷, 周文王師姜望撰〕."이라고 명기되어 있다. 그러나 《한서》의 '주사육도'와 《수서》의 '태공육도'가 과연 동일한 저작인가에 대해서는 학계에서 오랫동안 논란이 있었으며, 서로 다른 두 권의 병서가 후대에 혼합된 것이라는 설도 존재한다.

이러한 문헌상의 불일치와 시대적 부조화로 인해, 《육도》가 후인의 위작僞作 혹은 가탁서假託書일 가능성이 있다는 의문이 제기되었다.[6] 그 근거로는 책에 사용된 일부 용어가 주나라 초기의 어휘 체계와 맞지 않으며, 서술된 전투 방식이나 무기 체계, 진형 운용법(예를 들어 오운진五雲陣) 등이 주 초기와는 동떨어져 있다는 점이 지적된다.

　더 나아가 천인감응설天人感應說이나 참위설讖緯說과 같은 음양가陰陽家의 이론이 책 전반에 반영되어 있어, 전국戰國시대 이후에 집필되었을 가능성이 크다는 시각도 존재한다. 이런 점들을 종합하여 보면, 이 책의 일부가 주나라 초기에 있었던 것은 사실이나, 구전되거나 논의되던 내용들을 덧붙여 지었을 개연성이 있긴 하다.

　《육도》가 위서일 가능성을 제기한 학자는 적지 않다. 예컨대 남송대의 왕응린王應麟(1223~1296)은 《한서예문지고증漢書藝文志考證》에서 《육도》가 《손자병법》이나 《오자병법吳子兵法》보다도 후대에 편찬된 것으로 보인다고 했다. 명明대의 문헌학자 호응린胡應麟 역시 《육도》가 태공을 사칭한 위작임이 확실하며, 그 성립 시기는 위진魏晉

---

6)　王珏, 〈太公望與《六韜》〉《管子學刊》, 2018年, 第4期, pp.83~85. "개괄적으로 말하면 '위서설'은 주로 의거하는 것이 다음과 같은 몇 가지 방면을 벗어나지 않는다〔概而言之, '僞書說'主要依據無外乎以下幾個方面〕."라고 하면서 결론적으로 "오늘날 본다면 《육도》는 선진의 다른 고적과 같이 서로 비슷한 점이 있는데, 이는 대단히 정상적인 현상이며 선진 시기의 고서들이 서로 인용하는 것은 상당히 일반적인 견해이니, 이는 《육도》를 '거짓으로 지음'이라는 책의 증거가 될 수 없을 뿐만 아니라 도리어 《육도》가 《오자吳子》·《손빈병법孫臏兵法》·《울료자尉繚子》 등과 함께 모두 선진 시기의 병서임을 증명한다고 하겠다〔今天看來, 《六韜》與先秦其他古籍存在相似之處是一種十分正常的現象, 先秦時期古書互相征引頗爲常見, 這不但不能作爲《六韜》爲'僞撰'之書的證據, 反而證明《六韜》與《吳子》《孫臏兵法》《尉繚子》等均爲先秦時期的兵書〕."(p. 86)라고 하면서 위서의 가능성을 일축했다.

시대 이후라고 단언했다. 고증학자인 최술崔述 또한《고신록考信錄》에서《육도》가 진한秦漢시대의 후인이 고대 문헌을 빌려 지은 것으로 보인다고 주장했으며, 이러한 비판은《사고전서총목제요四庫全書總目提要》에도 그대로 반영되었다.《사고전서총목제요》의 해제에 의하면,《육도》를 위서로 판단하는 근거로, 문체가 고대 고전의 품격에 미치지 못하고 고서체의 틀을 벗어난 부분이 많다는 점을 지적한다.[7]

그러나 이러한 위서 논란은 1972년 4월, 중국 산둥성山東省 인췌산銀雀山 한묘漢墓에서 출토된 죽간竹簡의 발견으로 신빙성이 현저히 떨어졌다. 이 무덤은 서한西漢 초기인 기원전 140~118년경에 조성된 것으로 추정되며, 이곳에서《손자병법》과《오자병법》같은 병법서들과 함께《육도》의 일부 내용이 담긴 죽간 열네 편이 발견되었다. 발견된《육도》의 죽간 분량은 4,000여 자에 이르며, 주요 내용은《문도》의〈문사文師〉·〈육수六守〉·〈수토守土〉·〈수국守國〉편과《무도》의〈발계發啓〉·〈문계文啓〉·〈삼의三疑〉편 등으로 구성되어 있다. 이는《육도》가 최소한 한나라 초기에는 존재하며 실제로 유통되었

---

7) 예를 들어〈용도〉의〈입장立將〉편에는 '피정전避正殿'이라는 표현이 등장하는데, 이는 전국시대 이후에야 나타난 어휘로 평가된다. 또한 '장군將軍'이라는 직위 명칭도 주나라 초기에 존재하지 않았던 것으로, 이러한 점들을 종합하면 강태공이 이 책을 직접 저술했을 가능성은 작다는 주장이 제기된다.

음을 방증하는 고고학적 자료로 평가된다.

처음 발견되고 난 이듬해인 1973년에도 허베이성河北省 딩셴定縣에 있는 중산회왕中山懷王 유수劉修의 무덤에서 1,400여 자 분량의 죽간이 출토되었는데, 태공이 저자로 되어있었다. 인췌산 한묘나 중산회왕의 무덤에서《육도》가 발견된 것은 이 책이 이미 한나라 이전이나 한나라 초기에 널리 읽히고 있음을 알려주는 징표라는 점이다.

그렇다면 현재 우리가 읽는《육도》는 어떤 형식의 책인가? 현재 널리 통용되는 판본은 송대에 편찬된 무경칠서 판본으로, 인췌산 출토본을 토대로 하되 일부 유실된 내용을 보완한 형태로 보인다. 이러한 편찬 과정과 전승의 역사를 고려할 때,《육도》는 태공망이 원저작권자임은 분명해 보이나, 일부분이 전국시대부터 진한시대에 이르는 동안 보완되고 편집된 점도 있다는 점을 부인할 수는 없다.[8]

이제《삼략》을 살펴보자. 이 책이 황석공의 저작으로 볼 근거는 우선 사마천의 기록에 의거한다. 그런데 맨 앞부분인〈상략上略〉의

---

8)《육도직해六韜直解》의 저자인 유인劉寅은 한나라 성제成帝 때 임굉任宏이 병서兵書를 논하는 말 중에는《육도》가 포함되지 않았다고 보아 "아마도《육도》와《삼략》은 먼저는 본래 태공이 남긴 책이었는데, 주나라 사관과 황석공이 미루어 부연하여 더 추가한 것인 듯하다."라고 하면서 결국《육도》는 원저자의 존재 가능성을 인지하면서도 복잡한 전승 과정을 거치면서 수정되고 보충된 부분이 적지 않다는 점을 알 수 있게 한다.

내용만 보더라도 많은 글이 《군참軍讖》이란 책을 인용하여 나라를 다스리고 군대를 통솔하는 것을 논하고 있어, 이 책의 전승 과정에서 다른 책에 나와 있는 내용들이 착오로 들어간 것이란 오해를 살 만하며, 그런 점에서 이 책의 진위 문제가 제기된 것도 부인할 수 없다. 좀 더 구체적으로 보면 〈상략〉의 첫머리부터 사람이 자기 의지를 실현하기 위해 무엇보다 중요한 것이 황로 용병의 요체이기도 한 '유도柔道', 즉 '부드러운 도'를 기본으로 삼아야 함을 강조하고 있다. 그리고 심원한 노자老子의 사상에 바탕을 둔 군사전략 등도 많이 보인다.

그런데 《삼략》 역시 위작 시비가 존재한다. 이 책의 전승 과정에 서로 유사한 부분들이 존재함을 알 수 있게 하는 내용이 적지 않다. 예를 들어 《삼략》의 〈중략中略〉에 나오듯이, "대저 높이 나는 새가 죽으면 좋은 활은 감춰지고, 적국이 멸망하면 모략을 꾀한 신하는 망한다〔夫高鳥死, 良弓藏, 敵國滅, 謀臣亡〕."라는 문장이 있는데, 이는 군주가 천하를 얻으면 충신이 제거된다는 말로 범려范蠡가 월왕越王 구천勾踐을 도와 오吳나라 복수에 성공했으나 친구인 문종文種에게 쓴 편지의 문구인 "[나] 범려는 비록 재주가 없었으나, 나아가고 물러남을 명확히 알았다. 높이 나는 새가 흩어지면 좋은 활은 장차 감추어지고, 교활한 토끼가 죽고 나면 훌륭한 개는 곧 삶아진다〔蠡雖不才, 明知進退. 高鳥已散, 良弓將藏; 狡兔已死, 良犬就烹〕."《오월춘추吳越春秋》 권십卷十)라는 문장과 거의 유사하다. 이 말은 전국 진한시대 공신과 군주의 관계를 비유하는 대표적인 성어로 자리매김한 것에서 따온 것으로도 보인다.

또 다른 하나를 보면 〈하략下略〉에 "측은해하는 마음은 인의 피어남이다(惻隱之心, 仁之發也)."라는 문장이 나오는데, 이는 "측은해하는 마음은 인의 단서다(惻隱之心, 仁之端也)."라고 한 《맹자孟子》〈공손추公孫醜〉편의 내용과 거의 같은 것으로서 《맹자》라는 책이 전국시대 중기에 나온 것을 생각해보면 이 《삼략》의 출간과 유통 역시 춘추春秋와 전국 시대에 걸쳐있음을 알 수 있다.

이런 점에서 《삼략》이 진시황이 천하 통일을 하고 난 이후에 성립되었다고 가정하면, 이는 《춘추春秋》에서 말하는 '취천하取天下'에서 '치천하治天下' 및 '안천하安天下'로 상황이 바뀐 시대를 일정 부분 반영한다. 그렇다면 《삼략》의 지은이를 황석공으로 간주하는 것은 무리라는 의미가 된다.

어찌 보면 《삼략》은 《육도》라는 책에 비해 신출귀몰한 신비로움과 경이로움을 간직하고 탄생한 책이다. 이 책이 사람들에 의해 《황석공삼략》이라고 일컬어지는 이유는 바로 사마천의 기록이 한 몫한 것이다. 천하 경영의 비책이 담긴 이 책을 장량이 늘 애독하면서 천하 통일의 대업을 이루는 데 책사 역할을 하게 한 원동력이기에 이 책의 이름을 《태공병법》이라고 했다고 사마천은 분명히 기록하지 않았던가? 그런 면에서 이 책을 이상노인圯上老人 황석공의 저작으로 보는 것은 그다지 무리가 없다.

《육도》와 《삼략》의 내용은 무엇이며,
《손자병법》과 어떤 관계가 있는가

　《육도》는 전쟁에서 승리를 거두는 방법을 다룬 병법서이지만, 단순한 군사전략서에 그치지 않고 전쟁을 바라보는 깊이 있는 시각과 풍부한 사상적 내용을 담고 있다. 《육도》로 돌아가 살펴보자. 기본적으로 시종일관 강조하는 것은 천하는 군주 한 사람의 것이 아니라 모든 백성의 것이라는 사실인데, 이는 백성과 함께하는 자만이 천하를 얻을 수 있다는 데서 출발한다.
　이 책의 첫 편인 〈문사〉에서 태공에게 천하를 어떤 방식으로 통치해야 하는지를 묻자, 태공이 "천하는 [군주] 한 사람의 천하가 아니요, 바로 만백성의 천하입니다. 천하의 이익을 같이하는 자는 천하를 얻게 되고, 천하의 이익을 제멋대로 하는 자는 천하를 잃습니다(天下非一人之天下, 乃天下之天下也. 同天下之利者則得天下, 擅天下之利者則失天下)."라고 말하는 데서 알 수 있듯이, 군주는 자신보다 천하를 먼저 생각하는 통치의 공공성을 가장 우선하고 있다.
　말하자면, 도道와 덕德에 입각한 인의와 덕망과 의로운 통치를 요구하는데, 군주의 가장 큰 무기는 무력이나 권모술수가 아니라 도덕성이라는 데서 출발한다.[9] 군주의 자질과 도덕적 정당성이 나라의 통치에 필수적임을 말하고 있으며 나라의 존립과 흥망을 좌우한다고 강조한다. 아울러 현명한 인재를 얻는 자가 나라를 흥하게 하고, 그렇지 못한 자는 나라를 망하게 한다고 보고 있으므로 인재를 적재적소에 골라 쓰는 능력을 길러야 한다는 점을 강조한다. 아울러 군주는 간신과 충신, 영웅을 가려내고, 상벌을 명확히 하여 군대와 나라의 기강을 바로잡는 것도 중요하다는 것이다. 특히 민심을 잃지 말 것을 강조하고 있으니, 백성은 나라의 근본이므로 민심을 잃으면 국가가 바로 설 수 없다고 말한다. 전쟁이나 통치에서 민심을 가장 중시하고 있다.

이러한 입장에서 출발하여 전쟁 또한 백성을 위한 전쟁이어야 하며 피할 수 없을 때 해야 하는 최후의 수단임을 말하며, 반드시 정당성에 기반을 두어야 함을 강조한다. 왜냐하면 백성의 신뢰와 도덕적 명분이 없는 군주는 그 승리를 장담할 수 없기 때문이다. 사실상 강태공은 유가에서 추존하는 인물로서,《육도》60편은 대체로 천하 경영의 비책을 다룬 내용도 많이 있으며, 전략과 전술 및 음모와 궤계詭計도 두루 다루고 있다.

여기서 주목할 점은 기원전 12세기경 주나라 문왕과 무왕과의

---

9) 말하자면,《육도》전반에 유가적 가치관이 적지 않게 반영되어 있다는 사실이다. 예를 들어《문도》의〈명전明傳〉에서는 "의로움이 욕망을 이기면 번창하고 욕망이 의로움을 이기면 멸망하며, 공경이 게으름을 이기면 발전하게 되고 게으름이 공경을 이기면 멸망하게 됩니다〔義勝欲則昌, 欲勝義則亡; 敬勝怠則吉, 怠勝敬則滅〕."라고 했다.

대화체를 기록한《육도》는 기원전 6세기경에 활동한 춘추시대 말기의 산물인 손자의 단독 저작인《손자병법》보다 600여 년의 시간 차이가 나고 그 분량 역시《손자병법》보다 세 배 정도나 되며 다루는 범위도 넓어 손자의 병법론과 인과관계를 갖는 것은 어찌 보면 당연한 일일지도 모른다.《삼략》은 기원전 3세기 초 진나라 말기에 활동한 황석공의 기록이므로 이 역시 성격은 확연히 다르지만 병법서라는 공통점이 존재하는《손자병법》과 그 인과관계가 존재할 수 있다고 보여진다.

《육도》의 제2권《무도》중 〈문벌文伐〉 편에서는 전면전을 피하고 모략으로 적을 무너뜨리는 열두 가지 전략을 제시했는데, 예를 들어《손자병법》에 "전쟁이란 속이는 도道이다(兵者, 詭道也)."라는 명제와 맞물려 있다. 즉, 〈문벌〉 편에서 다루고 있는 미인계나 이간계, 금품 매수 등 다채로운 기만전술이 포함되어 있어, 손자의 이론과 구체적인 인과관계가 있다고 볼 수 있겠다.

《손자병법》에서는 "전쟁이란 나라의 중대한 일이다(兵者, 國之大事)."라고 간주했다면,《육도》는 좀 더 넓은 시각에서 전쟁을 바라본다. 즉, 전쟁을 천하의 혼란과 갈등을 조정하고 질서를 회복하는 하나의 수단으로 보며, 이를 긍정적인 관점에서 접근하기도 한다. 특히《육도》는 농업·상업·공업 등 경제활동의 중요성을 강조하고, 정권의 도덕적 정당성과 백성의 자발적 동참을 중시함으로써, 용병술을 단순한 군사전략이라기보다는 천하 경영의 비책이며 핵심 사안으로 바라본다는 점이다.

《육도》의 편명은 대체로 편의 주제를 나타내는 것으로 각 편의 본문에서 따온 것이다. 열두 편으로 구성된 제1권 《문도》의 〈문사〉 편에 문왕이 태공과 만나 낚시하는 데 "세 가지 권도가 있듯이〔釣有三權〕" 나라를 다스리면 된다는 말은 손자가 강조하는 '권도'의 중요성과 연계된다. 마지막 〈병도兵道〉 편에서 적이 예상하지 못하는 곳을 치라는 태공의 다음과 같은 말을 보자.

"밖으로는 어지러운 듯이 보이면서 안으로는 정연하고, 굶주리게 보이면서 실제로는 배부르며, 안은 정예로우면서 밖은 노둔해 보이니, 한 번 맞붙었다가 한 번 떨어지고, 한 번 모였다가 한 번 흩어졌다가 하면서, 그 [아군의] 계책을 숨기고 기밀을 은밀히 하며, 방어진지를 높이 쌓고 정예병을 숨겨 소리가 없는 것처럼 하면, 적은 우리가 방비하는 줄을 알지 못하니, 저들이 서쪽으로 오고자 하면 그 동쪽을 몰래 공격하는 것입니다."[10]

이 같은 성동격서聲東擊西는 《손자병법》 〈계計〉 편에서 "전쟁이란 속이는 도道이다. 따라서 능력이 있는데 적에게는 능력이 없는 것처럼 보이게 하고, [군대를] 쓰되 적에게는 [군대를] 쓰지 않는 것처럼

---

10) "外亂而內整, 示饑而實飽, 內精而外鈍; 一合一離, 一聚一散; 陰其謀, 密其機, 高其壘, 伏其銳士, 寂若無聲, 敵不知我所備; 欲其西, 襲其東."

보이게 하며, 가까운 곳을 노리면서 적에게는 먼 곳을 노리는 것처럼 보이게 하고, 먼 곳을 노리면서 적에게는 가까운 곳을 노리는 것처럼 보이게 한다. …… 그들이 방비하지 않은 곳을 공격하고 그들이 생각하지 못한 곳으로 출격하라."[11]라는 문장과 비슷하다.

다섯 편으로 구성된 제2권《무도》에서 〈삼의〉 편은 싸우지 않으면서 전쟁에서 승리하는 열두 가지 전술과 세 가지 계책을 서술하고 있다. 이를테면 "여색으로써 음란하게 하고, 이익으로써 꾀어내며, 맛있는 것으로써 길러주고, 음악으로써 즐겁게 해줍니다. 그 친밀함을 이간질하고는 반드시 백성을 멀리하게 하도록 합니다."[12]라는 전술은 뇌물이나 이간책, 미인계, 백성 회유책 등 상대의 허를 찌르는 전술을 두루 담고 있는데,《손자병법》〈용간用間〉 편에서 "그러므로 현명한 군주와 어진 장수가 군대를 움직여 적을 이기고 적보다 공을 이룰 수 있는 까닭은 [그들보다] 먼저 [적진의 상황을] 알았기 때문이다."[13]라는 말과 함께 읽어볼 만하다.

열세 편으로 구성된 제3권《용도》는 주로 군대 편성과 운용 및 장수의 자질, 참모 임용 방법, 군대의 조직과 직능, 군대 통솔 방법

---

11) "兵者, 詭道也. 故能而示之不能, 用而示之不用, 近而示之遠, 遠而示之近. …… 攻其無備, 出其不意."
12) "淫之以色, 啗之以利, 養之以味, 娛之以樂. 既離其親, 必使遠民."
13) "故明君賢將, 所以動而勝人, 成功出於衆者, 先知也."

및 장수 선발의 원칙 등을 다루고 있는데, 〈논장論將〉 편에서 "전쟁은 나라의 중대한 일이요, 존립과 패망의 길이니, [군대의] 운명은 장수에게 달려있습니다."[14]라는 문장은 《손자병법》〈계〉 편 첫머리에 있는 "전쟁이란 나라의 중대한 일이다. 죽음과 삶의 문제이며, 존립과 패망의 길이니 살피지 않을 수 없다(兵者, 國之大事, 死生之地, 存亡之道, 不可不察也)."라는 말과 거의 같다. 또한 같은 편에서 "장수가 이미 명령을 받고 나면 절하고 군주에게 '신이 들으니 나라는 밖에서 다스릴 수 없고, 군대는 조정에서 통제할 수 없으며"[15]라는 문장은 《손자병법》〈지형地形〉 편의 "전쟁의 이치상 이길 수 없으면 군주가 반드시 싸우라고 해도 싸우지 않는 것이 옳다."[16]라는 문장과 비슷한 논지다.

열두 편으로 이루어진 제4권 《호도》의 〈화전火戰〉 편을 보면 상대가 불로 공격해올 때 아군도 불로 맞대응하라는 구체적인 전술을 다루고 있는데, 《손자병법》〈화공火攻〉 편과 거의 자매 편을 이룬다고 해도 과언이 아니다. 〈루허壘虛〉 편 역시 적의 보루의 허실虛實을 파악하고 행군의 요령 등을 다루는데, 이는 《손자병법》〈행군行軍〉

---

14) "兵者, 國之大事, 存亡之道, 命在於將."
15) "將已受命, 拜而報君曰: '臣聞國不可從外治, 軍不可從中御.'"
16) "戰道不勝, 主曰必戰, 無戰可也."

편에 나오는 적의 동태를 파악하는 서른세 가지 방법 등과 비교해서 읽어볼 만하다.

여덟 편으로 구성된 제5권《표도》는 산지에서의 전투나 돌격전을 다룬 부분이 앞에 나오는데, 이는《손자병법》〈군쟁軍爭〉편에서 "산림·험지·늪지의 지형을 알지 못하면 군대가 행군할 수 없고"[17]라는 문장과 비교해서 읽을 만하다. 특히 〈오운산병烏雲山兵〉과 〈오운택병烏雲澤兵〉편은 군대를 임기응변하게 운영하는 방법을 말하는데, '기정奇正', 즉 기습과 정공의 양면 공략의 의미를 강조한 부분은《손자병법》〈세勢〉편에 나오는 '기정상생奇正相生'이나 아홉 가지의 임기응변 전략을 다룬《손자병법》〈구변九變〉편과 기본 논지가 비슷하다. 직면한 상황에 대한 즉각적인 대처가 가능한 전술이 두루 망라되어 있기 때문이다.

열 편으로 구성된 제6권《견도》는 군대의 편성과 훈련 방법을 비롯하여 전차병과 기병, 보병 등 삼대 병종의 편성과 운용 문제를 다루는데, 전차전과 보병전의 전술 부분은 이를테면《손자병법》〈행군〉편에서 "흙먼지가 높고도 날카롭게 일어나면 [적군의] 전차가 진격해오는 징후이고, 흙먼지가 낮고 퍼지듯 일어나면 [적군의] 보병이 진격해오는 징후다."[18]라는 말과 비교해가면서 읽을 만하다.

---

17) "不知山林險阻沮澤之形者, 不能行軍."

이렇듯 《육도》에서 다루는 내용은 《손자병법》의 내용과 겹치거나 상호 보완적 관계를 보여주는 것이 적지 않아 이 두 권을 비교해가면서 읽어도 좋을 만큼 용병술에 관한 내용이 두루 망라되어 있다.

이제 진나라 말기에 나온 《삼략》과 《손자병법》의 관련성을 보기로 하자. 《삼략》의 〈상략〉에서 장수는 모름지기 사졸들의 마음을 얻어야 함을 말하며 모략을 짤 때 비밀 유지의 중요성도 강조한다. 용인술과 권모 등 전략을 논하는데, 이는 '병법이란 속이는 이치[詭道]'라고 하고, '전쟁이란 모략으로 공격하는 모공謀攻'이 중요함을 강조한 손자의 관점과 겹치며 탁상공론형 지휘자가 아니고 실전에서 병사들을 지휘하며 상황의 변화에 따른 계책이라는 의미다. 물론 이러한 기조는 노자가 《노자 도덕경老子道德經》 57장에서 한 발언인 "나라는 정의로 다스리고 전쟁에는 기이한 계책을 쓴다."라는 관점과도 연계되며, 이는 손자가 "용병이란 적을 기만함으로써 성립하고[兵以詐立]"《손자병법》〈군쟁軍爭〉 편)라는 말과 다름 아니다.

〈중략〉에서도 권모술수의 중요성을 강조하면서 군주의 덕목과 권도, 임기응변과 속임수 및 기이한 계책도 말하는데, 이런 관점은 《손자병법》〈구변〉 편에서 강조하는 '아홉 가지의 임기응변 전략'

---

18) "塵高而銳者, 車來也; 卑而廣者, 徒來也."

의 흐름과 이어지니, 용병의 융통성으로 중요한 '변變'은 긴급 상황에 대한 교묘한 대처법이요 권모술수적인 요소도 있고 기회주의적 면모도 있는 것이다.

〈하략〉에서 "대저 병기란 상서롭지 못한 기물[19]이니, 천도가 그것을 미워하지만 어쩔 수 없어 그것을 쓰는 것이니, 이것이 천도다."[20]라는 말은 병가인 손자가 말한 내용[21]과도 일치하는데, 전쟁의 파괴성과 그것이 사회경제와 백성들의 생활에 끼치는 거대한

---

19) 원문의 '상서롭지 못한 기물〔不祥之器〕'은 바로 노자의 발언에서 나온 것이다. "병기란 상서롭지 못한 기물이며 군자의 기물이 아니므로 부득이해서 그것을 사용하지만 초연함과 담담함을 최상으로 삼는다. 승리해도 [이를] 불미스럽게 여겨야 하니, 그것을 찬미하는 사람은 바로 사람 죽이는 것을 즐기는 사람이고, 사람 죽이는 것을 즐기는 사람은 천하에서 뜻을 얻지 못할 것이다〔兵者, 不祥之器, 非君子之器, 不得已而用之, 恬淡爲上. 勝而不美, 而美之者, 是樂殺人, 夫樂殺人者, 則不可得志於天下矣〕."(《노자 도덕경》 31장) 덧붙여 보면, '기器'는 '기물'인데, 확대하면 강한 군사력이나 훌륭한 정책 같은 쓸모 있는 도구의 총칭을 의미한다.

20) "夫兵者, 不祥之器, 天道惡之, 不得已而用之, 是天道也."

21) 《삼략》이 《손자병법》의 용병론을 계승한 사실은 군사전략적인 새로운 견해, 즉 '천도天道' 관념에서 출발하여 '의병義兵'의 필승 원인을 제공하는 무리를 용병의 근본으로 파악하고 장수의 소양을 중요한 필승 요인으로 파악하며 군주와 장수의 관계를 '어장통중禦將統眾'의 관점으로 제시하는 등은 송나라의 대계戴溪가 《장감논단將鑒論斷》에서 평한 다음과 같은 발언과 맞닿아 있다. "병법이 지금 세상에 전해지는 것은 칠가인데, 오직 《황석공삼략》만이 도에 통하고 쓸모에 적용되어 가히 공을 세우고 자신을 보전할 수 있다〔兵法傳於今世者七家, 惟《黃石公三略》通於道而適於用, 可以立功而保身〕."

재앙에 대한 경고이기도 하다. 그리고 〈하략〉에서 왕명(命)·명령(令)·정치(政)의 삼위일체를 강조하고 군주와 신하의 엄격한 구분을 강조하는 점도 따지고 보면 손자가 《손자병법》〈계〉 편에서 강조한 '오사五事, 전쟁 전 헤아려야 할 다섯 가지'와 '칠계七計, 전쟁 전 가늠해야 할 일곱 가지'에 나오는 군주와 장수의 자질 부분을 강조한 것과 비교해서 읽어보면 좋을 것이다. 즉, 손자가 말한 "군주 중에 누가 도를 갖추었는가(主孰有道)?" 하는 것은 명분을 갖춘 군주가 아니면 전쟁할 자격이 없다는 것과 연결되기 때문이다.

〈하략〉에 나오듯이 성명한 군주가 전쟁하는 데 있어 '주포토란誅暴討亂'의 전쟁, 즉 정의의 전쟁은 도탄에 빠진 백성을 구한다는 전제가 깔려있다. 여기에서 한 걸음 더 나아가 지나침과 부족함을 경계하며, 부드러움과 강함이 순환하는 변화의 원리를 이해하고 대처해야 한다고 본다. 또한 〈상략〉에서 "군사를 부리는 요체는 반드시 먼저 적의 사정을 살피는 데 있으니(用兵之要, 必先察敵情)"라고 하면서 그 창고를 지켜보아 그들의 식량을 헤아리고, 그들의 강함과 약함 등을 구체적으로 살펴야 한다고 했는데, 이는 손자가 강조한 '불가불찰不可不察'이나 '지피지기知彼知己'라는 말 등과 관련된다.

이런 관련성 이외에도 《삼략》은 부드러운 통치 리더십을 전제로 하면서도 민심 확보와 백성을 위한 도덕적 통치 자세의 확립, 적재적소의 인재 등용, 통치의 정당성 확보, 변화와 균형 감각을 갖춘 통치 지침 등을 두루 말하고 있다.

이렇게 본다면《육도》의 내용이《손자병법》과 서로 깊은 상관성이 있다는 점은 분명하게 드러나며, 내용 면에서 용병론을 집중적으로 다룬《손자병법》과 변별점이 존재한다는 점과 다양한 논제를 풍부하게 다루고 있어 당나라 안사고가 지적했듯이 '천하天下'와 '군려軍旅(군대)'의 사안을 모두 다루고 있는 저작임이 분명하다. 물론《삼략》은 초한 쟁패 과정의 격변기를 거쳐 한나라 초기에 세상에 나왔다고 볼 때,《손자병법》과의 인과관계는 더욱 두드러진다는 점도 당연히 염두에 두고 읽어야 할 것이다.

《육도》와《삼략》을 왜 읽어야 하는가

《육도》와《삼략》은 단순한 병법서에 머물지 않고, 춘추전국시대의 정치철학과 통치 전략, 인간 이해를 담은 전략서로 널리 인정받아 왔다. 그런 면에서《육도》와《삼략》이 우리나라에 들어와 읽힌 것은 당연한 일이었다. 이미 삼한三韓 시기에 유입된 기록[22]이 있고, 신라 말의 경순왕敬順王은 결국 고려에 투항한 인물인데 "육도와 삼

---

22) "一水橫分雲鳥陣. 三韓曾識虎龍韜." 李尚毅,《少陵集》卷一《寄謝邊帥》,《韓國文集叢刊》第12册, 2006, 110쪽.

략을 가슴속에 넣어두었다(六韜三略拘入胸襟)."라는 칭찬²³⁾을 들었던 인물이기도 하다. 불교가 흥성했던 고려시대 초기의 인물 왕융王融이 김부金傅에게 내린 교서에 《육도》와 《삼략》을 가슴속에 품고 있다고 했으며, 이규보李奎報의 《동국이상국집東國李相國集》에는 《용도》의 계책을 읽었다는 내용도 있을 정도이니, 병가의 교과서로 널리 애독되어왔다는 점을 알 수 있다.

숭문억무崇文抑武의 조선시대에 태조太祖 이성계李成桂는 태공을 제사 지낼 정도였고, 무과 시험을 도입했으며, 뒤이은 태종太宗도 《육도》와 《삼략》을 무경칠서, 즉 군사학의 일곱 경전의 하나로 존중하여 무과의 시험 과목으로 넣어 그 가치를 공식적으로 인정했다. 세조世祖 때 편찬된 《어제무경禦制武經》과 중종中宗 때의 《무경칠서武經七書》가 인쇄되어 유통되었는데 사실상 조선 전기의 병법서는 조정의 엄격한 관리하에 일정한 수량만 유통될 정도였으니, 이는 이 시대가 성리학의 시대였기 때문일 것이다. 임진왜란을 겪으면서 무과 시험에서 《손자병법》과 《오자병법》 그리고 《육도》가 시험 과목에 포함되었다.

그럼에도 불구하고 무학을 익히는 무인뿐 아니라 문인도 문무文武를 겸한다는 인식을 한 것이며, 당시에 《손자병법》과 함께 널리

---

23) 鄭麟趾, 《高麗史》卷二 《世家二》, 景宗元年十月乙卯, 31~32쪽.

읽는 필독서 중 하나였다. 영조英祖 12년에 《무경칠서》의 별도 주석본이 나왔다. 정조正祖는 "《육도》와 《손무자》와 같은 책은 필력이 웅건하고 이론과 흥취가 정심하여 제자서 중에서 높은 지점을 차지한다〔如《六韜》,《孫武子》, 筆力雄健, 理趣精深, 當於諸子中高占〕."[24]라는 말로 《육도》와 《손자병법》을 대단히 높이 평가했다. 충무공 이순신李舜臣은 채지홍蔡之洪(1683~1741)에 의해 "입조해서는 충정하고 가슴에는 육도를 감추고 있다〔立朝忠貞, 胸藏六韜〕."[25]라는 평가를 받았으니, 당시의 《육도》가 얼마나 중시되고 많이 읽혔는지 알 수 있다.

19세기 지식인이요 문장가로 유명한 홍석주洪奭周는 《연천집淵泉集》〈제자정언발諸子精言跋〉에서 "《육도》와 《삼략》은 모두 한나라 이후의 책이다. 그러나 《육도》의 글은 지엽적이고 《삼략》의 글은 간소하며, 《육도》는 군대를 많이 말했고 《삼략》은 나라 다스리는 것을 많이 논했으며, 《육도》는 오로지 권모와 속임수를 숭상했고 《삼략》은 오히려 정도에 가깝다〔六韜三略 皆漢以後書也, 然六韜之文支, 三略之文簡, 六韜多言兵, 三略多論治國, 六韜專尙權詐, 而三略則猶爲近正〕."라고 하여 《육도》보다 《삼략》을 높이 평가했다. 당시에 지식인들도 이 책의 성격을 두고 갑론을박이 적지 않았음을 입증한다고 하겠다.

---

24) 《홍재전서弘齋全書》 권164 〈일득록사日得錄四〉
25) 《봉암집鳳岩集》 권14 〈제문祭文〉

그렇다면 왜 《육도》와 《삼략》이 널리 읽혀왔을까? 이 책들이 단순한 병법서가 아니라는 데서 출발하는데, 통치 전략과 국가 경영 및 인간관계론 등 깊은 통찰을 담고 있기 때문이다.

《육도》에서 특히 천하는 군주 한 사람의 것이 아닌 만백성의 것임을 최우선시했으므로 민본주의와 애민에 바탕을 두고 있음을 강조했다. 신상필벌과 인재 중시, 허세 타파, 임기응변 전략, 무위이치無爲而治의 정신, 상벌의 병용 등 문과 무의 조화를 바탕으로 문화와 도덕, 외교, 설득력 등으로 무장하되 무력적 수단도 함께 써서 상대를 굴복시키는 '문벌전승文伐全勝'의 전략은 그 무엇보다도 무고한 희생이나 피해를 줄이려는 핵심적인 가치 기준이다. 즉, 태공과 문왕의 만남에서 시작되듯이 뛰어난 인재를 등용하는 것이 국가의 흥망을 좌우한다는 점과 민본주의 시각에서 백성 최우선 정책이 일관되게 펼쳐지는 것이다. 또한 《삼략》은 유가와 도가 그리고 병가와 법가 등 여러 사상을 아우른 전략서로서 우리는 부드러움이 강함을 이기는 전략이나 싸우지 않고 이기는 기술을 익힐 수 있으며, 군주가 잔혹하거나 난폭하여 사람의 마음(人心)을 읽지 않으면 통치도 어렵다는 점을 알려준다.

이 두 책은 분명 병법서이지만, 다른 한편으로는 장수의 선발 방법이나 현명한 인재 등용법, 간신과 사악함을 물리치고 정도 경영의 중요성도 알려주기도 하고 임기응변의 권도의 중요성도 알려준다. 물론 자신을 바르게 하라는 가르침을 통해 청렴과 공평함과 가지런함 등 기본적인 인간의 인품 확립과 겸손과 절제의 미학도 가르쳐주며, 백성들에게 은혜를 베푸는 문제나 자신의 내면을 가꾸고 여색을 멀리하는 등 내적 성찰의 중요성도 가르쳐주고 있어 자기 관리서의 성격도 강하다. 따라서 이 두 권의 책이야말로 조직 운영과 국가 경영에 당연히 유용한 지침서임이 분명하다.

육도六韜

제1권

문도文韜

【해설】

 '문文'이란 '무武'와 상대적인 말로 문치의 의미가 강하며, 인의와 도덕 등을 두루 지칭한다. 이 권에서는 천하를 취하는 것과 천하를 다스리는 숨겨진 전략을 다루고 있다. 또한 민심을 수습하고 인재를 선발하며 경제의 맥을 파악하고 상벌을 분명히 하며 시비를 분별하여 군주의 검소함과 수덕修德과 안민安民 등을 다루고 있다.
 1권에는 〈문사文師〉, 〈영허盈虛〉, 〈국무國務〉, 〈대례大禮〉, 〈명전明傳〉, 〈육수六守〉, 〈수토守土〉, 〈수국守國〉, 〈상현上賢〉, 〈거현擧賢〉, 〈상벌賞罰〉, 〈병도兵道〉 등 열두 편이 실려있다.
 첫 편인 〈문사〉에는 문왕이 강태공을 만나 그를 스승으로 삼게 된 경위와 인의도덕에 천하 흥성의 이유가 있다는 논리로 잘 짜여있다. 다음 〈영허〉 편에서는 천시보다는 군주의 능력이 중요하다는 점을 강조하고 있고, 이어서 〈국무〉 편에서는 나라의 업무는 백성을 사랑하는 것이 첫 번째라고 강조하며, 〈대례〉 편에서는 군신 간의 예의를 다루고 있는데 군주는 무엇보다 신하와 백성에게 듣는 자세를 견지할 것을 요구하고 있다. 〈명전〉은 문왕이 와병 중에 태자에게 치국의 도와 군주의 자세에 관해 한 당부로 구성되어 있다.
 '수守' 자가 들어있는 연속적인 세 개의 편명 중 우선 〈육수〉 편에서는 군주가 인재를 선발하는 여섯 가지 원칙을 다루고 있고, 〈수토〉에서는 영토를 지키기 위해서 무리(백성)와 친하되 이웃 나라를 견제하라는 원론적인 이야기를 강조하며, 〈수국〉 편에서는 군주가 천지자연의 도에 따라 나라를 지키는 방법을 다룬다.
 〈상현〉과 〈거현〉 두 편에서는 현명한 인재를 숭상하고 선발하라는 일종의 인재 등용법을 다루며, 〈상벌〉 편에서는 상벌 문제를 다루고, 마지막 〈병도〉 편에서는 무왕과의 문답을 통해 군사를 부리는 원칙이 일관성에 있음을 강조하면서 군대의 지휘 체계의 중요성 등을 다룬다. 마지막 편을 제외한 11편은 모두 문왕과 강태공의 문답이어서, 이 편이 《무도武韜》의 〈삼의三疑〉 편으로 편입되어야 한다는 설도 다소 일리가 있다.

1권은 병법보다는 군주가 되기 위한 예비 작업의 성격을 띠고 있으니, 말하자면 군주가 되기 전의 기초적인 토대 구축 방법을 제시한 것이라 할 수 있다. "글로 다스리고 힘으로 공을 이룬다(文治武功)."는 말이 있듯이, 전쟁에서의 단순한 승리가 중요한 것이 아니고, 전쟁의 기초는 도덕적 명분론에 바탕을 두고 인문학적 성찰도 필요함을 강조한다.

제1편 문사文師: 문왕의 스승

【해설】

'문사'는 문왕의 스승이란 의미로, 이 편에서는 문왕이 사냥하다가 태공을 우연히 만나 그를 스승으로 삼게 되는 이야기를 서술하고 있다. 태공과의 문답을 통해 주나라의 흥성과 은나라 멸망의 역사적 흐름을 대비하고 있으며, 민심을 얻으려면 나라를 인仁·덕德·의義·도道 등 유가의 원칙에 의해 다스려야 함을 강조하고 있다. 특히 민심을 수렴하여 천하를 다스리는 것을 원칙으로 삼은 사례를 통해 은나라를 멸망시키는 전략이 의외로 단순했음을 밝히고 있다.

물고기를 낚는 자

문왕[1]이 사냥하러[2] 나가려 할 때 사관[3]인 편編[4]이 점괘를 늘어놓

---

1) 문왕文王은 은殷나라 때의 제후로 서백西伯 창昌이라고 하며, 무왕武王의 아버지다. 성은 희姬이고 후덕한 군주로 알려졌으며, 후직后稷의 12세손이다. 문왕은 추존한 명칭이다. 은나라의 마지막 왕인 폭군 주왕紂王을 설득하다가 유리羑里라는 곳에 감금된 뒤 풀려났다. 덕으로 정치를 펼쳐서 그가 살아있을 때 이미 천하의 3분의 2가 그에게 복종했다. 그는 주周나라의 정신적인 시조로 존경받는 왕이다.
2) 원문의 '전田'을 번역한 것이다. 논밭의 신 전조田祖에게 곡식의 수확물을 보호하기 위한 제사를 지내는 행사가 사냥이었는데, 바로 이는 제후가 하는 의미 있는 통치행위로서 여기서의 '전'은 '전렵畋獵'의 의미다.
3) 원문의 '사史'를 번역한 것으로, 하늘의 별자리를 관찰하여 점을 치는 벼슬아치로 천문과 점술을 맡았다. 나중에는 역사 기록을 맡기도 했다.
4) 사람 이름이다.

고 말했다.

"위수 북쪽[5]에서 사냥하시면 장차 크게 얻을 것입니다. [그것은] 용도 아니고 이무기[6]도 아니며 호랑이도 아니고 큰 곰도 아니며, 공후公侯를 얻을 조짐[7]입니다. 하늘이 주군께 스승을 보내 희창(주군)을 보좌하도록 해서 베풀어짐이 삼왕三王에 이르게 할 것입니다."

문왕이 물었다.

"[점괘] 조짐이 이렇게 나왔습니까?"

사관인 편이 대답했다.

"저 편의 태조인 사관 주疇가 순舜임금을 위해 점을 쳐서 고요皐陶[8]를 얻었는데, [그때의] 조짐이 이와 견줄 만했습니다."

문왕이 이에 사흘간 재계[9]하고서 사냥 수레를 타고 사냥용 말에 멍에를 메어 위수 북쪽에서 사냥하다가, 마침내 태공이 [무성한] 띠풀에 앉아 물고기를 잡는 것을 보았다.

文王將田, 史編布卜曰: "田於渭陽, 將大得焉. 非龍非彲, 非虎非羆, 兆得公侯. 天遺汝師, 以之佐昌, 施及三王."

---

5) 원문의 '위양渭陽'을 번역한 것으로, '양'은 물의 북쪽을 뜻하고 산의 남쪽을 뜻하는 말이다. 위수渭水(웨이수이강)는 황허강의 가장 큰 지류다.

6) 원문의 '리彲'를 번역한 것으로 이무기를 뜻하며, 용이 되지 못하고 물에 산다는 상상의 동물로 뿔이 없다고 한다.

7) 옛사람들이 거북 껍데기를 불에 구워 갈라진 흔적으로 점을 쳤는데 이것을 '조兆'라고 했으니, 여기서 '징조'의 의미로 번역한 것이다.

8) '구요咎繇'라고도 불리우며, 성은 언偃이고, 전설상 동이족의 우두머리로 알려진 인물이다. 요堯임금 때부터 우禹임금 때까지 법률 등을 담당한 능력 있는 신하인데, 요임금의 총애를 받았다.

9) 원문의 '재齋'는 대사를 앞두고 목욕하고 옷을 갈아입고 처첩과 동침하지 않고 음주를 하지 않는 등 몸과 마음을 정결히 하는 것을 두루 지칭하는 개념이다.

文王曰:"兆致是乎?"

史編曰:"編之太祖史疇爲禹占, 得皋陶, 兆比於此."

文王乃齋三日, 乘田車, 駕田馬, 田於渭陽, 卒見太公, 坐茅以漁.

물고기를 미끼로 꾀듯 사람도 녹봉으로 복종시켜라

문왕이 수고롭게 다가서서 물었다.

"당신은 물고기 잡는 것을 즐깁니까?"

태공이 대답했다.

"신이 듣건대 군자[10]는 그 뜻을 얻는 것을 즐거워하고, 소인은 그 일을 얻는 것을 즐거워한다고 합니다. 지금 제가 물고기를 잡는 것은 [이것과] 매우 비슷한 데가 있습니다. 아마도 이것을 즐거워하는 것은 아닐 겁니다."

문왕이 물었다.

"어찌하여 그것이 비슷한 데가 있다고 말하는 겁니까?"

태공이 대답했다.

"낚시에는 세 가지 권도[11]가 있으니, [두터운] 녹봉의 등급 매김에 권도로 하고, 사력을 다하는 [병사를] 등급 매김에 권도로 하고, 관

---

10) 원문의 '군자君子' 개념은 '덕德'과 '지위(位)'가 있다는 것이며, 특히 '덕을 이룬 자의 이름(成德之名)'의 의미다. 소인小人이란 말과 대비되니, 군자라는 말은 사회적 지위보다는 도덕적 품성이 높아 존경받는 사람을 가리킨다.

11) 원문의 '권權'을 번역한 것으로 본래 '저울추'를 가리키는데, 저울추가 물체의 무게에 따라서 그 위치를 바꾸듯이 전략이나 작전도 유연하고 탄력 있게 변화시키며 구사해야 한다는 뜻이다. 변화하는 상황에 따라 경중과 대소를 분별하여 적절히 조처하는 것을 뜻한다.

직을 등급 매김에 권도로 합니다. 낚시란 낚기를 구하는 것이니, 그 실정을 깊이 알아야 큰 이치를 살펴볼 수 있습니다."

문왕이 말했다.

"그 실정을 듣기를 원합니다!"

태공이 대답했다.

"근원이 깊으면 물이 흐르니 물이 흐르면 물고기가 거기에 생기는 것이 실정이고, 뿌리가 깊으면 나무가 자라니 나무가 자라면 거기에 열매가 달리는 것이 실정이며, 군자가 마음이 같으면 친밀하여 화합하니 친밀하여 화합하면 거기에 일이 생기는 것이 실정입니다. 말로 주고받는 것은 실정의 꾸밈이고, 지극한 실정을 말하는 것은 일의 지극함입니다. 지금 신의 말이 지극한 실정을 꺼리지 않을 것이니, 군주께서는 아마도[12] 이것을 싫어하시겠지요?"

문왕이 말했다.

"오직 어진 사람만이 지극한 간언을 받아들일 수 있고, 지극한 실정을 [듣기를] 싫어하지 않습니다. 어찌 그렇게 하겠습니까?"

태공이 말했다.

"낚싯줄이 가늘고 미끼가 분명하면 작은 물고기가 그것을 먹고, 낚싯줄이 조금 굵고 미끼가 향기로우면 중간의 물고기가 그것을 먹고, 낚싯줄이 굵고 미끼가 풍성하면 큰 물고기가 그것을 먹습니다. 대저 물고기가 그 미끼를 먹으면 이에 낚싯줄에 끌려가고, 사람이 그 녹봉을 먹으면 이에 군주에게 복종합니다. 그러므로 미끼로 물고기를 낚으면 물고기를 잡을 수 있고, 녹봉으로 사람을 취하면

---

12) 원문의 '기其'를 번역한 것으로 추측을 나타내는 어조사인데 '아마도'라고 해석한다.

사람을 소진시킬 수 있으며, 집안으로 나라를 취하면 나라를 점령할 수 있고, 나라로 천하를 취하면 천하를 모두 정복할[13] 수 있습니다.

文王勞而問之, 曰:"子樂漁邪?"
太公曰:"臣聞君子樂得其志, 小人樂得其事. 今吾漁甚有似也. 殆非樂之也."
文王曰:"何謂其有似也?"
太公曰:"釣有三權: 祿等以權; 死等以權; 官等以權. 夫釣, 以求得也, 其情深, 可以觀大矣."
文王曰:"願聞其情!"
太公曰:"源深而水流, 水流而魚生之, 情也; 根深而木長, 木長而實生之, 情也; 君子情同而親合, 親合而事生之, 情也. 言語應對者, 情之飾也; 言至情者, 事之極也. 今臣言至情不諱, 君其惡之乎?"
文王曰:"唯仁人能受至諫, 不惡至情. 何爲其然?"
太公曰:"緡微餌明, 小魚食之; 緡調餌香, 中魚食之; 緡隆餌豐, 大魚食之. 夫魚食其餌, 乃牽於緡; 人食其祿, 乃服於君. 故以餌取魚, 魚可殺; 以祿取人, 人可竭; 以家取國, 國可拔; 以國取天下, 天下可畢.

---

13) 원문의 '필畢'을 번역한 것으로, 원래는 고대에 짐승을 잡기 위한 긴 자루가 달린 그물을 뜻한다. 여기서는 '모두 정복하다'라는 뜻이다.

왕조의 흥성과 패망은 미묘하다

아아! [은殷 왕조는] 잎이 우거지고 풍성하며 나뭇가지가 길게 뻗은 것[14]과 같았으나 그 무리는 반드시 흩어졌고, [군주의 덕이] 소리 없이 고요하여 희미했지만[15] 그 빛은 반드시 원대했습니다. 미묘함이여! 성인은 덕으로 독자적인 관점에서 민심을 유도합니다. 즐겁습니다! 성인의 생각은 저마다 [백성이] 자신의 순서대로 돌아가 심고 거두어들이도록 합니다."

문왕이 물었다.

"심고 거두어들이는 것을 어떻게 해야 천하가 돌아가겠습니까?"

태공이 대답했다.

"천하는 [군주] 한 사람의 천하가 아니요, 바로 만백성의 천하입니다. 천하의 이로움을 같이하는 자는 천하를 얻게 되고, 천하의 이로움을 제멋대로 하는 자는 천하를 잃습니다. 하늘에는 때가 있고 땅에는 재물이 있으니, 그것을 남과 함께하는 것이 인仁이니, 인이 있는 곳에는 천하 사람들이 돌아갑니다. 남의 죽음을 벗어나게 해주고 남의 어려움을 풀어주며 남의 걱정을 구해주고 남의 다급함을 구제해주는 것이 덕德이니, 덕이 있는 곳에는 천하가 돌아갑니다. 남과 근심을 같이하고 즐거움을 같이하며 좋아함을 같이하고 싫어

---

14) 원문의 '만만면면曼曼緜緜'을 번역한 것으로, 여기서는 역대로 가장 많은 조대가 전해진 상나라를 비유한 것이다. 덧붙여 잎이 우거지고 풍성한 모습의 '만만曼曼'이라는 글자는 '만만漫漫'과 같으며 길고 멀다는 의미가 있다. '면면'은 끊이지 않고 무성하게 퍼져나간다는 의미로 뒤엉켜 있는 모양이다.

15) 원문의 '묵묵매매黑黑昧昧'를 번역한 것으로, '묵묵黑黑'은 '묵묵默默'과 같고 소리 없이 고요한 상태의 뜻이고, '매매'는 어둑어둑하고 어슴푸레한 상태를 뜻한다.

함을 같이하는 것이 의義이니, 의가 있는 곳에는 천하 사람이 달려옵니다. 모든 사람은 죽음을 싫어하고 살아있음을 즐기며, 덕을 좋아하고 이로움으로 돌아갑니다. 이로움을 낳을 수 있는 것이 도道이니, 도가 있는 곳에는 천하가 돌아갑니다."

문왕이 두 번 절하고 말했다.

"지당하신 말씀이니, 감히 하늘이 내리는 명령을 받아들이지 않을 수 있겠는지요!"

그러고는 수레에 [태공을] 태우고 함께 돌아와서 세워 스승으로 삼았다.

嗚呼! 曼曼緜緜, 其聚必散; 嘿嘿昧昧, 其光必遠. 微哉! 聖人之德, 誘乎獨見. 樂哉! 聖人之慮, 各歸其次, 而樹斂焉.

文王曰: "樹斂何若而天下歸之?"

太公曰: "天下非一人之天下, 乃天下之天下也. 同天下之利者則得天下, 擅天下之利者則失天下. 天有時, 地有財, 能與人共之者, 仁也; 仁之所在, 天下歸之. 免人之死, 解人之難, 救人之患, 濟人之急者, 德也; 德之所在, 天下歸之. 與人同憂同樂, 同好同惡者, 義也; 義之所在, 天下赴之. 凡人惡死而樂生, 好德而歸利. 能生利者, 道也; 道之所在, 天下歸之."

文王再拜曰: "允哉, 敢不受天之詔命乎!"

乃載與俱歸, 立為師.

제2편 영허盈虛: 채움과 비움

【해설】

'영허'란 '채움과 비움'이지만 그 내포적 의미는 '융성과 쇠락'을 뜻한다. 이 단어는 '만공滿空'이란 의미이기도 하다. 천하의 성쇠는 인사의 득실에 달려있음을 말하고 있으며, 특히 천하의 성쇠가 군주가 현명하냐 아니냐에 달려있는 것이지, 타고난 때에 있는 것이 아님을 밝히고 있다. 예로 요임금을 들어 천하의 위대한 정치는 군주 된 자의 행위규범, 즉 군주의 검소함과 애민 정신, 공정성 및 정직함, 세금 적게 거두기, 무위의 정치 등 다양한 관점을 제시하며, 군주는 백성을 최우선시하라는 말로 마무리한다.

흥망은 군주에게 달려있지 천시 탓이 아니다

문왕이 태공에게 물었다.

"천하는 다양하고 복잡하여[16] 한 번은 채워지고 한 번은 비워지며, 한 번은 다스려지고 한 번은 어지러워지니, 그러한 까닭은 무엇 때문입니까? 군주가 현명하고 어리석음이 같지 않아서입니까? 아마도 천시[17]가 변화하여 스스로 그렇게 된 것입니까?"

---

16) 원문의 '희희熙熙'를 번역한 것으로, 다양하고 복잡하며 어수선하다는 의미를 내포하고 있다(유동환 설).
17) 원문의 '천시天時'에 대해 맹자孟子 역시 "천시天時는 지리地利보다 못하고, 지리地利는 인화人和보다 못하다(天時不如地利, 地利不如人和)."(《맹자孟子》〈공손추公孫丑 하下〉)라고 했다. 어진 정치의 근본이 화합임을 강조한 명구다.

태공이 대답했다.

"군주가 어리석으면 나라는 위태롭고 백성은 어지러우며, 군주가 현명하고 성스러우면 나라는 편안하고 백성은 다스려지는 것이니, 화와 복은 군주에게 있는 것이지 천시에 있지 않습니다."

文王問太公曰:"天下熙熙, 一盈一虛, 一治一亂, 所以然者, 何也? 其君賢, 不肖不等乎? 其天時變化自然乎?"

太公曰:"君不肖, 則國危而民亂; 君賢聖, 則國安而民治: 禍福在君不在天時."

스스로에게 엄격하라

문왕이 물었다.

"옛날의 현명한 군주에 대해 들려주실 수 있겠습니까?"

태공이 대답했다.

"옛날 제요[18]가 천하에 왕 노릇하여 상고시대의 '현군賢君'이라 일컬었던 것입니다."

문왕이 물었다.

---

18) 원문의 '제요帝堯'는 '당요唐堯'라고도 불리고, 도당씨陶唐氏라고도 불리며, 방훈放勳이 바로 그 사람이다. 전설상 오제 중 한 명으로 어리석은 아들 단주丹朱 대신 순임금에게 천하를 물려주었고 무위의 정치를 몸소 실천한 인물이다. 덧붙여 원문의 '제帝'는 "가시 체蒂와 정실 적嫡, 두 글자와 관련이 있으며, 본래는 인격신이고 상제의 선조다."(리링李零,《인왕저처주人往底處走》, 삼련서점, 2008, 35쪽)라는 의미가 있다.

"그는 다스림이 어떠했습니까?"

태공이 대답했다.

"제요가 천하에 왕 노릇할 때는 금이나 은, 주옥으로 장식하지 않았고, 수놓은 비단과 무늬 있는 비단 옷을 입지 않았으며, 진기하거나 특이한 보물을 보지 않았고, 눈에 보기 좋은 기물을 보물로 여기지 않았으며, 음란한 음악을 듣지 않았고, 궁궐의 담과 지붕과 방을 흰색 흙으로 칠하지 않았으며, 용마루와 서까래와 기둥[19]을 깎거나 다듬지 않았고, 띠풀과 가시나무가 뜰에 우거졌어도 베어내지 않았습니다.

사슴 갖옷을 입어 추위를 막았고, 베옷으로 몸을 가렸으며, 거친 쌀과 기장으로 밥을 짓고, 머위와 콩잎으로 국을 끓여 먹었으며, 부역하는 것으로써 백성의 밭 갈고 베 짜는 때를 훼방하지 않았고, 욕망을 줄이고 감정을 억제하며 무위無爲를 일삼았습니다.

벼슬아치 가운데 충성스럽고 올바르며 법을 받드는 자에게는 그 벼슬을 높여주고, 청렴결백하고 남을 사랑하는 자에게는 그 녹봉을 후하게 주었으며, 백성 가운데 효성스럽고 자애로운 자가 있으면 그들을 공경해주고, 농사짓고 뽕나무 가꾸는 일에 온 힘을 다하는 자에게는 위로하고 북돋워주었으며, 정숙하고 덕 있는 자를 구별하여 깃발을 달아주고 그 대문과 마을에 표시도 했습니다.

마음을 평화롭게 하고 예절을 바르게 하여 법도로써 사악함과 속임수를 금했고, 미워하는 자라고 해도 공을 세우면 반드시 상을

---

19) 원문의 '맹각연영甍桷橼楹'을 번역한 것인데, '맹甍'은 용마루, '각桷'은 사각의 네모난 서까래, '연橼'은 둥근 모양의 서까래, '영楹'은 대청마루의 앞 기둥이다. 건물의 핵심이 되는 부분으로 여기에 의미 있는 무늬를 새겨 권위를 보였다.

주었으며, 사랑하는 자라고 해도 죄를 지으면 반드시 벌을 주었고, 천하에 홀아비와 과부와 고아와 무자녀[20]를 보살피고 길러주었으며, 화를 당하거나 망한 집안을 넉넉하게 베풀어주었습니다.

그 자신을 봉양하는 것에는 대단히 박절하게 했고, 세금 매기고 요역하는 것을 대단히 적게 했습니다. 그러므로 모든 백성은 잘살고 즐거워하여 굶주리거나 추워하는 안색이 없었습니다. 백성은 자신의 군주를 해와 달처럼 받들었고, 자신의 군주를 부모처럼 친애했습니다."

문왕이 말했다.

"위대하도다! 현명한 군주의 덕정이여."

文王曰:"古之賢君可得聞乎?"

太公曰:"昔者帝堯之王天下, 上世所謂賢君也."

文王曰:"其治如何?"

太公曰:"帝堯王天下之時, 金銀珠玉不飾, 錦繡文綺不衣, 奇怪珍異不視, 玩好之器不寶, 淫泆之樂不聽, 宮垣屋室不堊, 甍桷椽楹不斲, 茅茨徧庭不剪, 鹿裘禦寒, 布衣掩形, 糲梁之飯, 藜藿之羹, 不以役作之故害民耕績之時, 削心約志, 從事乎無為. 吏忠正奉法者尊其位, 廉潔愛人者厚其祿. 民有孝慈者愛敬之, 盡力農桑者慰勉之. 旌別淑德, 表其門閭, 平心正節, 以法度禁邪偽. 所憎者, 有功必賞; 所愛者, 有罪必

---

[20] 원문의 '환과고독鰥寡孤獨'은《맹자》에도 나온다. "늙었으면서 아내가 없는 자를 '환鰥(홀아비)'이라 하고, 늙었으면서 남편이 없는 자를 '과寡(과부)'라 하고, 늙었으면서 자식이 없는 자를 '독獨(무자녀/독신자)'이라 하고, 어리면서 부모가 없는 자를 '고孤(고아)'라고 한다(老而無妻曰鰥, 老而無夫曰寡, 老而無子曰獨, 幼而無父曰孤)."(《맹자》〈양혜왕梁惠王 하下〉)

罰. 存養天下鰥寡孤獨, 振贍禍亡之家. 其自奉也甚薄, 其賦役也甚寡. 故萬民富樂而無飢寒之色. 百姓戴其君如日月, 親其君如父母."

文王曰:"大哉! 賢君之德也."

제3편 국무國務: 나라의 업무

【해설】

'국무'는 나라의 근본적인 일을 다스리는 것을 의미하며, 이 편에서 '국무'의 기본은 '백성을 사랑하는〔愛民〕' 데에서 한 치도 벗어나지 않음을 밝히고 있다. 구체적으로는 백성에 대해 부모와 같은 친애하는 마음을 갖고, 그들의 고통을 이해하며, 그들을 위해 이익을 도모해주고, 그들이 안정된 삶을 살아갈 수 있도록 도와주어야 한다. 농사짓는 문제, 세금 문제, 부역 문제, 과도한 형벌 문제 등을 거론하면서 이런 문제들은 백성을 사랑하지 않는 데서 발생하고 있음을 에둘러 지적하고 있다.

백성을 사랑하는 의외의 방법

문왕이 태공에게 물었다.

"원컨대 나라를 다스리는 근본적인 일을 듣고서 군주를 존중하고 백성을 편안하게 하려고 하는데, 이를 어떻게 해야 합니까?"

태공이 대답했다.

"백성을 사랑하면 그뿐입니다.

문왕이 물었다.

"백성을 사랑하려면 어떻게 해야 합니까?"

태공이 대답했다.

"이롭게 하고 해롭게 하지 말며, 이루어주고 실패하게 하지 말며, 살게 하고 죽이지 말며, 주고는 빼앗지 말며, 즐겁게 해주고 고달프게 하지 말며, 기쁘게 해주고 성내지 않게 하는 것입니다."

문왕이 말했다.

"감히[21] 청하건대 그 까닭을 들어 해석해주십시오!"

태공이 대답했다.

"백성이 임무를 잃지 않게 하면 그들을 이롭게 해주는 것이고, 농사짓는 때를 잃지 않게 하면 그들을 이루어주는 것이며, 형벌을 줄여주면 그들을 살려주는 것이고, 세금 거두는 것을 엷게 하면 그들에게 주는 것이며, 궁실과 높고 큰 누각[22]을 [짓는데] 검소하게 하면 그들을 즐겁게 해주는 것이고, 벼슬아치가 청렴하여 가혹하거나 어지럽히지 않으면 그들을 기쁘게 해주는 것입니다.

백성이 임무를 잃게 하면 그들을 해롭게 하는 것이고, 농사짓는 때를 잃게 하면 그들을 실패하게 하는 것이며, 죄가 없음에도 벌을 내리면 그들을 죽이는 것이고, 세금 거두는 것을 무겁게 하면 그들을 빼앗는 것이며, 궁실과 높고 큰 누각을 많이 지어 백성의 힘을 지치게 하면 그들을 고달프게 하는 것이고, 벼슬아치가 혼탁하여 가혹하고 어지럽히면 노여워하게 하는 것입니다.

그러므로 나라를 잘 다스리는 자는 백성을 다스리기를 마치 부모가 자식을 사랑하듯 하고, 형이 아우를 사랑하듯 하며, 그 백성이 굶주리고 추위에 떠는 것을 보면 그들을 위해 걱정해주고, 그 백성의 수고로움을 보면 그들을 위해 슬퍼해주며, 상 주는 것과 벌하는 것을 마치 자기 몸에 더하는 것처럼 하고 세금 거두는 것을 마치 자기 물건을 취하듯 하니, 이것이 백성을 사랑하는 방도입니다."

---

21) 원문의 '감敢'은 존경의 의미를 담은 말이다.
22) 원문의 '대사臺榭'를 번역한 것으로, '대'는 흙이나 돌 따위를 높이 쌓아 올려 사방을 바라볼 수 있게 만든 곳을 말하고, '사'는 대臺 위에 지은 집을 뜻한다.

文王問太公曰："願聞為國之大務：欲使主尊人安,為之奈何？"

太公曰："愛民而已."

文王曰："愛民奈何？"

太公曰："利而勿害,成而勿敗,生而勿殺,與而勿奪,樂而勿苦,喜而勿怒."

文王曰："敢請釋其故！"

太公曰："民不失務,則利之；農不失時,則成之；省刑罰,則生之；薄賦斂,則與之；儉宮室臺榭,則樂之；吏清不苛擾,則喜之. 民失其務,則害之；農失其時,則敗之；無罪而罰,則殺之；重賦斂,則奪之；多營宮室臺榭以疲民力,則苦之；吏濁苛擾,則怒之. 故善為國者,馭民如父母之愛子,如兄之愛弟,見其飢寒則為之憂,見其勞苦則為之悲,賞罰如加於身,賦斂如取己物,此愛民之道也."

제4편 대례大禮: 군신 간의 예의

【해설】

'대례'는 진중하고 장엄한 군신 간의 예의禮儀를 뜻하는데, 이 편에서는 군신 간의 예의가 중요하다는 점과 군주의 다섯 가지 처신에 대해 구체적으로 거론하고 있다. 아울러 군주가 현명하게 살펴봐야 할 세 가지는 무엇인지, 군주가 의견을 듣고 일을 관찰해야 하는 방법 등에는 어떤 것이 있는지 다루고 있다. 이 편을 통해 군주가 사람을 등용하여 그 재능을 다 발휘할 수 있도록 어떻게 하느냐에 따라 군주의 자질이 검증된다는 점이 드러난다.

천지를 본받아 군신 간의 예의를 갖춰라

문왕이 태공에게 물었다.
"군주와 신하 사이의 예의는 어떠해야 합니까?"
태공이 대답했다.
"윗자리에 있으면 오직 굽히고[23] 아랫자리에 있으면 오직 잠겨있어야[24] 하니, 굽히기는 하되 멀리함이 없고 잠겨있되 숨김이 없어야 합니다. 윗자리에 있어서는 오직 두루 해야 하고 아랫자리에 있어서는 안정해야 하니, 두루함은 하늘이요 안정함은 땅입니다. 하

---

23) 원문의 '임臨'은 높은 자리에서 아래를 내려다본다는 의미가 있다.
24) 원문의 '침沈'은 드러내지 않고 잠겨있다는 의미로 겸손과 공손 및 길들여져 복종한다는 뜻이 있다.

늘같이 하기도 하고 땅같이 하기도 해야 위대한 예의가 이내 이루어집니다."

文王問太公曰:"君臣之禮如何?"
太公曰:"爲上唯臨, 爲下唯沈; 臨而無遠, 沈而無隱. 爲上唯周, 爲下唯定; 周則天也, 定則地也. 或天或地, 大禮乃成."

군주의 다섯 가지 처신

문왕이 물었다.
"군주의 자리는 [처신을] 어떠해야 합니까?"
태공이 대답했다.
"편안하고 천천히 하면서도 고요하고, 부드럽고 절도 있게 먼저 안정하며, 주는 것을 잘하면서도 다투지 않고, 마음을 비우고 뜻을 공평하게[25] 하여 뭇 사물을 대하기를 바르게 하는 것입니다."

文王曰:"主位如何?"
太公曰:"安徐而靜, 柔節先定, 善與而不爭, 虛心平志, 待物以正."

---

25) 원문의 '평지平志'는 사사롭게 왜곡하지 않는다는 의미다.

군주가 신하와 백성에게 듣는 자세에 대해

문왕이 물었다.
"군주는 듣는 것이 어떠해야 합니까?"
태공이 대답했다.
"망령되게 허락하지 말고, 거스르고 막지 말아야 합니다. [망령되게] 허락하면 지키는 것을 잃게 되고, [거스르고] 막으면 가려지고 막히게 됩니다. 높은 산을 우러러보듯 하여 끝이 없이 해야 하고, 깊은 연못을 헤아리듯 하여 잴 수 없이 해야 합니다. 신묘하고 명찰한[26] 덕은 바르고 고요함을 극진히[27] 하는 것입니다."

文王曰: "主聽如何?"
太公曰: "勿妄而許, 勿逆而拒. 許之則失守, 拒之則閉塞. 高山仰之, 不可極也; 深淵度之, 不可測也. 神明之德, 正靜其極."

군주는 세 가지에 밝아야

문왕이 물었다.
"군주의 밝음은 어떠해야 합니까?"
태공이 대답했다.

---

26) 원문의 '신명神明'을 번역한 것으로, '만물의 변화에 응수하는 것'을 '신'이라 하고 '모든 이치를 변별해내는 것'을 '명'이라고 한다.
27) 원문의 '극極'은 공정함과 고요함이 그 준칙입니다.

"눈은 밝음을 귀하게 여기고, 귀는 귀 밝음을 귀하게 여기며, 마음은 지혜를 귀하게 여깁니다. 천하 사람들의 눈으로 보면 보지 못하는 것이 없고, 천하 사람들의 귀로 들으면 듣지 못하는 것이 없으며, 천하 사람들의 마음으로 생각하면 알지 못하는 것이 없습니다.[28] 바퀴가 수레 바큇살 통에 모이는 것[29]처럼 함께 나아간다면 밝음이 가려지지 않을 것입니다."

文王曰: "主明如何?"

太公曰: "目貴明, 耳貴聰, 心貴智. 以天下之目視, 則無不見也; 以天下之耳聽, 則無不聞也; 以天下之心慮, 則無不知也. 輻湊並進, 則明不蔽矣."

---

28) 원문의 '무부지無不知'를 번역한 것인데 문맥적 의미에서 '지知'는 "남을 아는 자는 지혜롭고, 자신을 아는 자는 명철하다(知人者知, 自知者明)."라는 노자老子의 발언을 떠올리게 한다.

29) 원문의 '폭주輻湊'를 번역한 것으로, '폭주輻輳'라고 교정한 판본도 있다. 바큇살이 바퀴 축으로 딱 들어맞아서 바퀴가 제대로 돌아간다는 의미다. 노자는 《노자 도덕경老子道德經》 11장에서 "서른 개의 바큇살이 하나의 바퀴통으로 모여있어, 그 없음으로 해서 수레의 쓰임이 있다(三十輻共一轂, 當其無, 有車之用).'라고 했다. 여기서는 군주에게 자기 생각을 자유롭게 거리낌 없이 말하는 것을 비유한다.

제5편 명전明傳: 분명하게 전하다

【해설】

이 편은 문왕이 와병 중이었을 때 태공망을 불러 훗날 무왕으로 즉위하는 당시 태자에게 치국의 도에 관해 들려준 내용으로 구성되어 있다. 옛날 성인의 도가 그치거나 일어나는 것을 거론하면서 게으름과 의심, 우유부단이 도가 그치는 세 가지이고, 고요함과 공경함, 약함과 굳셈이 도가 일어나는 네 가지이니, 결국 군주는 의리를 따를 것인가, 욕망을 따를 것인가, 성실함을 따를 것인가, 게으름을 따를 것인가를 선택할 것을 다시 힘주어 말하고 있다.

중병에 걸린 문왕이 던진 질문

문왕이 중병에 걸려 누워 태공망을 부르니, 태자 발發[30]은 옆에 있었다.

[문왕이] 말했다.

"오호라! 하늘이 장차 나를 버리려고 하시니 주나라의 사직[31]을 네게 맡기고자 한다. 이제 나는 지극한 도의 말씀을 스승으로 삼아

---

30) 문왕의 둘째 아들로서 훗날 무왕武王이다. 즉위한 지 13년 만에 문왕이 서거하자 장례식도 치르지 않고 군사를 일으켜 폭군 주왕을 쳐부수고 주나라를 세운 인물이다.
31) 원문의 '사직社稷'을 번역한 것으로, '사'는 토지의 신이요 '직'은 곡식의 신이다. 천자나 제후는 두 신을 궁궐의 오른쪽에 모셨다. 사직은 나라를 상징하는 의미로 쓰였다.

이것을 자손들에게 밝게 전해주고자 한다."

태공이 말했다.

"왕께서는 무엇을 물으시는 겁니까?"

문왕이 말했다.

"옛 성인의 도가 그치는 바와 일어나는 바를 들을 수 있겠습니까?"

태공이 대답했다.

"선을 보고도 게으르고, 때가 이르렀는데도 의심하며, 그릇됨을 알면서도 머무는 것, 이 세 가지는 도가 그치는 바입니다. 부드럽고도 고요하고, 공손하면서도 공경하며, 강하면서도 약하고, 참으면서도 굳센 것, 이 네 가지는 도가 일어나는 바입니다.

그러므로 의로움이 욕심을 이기면 번창하고 욕심이 의로움을 이기면 멸망하며, 공경이 게으름을 이기면 발전하게 되고 게으름이 공경을 이기면 사라지게 됩니다."

文王寢疾, 召太公望, 太子發在側.
曰:"嗚呼! 天將棄予, 周之社稷將以屬汝. 今予欲師至道之言, 以明傳之子孫."
太公曰:"王何所問?"
文王曰:"先聖之道, 其所止, 其所起, 可得聞乎?"
太公曰:"見善而怠, 時至而疑, 知非而處, 此三者, 道之所止也. 柔而靜, 恭而敬, 強而弱, 忍而剛, 此四者, 道之所起也. 故義勝欲則昌, 欲勝義則亡; 敬勝怠則吉, 怠勝敬則滅."

제6편 육수六守: 여섯 가지 지킴

【해설】

이 편은 먼저 군주가 인재를 선발하는 데 있어서 견지해야 하는 여섯 가지 덕행의 기준을 다루고 있으니, 인仁(어짊)·의義(의로움)·충忠(충심)·신信(믿음)·용勇(용기)·모謀(계책)가 이에 해당한다. 다른 하나는 군주가 반드시 스스로 통제하고 보증해야 하는 국가의 안정과 부국의 경제적 토대인 세 가지 보배(대농大農·대공大工·대상大商)에 대해 다루고 있다. 즉, '육수六守'는 덕행의 표준이 되고, '삼보三寶'는 경제적 효과가 지대하며, 이 둘 모두가 군권의 존망과 긴밀한 인과관계를 이루고 있으므로, 군주는 이 두 가지를 잃지 않도록 노력해야 한다는 것이다.

여섯 가지 지킴과 세 가지 보배

문왕이 태공에게 물었다.

"나라의 군주가 되고 백성의 주인된 자인데, 그가 그것[나라와 백성]을 잃게 되는 것은 무엇 때문입니까?"

태공이 말했다.

"더불어 있는 바[32]를 삼가지 못해서입니다. 군주에게는 여섯 가지 지킴[六守]과 세 가지 보배[三寶]가 있습니다."

문왕이 물었다.

---

32) 원문의 '소여所與'는 두 가지 함의가 있으니, 의탁한 사람이나 의탁한 일[삼보三寶]을 의미한다.

"여섯 가지 지킴이란 어떤 겁니까?"

태공이 말했다.

"첫째는 인仁(어짊)이요, 둘째는 의義(의로움)요, 셋째는 충忠(충심)이요, 넷째는 신信(믿음)이요, 다섯째는 용勇(용기)이요, 여섯째는 모謀(계책)이니, 이것을 일러 여섯 가지 지킴이라고 합니다."

文王問太公曰:"君國主民者, 其所以失之者, 何也?"
太公曰:"不慎所與也. 人君有六守三寶."
文王曰:"六守何也?"
太公曰:"一曰仁, 二曰義, 三曰忠, 四曰信, 五曰勇, 六曰謀, 是謂六守."

인재 선발 시 여섯 가지 덕행 표준

문왕이 물었다.

"여섯 가지 지킴을 삼가하여 선택한다는 것은 어떠해야 합니까?"

태공이 대답했다.

"[신하들을] 부유하게 하여 그들이 함부로 하는 것이 없는지 관찰하고, 그들을 귀하게 하여 교만하지 않은지 관찰하며, 중임을 맡게 하여 그들이 [마음을] 뒤바꾸지 않는지 관찰하고, 그들을 부리면서 그들이 숨기는 것이 없는지 관찰하며, 그들을 위태롭게 하여 두려워하지 않는지 관찰하고, 그들을 사변으로 [위태롭게] 하여 궁색하지 않은지 관찰하는 것입니다.

그들을 부유하게 해도 함부로 하지 않는 것이 '인'이요, 그들을 귀하게 해도 교만하지 않은 것이 '의'요, 그들에게 중임을 맡겨도 뒤바꾸지 않는 것이 '충'이요, 그들을 부려도 숨기지 않는 것이 '신'이요, 그들을 위태롭게 해도 두려워하지 않는 것이 '용'이요, 사변으로 [위태롭게] 해도 궁색하지 않은 것이 '모'입니다.

文王曰:"愼擇六守者何?"
太公曰:"富之而觀其無犯, 貴之而觀其無驕, 付之而觀其無轉, 使之而觀其無隱, 危之而觀其無恐, 事之而觀其無窮. 富之而不犯者, 仁也; 貴之而不驕者, 義也; 付之而不轉者, 忠也; 使之而不隱者, 信也; 危之而不恐者, 勇也; 事之而無窮者, 謀也.

세 가지 보배의 구체적 내용과 경제적 효과

남의 군주 된 자는 세 가지 보배를 남에게 빌려주는 일이 없어야 합니다. 남에게 빌려주면 군주는 그 위엄을 잃게 됩니다."
문왕이 말했다.
"감히 세 가지 보배에 대해 묻겠습니다."
태공이 대답했다.
"큰 농부와 큰 장인과 큰 상인, [바로] 이것들을 일러 세 가지 보배라고 합니다. 농부가 그 고을[33]에서 오로지 농사를 지으면 곡식이 풍족할 것이요, 장인이 그 고을에서 오로지 기물을 만들면 기물

---

33) 원문의 '향鄕'은 행정구역 단위로서 주나라 제도상 1만 2,500가구를 '향'이라고 했다.

이 풍족할 것이요, 상인이 그 고을에서 오로지 장사하면 재화가 풍족할 것입니다. 세 가지 보배가 저마다 그 처한 곳을 편안히 여기게 되면 백성이 곧 근심하지 않을 것이니, 그 고을을 어지럽히지 않고 그 친족들을 어지럽히지 않아야 합니다. 신하는 군주보다 더 부유하지 말고, 성읍[34]은 국읍[35]보다 더 크지 말아야 합니다. 여섯 가지 지킴이 오래도록 지속되면 군주는 번창하고, 세 가지 보배가 완비되면 나라가 편안합니다."

人君無以三寶借人. 借人則君失其威."
文王曰: "敢問三寶?"
太公曰: "大農大工大商謂之三寶. 農一其鄕, 則穀足; 工一其鄕, 則器足; 商一其鄕, 則貨足. 三寶各安其處, 民乃不慮. 無亂其鄕, 無亂其族. 臣無富於君, 都無大於國. 六守長, 則君昌; 三寶完, 則國安."

---

34) 원문의 '도都'는 고대 성읍城邑을 두루 가리키는 용어다.
35) 원문의 '국國'은 군주가 있는 나라의 도읍이라는 말이다.

제7편 수토守土: 영토를 지키다

【해설】

이 편은 영토를 지키는 문제를 다루고 있는데, 군주가 어떻게 하면 자신의 통치력을 유지하는지 다루고 있다. 앞 단락에서는 무리(백성)와 친하게 지내면서 신하들을 두루 잘 다루어 사방의 이웃 나라를 견제하라는 원론적인 것을 다루는데, 구체적으로 나라는 부유하고 군주는 내치와 외치의 두 가지 원칙을 잘 견지하면서 반드시 주의해야만 하는 것 중 하나가 '남에게 나라의 권력을 빌려주면(借人國柄)' 안 된다는 점을 견지하고 있다. 군주들은 권력이 군주 자신들에게 집중되어 있다고 생각하지만, 사실 신하들에 의해 장악된 경우가 적지 않아 방심하거나 착각하다가 화를 당했다는 점을 강조하고 있다.

영토를 지키는 구체적인 방법

문왕이 태공에게 물었다.
"영토를 지키려면 어떻게 해야 합니까?"
태공이 대답했다.
"그 [종실] 친족을 멀리하지 말고, 그 무리(백성)를 소홀히 하지 말며, 그 좌우 [이웃 나라] 신하들을 어루만지며, [주변] 사방을 제어해야 합니다.
남에게 나라의 권력[36]을 빌려주지 말아야 하니, 남에게 나라의

---

36) 원문의 '병병柄'을 번역한 것이다. '병柄'은 물건에 달린 손잡이 따위로 자루를 뜻하니, 여기서는 권력이라는 의미다.

권력을 빌려주면 권세를 잃게 됩니다. 골짜기를 파내 언덕을 높이지 말고[37], 근본을 버리고 말단을 다스리지 말아야 합니다. 해가 하늘 한가운데 떠있으면 반드시 [사물을] 말려야[38] 하고, 칼을 잡았으면 반드시 베어야 하며, 도끼를 잡았으면 반드시 쳐야 합니다.

해가 하늘 한가운데 떠있을 때 말리지 않으면 때를 잃었다고 말하는 것이요, 칼을 잡고도 베지 않으면 이로운 때를 잃는 것이요, 도끼를 잡고도 치지 않으면 도적이 장차 이릅니다. [물이] 졸졸 흐를 때[39] 막지 않으면 장차 큰 강물과 바다가 될 것이요, [불씨가] 반짝일 때[40] 끄지 않으면 사납게 타오르는 것을 어떻게 막을 수 있겠습니까? [나무가] 두 잎일 때 제거하지 않으면 장차 도낏자루를 쓰게 됩니다.

이 때문에 남의 군주 된 자는 반드시 부유하게 하는 것을 일삼아야 하니, 부유하지 않으면 인을 행할 수 없고, 베풀지 않으면 친족을 모이게 할 수 없습니다. 친족을 멀리하게 되면 해롭고, 무리를 잃으면 패망합니다. 남에게 이로운 기물利器(권력)[41]을 빌려주지 말아야 하니, 남에게 이로운 기물을 빌려주면 남에게 해를 입는 바가 되어 바르게 마치지 못하게 됩니다."

---

37) 원문 '굴학이부구掘壑而附丘'를 번역한 것으로 골짜기의 흙을 파내어 언덕을 높인다는 의미로서 부족한 곳을 버리고 넘치는 곳을 보강한다는 의미다.
38) 원문 '혜彗'를 번역한 것으로 '빗자루'를 뜻하는 글자인데, 여기서는 '말리다'라는 의미로 쓰였다.
39) 원문 '연연涓涓'은 물이 가늘게 졸졸 흐르는 모양을 가리킨다.
40) 원문 '형형熒熒'은 가는 빛이 희미하게 반짝거리는 모양을 가리킨다.
41) 원문 '이기利器'는 《노자 도덕경》 57장에 나오는 "백성이 이로운 기물을 많이 갖게 되면 국가는 점점 더 혼란해진다(民多利器, 國家滋昏)."라는 말과 같이 읽어볼 만하다.

文王問太公曰: "守土奈何?"

太公曰: "無疎其親, 無怠其衆, 撫其左右, 御其四旁. 無借人國柄; 借人國柄, 則失其權. 無掘壑而附丘, 無舍本而治末. 日中必彗, 操刀必割, 執斧必伐. 日中不彗, 是謂失時; 操刀不割, 失利之期; 執斧不伐, 賊人將來. 涓涓不塞, 將為江河; 熒熒不救, 炎炎奈何? 兩葉不去, 將用斧柯. 是故人君必從事於富; 不富無以為仁, 不施無以合親. 疎其親則害, 失其衆則敗. 無借人利器; 借人利器, 則為人所害而不終其正也."

인과 의는 공경과 화합이다

문왕이 물었다.
"무엇을 인과 의라고 합니까?"
태공이 대답했다.
"그 무리를 공경하고, 그 친족을 모으는 것입니다. 그 무리를 공경하면 화합하고, 그 친족을 모으면 기뻐하니, 이것을 일러 '인과 의의 벼리'라고 합니다.
남들로 하여금 군주의 권위를 빼앗지 못하도록 해야 하니, [인심의] 밝음을 따르고 [하늘의] 떳떳함에 순응합니다. 순응하는 자는 덕으로써 맡기고, 거스르는 자는 무력으로써 끊습니다. 공경하면서도 의심하지 않으면 천하가 화답하고 복종할 것입니다."

文王曰: "何謂仁義?"
太公曰: "敬其衆, 合其親. 敬其衆則和, 合其親則喜, 是謂仁義之紀.

無使人奪汝威.因其明,順其常.順者任之以德,逆者絕之以力.敬之勿疑,天下和服."

제8편 수국守國: 나라를 지키다

【해설】

이 편은 나라를 지키는 방법을 서술한 것으로, 앞의 〈수토〉 편과 자매편의 성격을 띠고 있다. 문왕이 이레 동안이나 재계하고 태공에게 질문한 내용을 다룬 것으로, 인군仁君과 성군聖君의 문제를 거론한다. 어지러운 세상에서 인군이 되기도 어렵고 성군이 되기도 어렵지만, 태공은 하늘과 땅에 변함없는 이치가 존재하듯 군주도 천지자연의 도에 따라 반역자를 토벌하고 중용의 입장을 견지해야 함을 강조한다.

문왕이 이레 동안 재계하고 물은 내용과 답변

문왕이 태공에게 물었다.

"나라를 지키려면 어떻게 해야 합니까?"

태공이 대답했다.

"재계하실지니, 하늘과 땅의 변함없는 이치[42]와 사계절이 생산하는 바와 인군仁君과 성군聖君의 도리와 백성의 기미[43]의 실정에 대해 [군주께] 말씀드리겠습니다."

문왕이 이레 동안 재계하고서 [겸허하게] 북쪽을 향하여[44] 두 번 절하고 물었다.

---

42) 원문의 '경經'을 번역한 것으로 '상도常道'의 의미이며 규율의 함의를 담는다.
43) 원문의 '기機'는 '기미'를 말하며 '발동하다發動'라는 의미를 담고 있다. 사물 변화의 근본적인 이유라는 의미다.

태공이 대답했다.

"하늘은 사계절을 낳고, 땅은 온갖 사물을 낳으며, 천하에 백성이 있고, 인군과 성군이 그들을 기릅니다.

그러므로 봄의 이치는 낳는 것이기에 만물이 번영하는 것이요, 여름의 이치는 자라게 하는 것이기에 만물이 성장하는 것이요, 가을의 이치는 거두는 것이기에 만물이 가득 차는 것이요[45], 겨울의 이치는 감추는 것이기에 만물이 고요한 것입니다. 가득 차면 감추고 감추면 다시 일어나므로, 끝날 바를 아무도 알지 못하고, 시작할 바를 아무도 알지 못합니다. 성인은 여기에 짝을 이루어 천지의 날줄과 벼리로 삼는 것입니다.

그러므로 천하가 다스려지면 인군과 성군이 [모습을] 감추고, 천하가 어지러우면 인군과 성군이 번창하니, 지극한 이치가 그것을 그렇게 만드는 것입니다.

文王問太公曰:"守國奈何?"
太公曰:"齋, 將語君天地之經, 四時所生, 仁聖之道, 民機之情."
王即齋七日, 北面再拜而問之.
太公曰:"天生四時, 地生萬物, 天下有民, 仁聖牧之. 故春道生, 萬物榮; 夏道長, 萬物成; 秋道斂, 萬物盈; 冬道藏, 萬物靜. 盈則藏, 藏則復起, 莫知所終, 莫知所始. 聖人配之, 以爲天地經紀. 故天下治, 仁聖

---

44) 원문의 '북면北面'은 '북쪽을 향하다'라는 뜻으로 낮은 자리, 즉 신하의 입장에서 스스로를 낮춘다는 의미다. 즉, 태공망을 스승으로 삼아 예우한다는 의미다. 이 단어의 반대말이 '남면南面'이다.

45) 원문의 '영盈'의 사전적 의미는 '채우다'이다.

藏, 天下亂, 仁聖昌, 至道其然也.

정벌과 은택을 병용하면서 중용의 도를 지켜라

성인이 하늘과 땅 사이에 있으므로 그 보배로움은 진실로 위대합니다. 그 떳떳함으로 인하여 본다면 곧 백성이 편안해집니다. 백성이 움직여 기틀이 되고, 기틀이 발동하여 얻고 잃음을 다투게 됩니다.

그러므로 그것을 발동하는 것은 그 음으로써 하고, 그것을 모으는 것은 양으로써 하며[46], 그것을 함에 있어 먼저 노래 부르면 천하가 거기에 화답하는 것입니다. 궁극에 이르면 도리어 그 떳떳함으로 돌아오므로[47] 아무도 나아가 다투지 않고, 아무도 물러나거나 양보하지도 않습니다. 나라 지키는 일을 이처럼 하면 천지와 더불어 빛을 같이하게 됩니다."

聖人之在天地間也, 其寶固大矣. 因其常而視之則民安. 夫民動而為機, 機動而得失爭矣. 故發之以其陰, 會之以其陽, 為之先唱, 天下和之. 極反其常, 莫進而爭, 莫退而讓. 守國如此, 與天地同光."

---

46) 원문의 '음陰'은 '병형兵刑'이고 '양陽'은 '덕택德澤'의 의미로서 무력으로써 토벌하고 은택으로써 달래어 화합하게 한다는 의미다(유인劉寅, 《육도직해六韜直解》, 성백효 옮김, 전통문화연구회, 2021).

47) 원문의 '반反'은 '반返'의 의미다. 여기서 '돌아오다'라는 개념은 쌍방의 모순을 극복하고 상생의 틀로 들어간다는 의미로 이해해야 한다.

제9편 상현上賢: 현명한 자를 숭상하다

【해설】

 덕망과 재능을 겸비한 사람을 현자賢者라고 한다. 이 편은 '현명한 자를 숭상하다'라는 의미로서 군주가 된 자는 본문에 나와 있듯이 상현上賢, 즉 현명한 자를 위로 삼는 것 이외에 불초不肖, 즉 못난 자를 아래로 삼고, 성신誠信, 즉 정성스럽고 참된 자를 취하며, 사위詐僞, 즉 양심을 속이고 거짓을 꾸미는 자를 내치고, 포란暴亂, 즉 포악함과 난동을 금하며, 사치奢侈를 그치게 해야만 왕의 대업을 이루는 데 있어 걸림돌이 없어진다는 것을 말하고 있다. 아울러 육적六賊과 칠해七害를 거론하면서 인사의 기본 준칙을 분명히 제시하며 왕 노릇을 하려면 철저한 위아래의 관리가 중요함을 역설한다.

왕 노릇 하는 자가 위아래로 삼은 것

 문왕이 태공에게 물었다.
 "남의 왕 노릇 하는 자[48]는 무엇을 위로 삼고 무엇을 아래로 삼습니까? 무엇을 취하고 무엇을 버립니까? 무엇을 금지하고 무엇을 그치게 해야 합니까?
 태공이 대답했다.
 "남의 왕 노릇 하는 자는 현명한 자를 위로 삼고, 못난 자[49]를 아

---

48) 원문의 '왕인王人'을 번역한 것으로 남의 왕 노릇 하는 자, 즉 군주를 말한다.

래로 삼으며, 정성스럽고 참된 자를 취하고, 양심을 속이고 거짓을 꾸미는 자를 버리며, 포악함과 난동을 금하고, 사치를 그치게 해야 합니다. 그러므로 남의 왕 노릇 하는 자에게는 여섯 가지 해침〔六賊〕과 일곱 가지 폐해〔七害〕가 있습니다."

文王問太公曰: "王人者, 何上何下? 何取何去? 何禁何止?"
太公曰: "王人者, 上賢, 下不肖, 取誠信, 去詐僞, 禁暴亂, 止奢侈. 故王人者有六賊七害."

육적과 칠해를 통한 인사 원칙

문왕이 말했다.
"그 이치를 듣기 원합니다!"
태공이 대답했다.
"대저 육적이라 함은, 첫째, 신하 가운데 저택과 연못과 정원을 크게 짓고, 놀고 구경하며 즐기는 자라면, 왕의 덕을 손상하는 것이요, 둘째, 백성 가운데 농사일과 누에치기를 일삼지 않고, 혈기에 내맡겨 의협을 행한답시고 금령을 범하고, 벼슬아치들의 가르침을 따르지 않는 자라면, 왕의 교화를 손상하는 것이요, 셋째, 신하 가운데 붕당[50]을 맺어, 현명한 지혜를 가리고 군주의 밝음을 막는 자

---

49) 원문의 '불초不肖'의 자의적 의미는 '아버지를 닮지 않다'이다. 못나고 어리석은 사람을 이르는 말이다..

50) 원문의 '붕당朋黨'이란 자기들끼리 패거리를 만들어 오직 자기 집단의 이익만을 생각하는 것으로 당연히 자신과 다른 파벌이나 당파를 배척하는 집단이다.

라면, 왕의 권위를 손상하는 것이요, 넷째, 장수[51] 가운데 뜻을 고집하고, 절개를 고상하게 여기는 것을 기세로 삼으며, 밖으로는 제후들과 사귀고, 자신의 군주를 소중하게 여기지 않는 자라면, 왕의 위엄을 손상하는 것이요, 다섯째, 신하 가운데 작위를 가볍게 여기고, 담당 벼슬아치를 하찮게 여겨 윗사람을 위해 힘든 일 하는 것을 부끄러워하는 자라면, 공신의 공로를 손상하는 것이요, 여섯째, 강한 종친이 침해하고 빼앗아, 가난하고 약한 자를 업신여기고 모욕하면, 서민들의 생업을 손상하는 것입니다.

칠해라 함은, 첫째, 지략도 권모도 없는데 후한 상을 주고 벼슬을 높여주는 것이니, 그러므로 강인하고 용맹스러워 가볍게 싸워서[52] 밖에서 요행을 바란다면, 왕 노릇 하는 자는 삼가 장수로 삼지 말아야 하는 것이요, 둘째, 이름은 있으나 실질이 없어 나가고 들어옴에 말을 다르게 하고, 선함을 가리고 악한 점을 드러내며, 나아가고 물러남에 교묘한 일을 한다면, 왕 노릇 하는 자는 삼가 더불어 꾀하지 말아야 하는 것이요, 셋째, 그 자신을 소박하게 하고, 자기 의복을 형편없이 하며, 무위를 말하면서 이름을 구하고, 욕심이 없음을 말하면서 이익을 구하면, 이는 거짓된 사람이니, 왕 노릇 하는 자는 이들을 삼가 가까이하지 말아야 하는 것이요, 넷째, 자기 갓과 띠를

---

51) 원문의 '사士'를 번역한 것으로 사졸들의 우두머리를 지칭한다. 본래 '사士'는 묘당에 있는 겸손한 군자를 가리키는데, 전쟁터에서는 '무부武夫'를 의미하기도 한다.

52) 원문의 '전戰'은 야전野戰의 의미가 강하다. '전'은 포괄적으로 실전을 의미하며, 성을 공격하는 것이 아닌 들판이나 평지에서의 싸움을 가리킨다. 즉, 제후국의 성읍을 둘러싸고 있는 마을을 '야野'라고 했는데, 넓은 들판의 평평한 땅에서 두 나라의 군대가 맞서 싸웠으며, 이런 야전이 성을 공격하는 전쟁 방식으로 발전했다는 점은 주지의 사실이다.

기이하게 하고, 의복을 위용 있게 입으며, 견문이 넓고 먼저 한 말을 이리저리 바꾸고, 허황된 담론과 고상한 논의로써 용모의 아름다움으로 삼으며, 곤궁하게 살고 조용히 거처하면서 시대의 풍속을 비방하면, 이는 간사한 사람이니, 왕 노릇 하는 자는 이들을 삼가 총애하지 말아야 하는 것이요, 다섯째, 참소하고 아첨하며 구차하게 관직과 자리를 구하고, 과감하고 무모하게 죽음을 가벼이 하고, 녹봉과 품계를 탐하여 큰일을 도모하지 않고 이익을 얻고자 움직이며, 고상한 담론과 헛된 논설로 군주를 기쁘게 하려고 하면, 왕 노릇 하는 자는 이들을 삼가 부리지 말아야 하는 것이요, 여섯째, 조각한 문식文飾과 아름다운 새김과 뛰어난 기교로 화려한 꾸밈을 일삼아 농사를 해치면, 왕 노릇 하는 자는 반드시 이들을 금지해야 하는 것이요, 일곱째, 거짓으로 한 방법과 이상한 기예와 무당과 점술[53] 및 바른길이 아닌 도[54]와 상서롭지 못한 말로 선량한 백성을 환상으로 미혹시킨다면, 왕 노릇 하는 자는 이들을 반드시 그만두게 해야 합니다.

文王曰:"願聞其道!"

太公曰:"夫六賊者, 一曰臣有大作宮室池榭, 遊觀倡樂者, 傷王之德; 二曰民有不事農桑, 任氣遊俠, 犯歷法禁, 不從吏敎者, 傷王之化; 三曰臣有結朋黨, 蔽賢智, 鄣主明者, 傷王之權; 四曰士有抗志高節以爲

---

53) 원문의 '무고巫蠱'에서 '무'는 '무사巫師'다. 여자 무당으로서 주문을 외워 병을 치료하고 마귀도 내쫓았다. '고'는 사람을 해친다는 상상의 동물이다. 즉, '무고'란 주문이나 술수로 타인을 미혹시키는 것을 지칭한다.
54) 원문의 '좌도左道'는 유교의 종지宗旨에 어긋나는 모든 사교邪敎를 가리킨다.

氣勢, 外交諸侯不重其主者, 傷王之威; 五曰臣有輕爵位, 賤有司, 羞
爲上犯難者, 傷功臣之勞; 六曰強宗侵奪, 陵侮貧弱者, 傷庶人之業.
七害者, 一曰無智略權謀, 而以重賞尊爵之故強勇輕戰, 僥倖於外, 王
者愼勿使爲將; 二曰有名無實, 出入異言, 掩善揚惡, 進退爲巧, 王者
愼勿與謀; 三曰朴其身躬, 惡其衣服, 語無爲以求名, 言無欲以求利,
此僞人也, 王者愼勿近; 四曰奇其冠帶, 偉其衣服, 博聞辯辭, 虛論高
議, 以爲容美, 窮居靜處而誹時俗, 此姦人也, 王者愼勿寵; 五曰讒
佞苟得, 以求官爵, 果敢輕死以貪祿秩, 不圖大事, 得利而動, 以高談
虛論說於人主, 王者愼勿使; 六曰爲雕文刻鏤, 技巧華飾, 而傷農事,
王者必禁之; 七曰僞方異伎, 巫蠱左道, 不祥之言, 幻惑良民, 王者必
止之.

벼슬아치와 백성에 대한 요구 사안

그러므로 백성이 역량을 다하지 않으면 [군주인] 나의 백성이 아
니요, 선비가 성실하고 신실하지 않으면 나의 선비가 아니요, 신하
가 충성으로 간언하지 않으면 나의 신하가 아니요, 벼슬아치가 공
평하고 결백하여 백성을 사랑하지 않으면 나의 벼슬아치가 아니요,
재상이 나라를 잘살게 하고 군대[55]를 강하게 하며 음과 양을 조화
시켜 만 대의 수레[56]를 내는 군주를 편안하게 하지 못하고, 뭇 신하

---

55) 원문의 '병兵'은 병기·병사·병법·군대·전쟁 등의 여러 가지 함축된 의미가
있으나, 여기서는 군대로 번역했다. 물론 이 단어는 병기兵器의 확장된 표현
이므로 군대와 군사軍事 등 제반의 일을 두루 가리킨다.

를 바르게 하고 명분과 실질을 정하며 상과 벌을 밝히고 모든 백성을 즐겁게 하지 못하면 나의 재상이 아닙니다.

故民不盡力, 非吾民也; 士不誠信, 非吾士也; 臣不忠諫, 非吾臣也; 吏不平潔愛人, 非吾吏也; 相不能富國強兵, 調和陰陽, 以安萬乘之主, 正群臣, 定名實, 明賞罰, 樂萬民, 非吾相也.

왕의 자리에서 행하라

대저 왕 노릇 하는 자의 도는 용의 머리와 같으니, 높은 데에 머무르면서 멀리 바라보고, 깊이 살피면서 자세히 들으며, 그 형체를 보이면서도 그 실정을 숨기고, 마치 하늘의 높음을 다할[57] 수 없는 것처럼 하며, 마치 못의 깊이를 측량할 수 없는 것처럼 하는 것입니다. 그러므로 [군주가] 노여워할 수 있는데도 노여워하지 않으면 간신이 곧 일어나는 것이요, 죽일 수 있는데도 죽이지 않으면 큰 도적이 곧 일어나는 것이요, 군대의 형세[58]가 행해지지 않으면 적국이

---

56) 원문의 '만승萬乘'은 천자의 나라를 말한다. 본래 승乘은 전차(수레)를 세는 단위다. 1승에는 갑옷 입은 병사 세 명, 보병 일흔두 명, 거사車士 스물다섯 명이 딸린다. 주나라 때 제도에서는 천자는 사방 천 리를 영역으로 하며 전쟁 시에 전차 1만 승을 내놓았다. 그리고 세력이 큰 제후는 사방 백 리를 소유하며 전쟁 시에 전차 천 승을 내놓았다. 그 아래의 대부는 전쟁 시에 수레 백 대를 내놓았다. 다시 말해 만승의 나라는 천자의 나라를, 천승의 나라는 제후의 나라를, 백승의 나라는 대부의 영지를 말한다.
57) 원문의 '극極'은 '정점에 도달하다'라는 의미를 담고 있다.
58) 원문의 '세勢'는 이미 정해진 '형形'과 짝을 이루는 말이면서 서로 병립할 수 없는 관계로 해석되기도 하는 묘한 개념을 지녔다.

마침내 강해지는 것입니다."

문왕이 말했다.

"훌륭하십니다!"

夫王者之道如龍首, 高居而遠望, 深視而審聽, 示其形, 隱其情, 若天之高不可極也, 若淵之深不可測也. 故可怒而不怒, 姦臣乃作; 可殺而不殺, 大賊乃發; 兵勢不行, 敵國乃强."

文王曰:"善哉!"

제10편 거현擧賢: 현명한 자를 등용하다

【해설】

 제목에서 시사하듯 군주가 진정으로 현명한 자를 등용하고자 하면서도 하지 못하는 잘못을 지적하며, 그 주된 이유로 군주 주변의 간신배를 비롯한 속세의 평판 따위에 현혹되어 제대로 된 인사가 등용되지 못하는 현실을 날카롭게 지적하고 있다. '거현'의 지침은 이 편의 마지막에 제시된 대로 '선재고능選才考能'·'실당기명實當其名'·'명당기실名當其實' 등 3대 원칙의 실행 여부에 달려있으며, 임명 여부에 대한 귀책 사유는 군주 자신에게 있다는 점을 밝히고 있다.

현명한 자가 등용되지 못하는 이유는 군주 탓

 문왕이 태공에게 물었다.
 "군주가 현명한 사람을 등용하려고 힘쓰는 데도 그 공을 얻지 못하고 세상의 어지러움은 더욱 심해져서 위태롭고 망하는 데 이르는 것은 무엇 때문입니까?"
 태공이 대답했다.
 "현명한 사람을 들어 쓰면서도 등용하지 못하면 이것은 현명한 사람을 추천했다는 이름만 있고 현명한 사람을 등용한 실질이 없는 것입니다."
 문왕이 물었다.
 "그 잘못은 어디에 있습니까?"
 태공이 대답했다.

"그 잘못은 군주에게 있으니, 세속에서 칭찬하는 자를 쓰기 좋아하고 진정으로 현명한 자를 얻지 못한 데에 있습니다."

문왕이 물었다.

"어찌하여 그러합니까?"

태공이 대답했다.

"군주가 세속에서 칭찬하는 자를 현명하다고 여기고, 세속에서 비방하는 자를 어리석다고 여기면, 패거리가 많은 자가 나아가고, 패거리가 적은 자는 물러납니다. 이같이 된다면 뭇 사악한 자가 아첨하고 빌붙어[59] 현명한 자를 가려서, 충성스러운 신하는 죄 없이 죽게 되고, 간사한 신하는 헛된 칭찬으로 벼슬과 지위를 취하게 됩니다. 이 때문에 세상의 어지러움이 더욱 심해지면 나라는 위태롭고 망하는 데에서 벗어나지 못하는 것입니다."

文王問太公曰: "君務擧賢而不獲其功, 世亂愈甚, 以至危亡者, 何也?"

太公曰: "擧賢而不用, 是有擧賢之名而無用賢之實也."

文王曰: "其失安在?"

太公曰: "其失在君好用世俗之所譽, 而不得眞賢也."

文王曰: "何如?"

太公曰: "君以世俗之所譽者爲賢, 以世俗之所毁者爲不肖, 則多黨者進, 少黨者退. 若是, 則群邪比周而蔽賢, 忠臣死於無罪, 姦臣以虛譽取爵位. 是以世亂愈甚, 則國不免於危亡."

---

59) 원문의 '비주비주'에서, '비'는 아첨하면서 사귀고 '주'는 바른 도로 교유한다는 의미다. 당파를 맺어 사적으로 운영하는 것이니, 사악하고 부정한 무리가 패거리를 이루면서 작당을 모의하려는 것을 비유한다.

현자 등용의 3대 원칙

문왕이 물었다.

"현명한 자를 추천하려면 어떻게 해야 합니까?"

태공이 대답했다.

"장수와 재상이 직분을 나누어 저마다 벼슬자리 이름으로 사람을 추천하고, 벼슬자리의 이름에 맞게 실질을 책임 지우며, 인재를 선발하여 유능함을 살펴서, 실질이 그 이름에 걸맞게 하고, 이름이 그 실질에 들어맞게 하면, 현명한 자를 추천하는 원칙을 얻을 수 있습니다."

文王曰: "擧賢奈何?"

太公曰: "將相分職, 而各以官名擧人, 按名督實, 選才考能, 令實當其名, 名當其實, 則得擧賢之道也."

제11편 상벌賞罰: 상 주고 벌하기

【해설】

비교적 짧은 편폭으로 구성된 이 편은 상을 주어 권장하는 '존권存勸'과 벌을 내려 경계하는 '시징示懲'의 기본 원칙을 다루고 있다. 신상필벌信賞必罰이 왜 중요한지 그 이유를 간명하게 설명하고 있는데, 포상은 권장을 위한 것이고 형벌은 징계를 위한 것이라고 한다.

포상은 권장하기 위함이고 형벌은 징계하기 위함이다

문왕이 태공에게 물었다.
"상은 [선행을] 권장하기 위해 보존하는 방법이고, 벌은 [악행을] 징계하기 위해 보여주는 방법입니다. 내가 한 사람에게 상을 주어 백 사람을 권장하고, 한 사람을 벌주어 무리를 징계하고자 하는데, 이를 어떻게 해야 합니까?"
태공이 대답했다.
"무릇 상을 쓰는 자는 믿음을 귀하게 여기고, 벌을 쓰는 자는 반드시 함을 귀하게 여깁니다. 늘 보고 듣는 사람에게 신상필벌을 하면 듣고 보지 못한 자들 중에도 교화되지 않는 이가 없을 것입니다. 대저 진실이 천지에 펼쳐지고 신명에 통하는데, 하물며 사람에게 있어서야 말할 필요가 있겠습니까?"

文王問太公曰: "賞所以存勸, 罰所以示懲. 吾欲賞一以勸百, 罰一以懲衆, 爲之奈何?"

太公曰:"凡用賞者貴信, 用罰者貴必. 賞信罰必於耳目之所聞見, 則所不聞見者莫不陰化矣. 夫誠, 暢於天地, 通於神明, 而況於人乎?"

제12편 병도兵道: 군사를 부리는 원칙

【해설】

군사를 부리는 원칙은 한결같이 일관성이 중요하다고 말하고 있으니, 통일된 지휘 체계의 중요성은 아무리 강조해도 지나치지 않다고 말한다. 아울러 적군과 마주쳤을 때 적을 유인하여 이쪽을 공격하는 체하다가 그 반대쪽을 치는 전술이라든지, 적이 생각하지 못한 부분을 기습적으로 공략하는 전술 등도 중요한 군사를 부리는 원칙으로 다루고 있다.

덧붙여 이 편이 16편인 〈순계〉의 뒤로 가야 한다는 설이 있는데, 내용과 체제 면에서 보더라도 나름 타당성이 있다.

근원을 걱정하라

무왕이 태공에게 물었다.

"군사를 부리는 원칙은 어떠해야 합니까?"

태공이 대답했다.

"무릇 군사를 부리는 원칙은 '일관성〔一〕'[60]에 지나지 않으니, '일

---

60) 원문의 '일一'은 편의상 '일관성'이나 '한결같음', '통일성'으로 번역하는데, 사실상 황로 사상의 색채가 물씬 풍기는 중요한 용어다. '일'은 '도道'와 가까운 의미로 '태일太一'이라는 설이 유력하다. '태일'은 '궁극의 태일'로서 '도道'를 가리킨다는 설을 취한다. 《노자 도덕경》 42장의 다음과 같은 말과 깊은 인과 관계가 있다. 이 장의 첫머리는 이렇게 시작한다. "도는 일을 낳고, 일은 이를 낳으며, 이는 삼을 낳고, 삼은 만물을 낳는다. 만물은 음을 짊어지고 양을 안고 있으며, 비어있는 기운으로 조화를 이룬다〔道生一, 一生二, 二生三, 三生萬物, 萬物負陰而抱陽, 沖氣以爲和〕."

관성'이란 능히 홀로 가고 홀로 오는 것입니다. 황제[61]가 말하길, '일관성은 도에 오를 수 있고 신에 거의 가깝다.'라고 했습니다. 이 것을 쓰는 것은 기틀에 있고, 이것을 드러내는 것은 형세에 있으며, 이것을 이루는 것은 군주에게 달려있습니다. 그러므로 어질고 덕이 뛰어난 왕은 병기를 흉악한 기물이라고 불렀으며, 어쩔 수 없는 경우에만 사용했습니다.

지금 상나라 주왕[62]은 존재함만 알지 망함을 알지 못하며, 즐거움만 알지 재앙의 화근을 알지 못합니다. 대저 '존재함'은 존재하는 데에 있는 것이 아니고, 망함을 걱정하는 데에 달려있는 것이요, '즐거움'은 즐거운 데에 빠져있는 것이 아니고, 재앙을 염려하는 데에 달려있습니다. 지금 왕께서 이미 그 근원을 염려하시니, 어찌 그 지류를 걱정하겠습니까?"

武王問太公曰: "兵道如何?"

太公曰: "凡兵之道莫過乎一. 一者能獨往獨來. 黃帝曰: '一者階於道, 幾於神.' 用之在於機, 顯之在於勢, 成之在於君. 故聖王號兵爲凶器,

---

61) 원문의 '황제黃帝'는 전설 속에 전하는 중화족의 시조로 헌원軒轅 언덕에 살았으므로 헌원씨라고도 불렀다. 또 나라에 곰이 많았기 때문에 웅씨熊氏라고도 한다. 중국 신화상 오방五方의 상제 가운데서 중앙을 다스리는 상제로서 오행으로 치면 토土이고, 흙을 의미하는 누런색(黃)이며, 그의 보좌신은 땅의 신 후토后土다. 그는 얼굴이 네 개여서 사방을 동시에 바라볼 수 있었다고 한다. 중국 역사상 최초의 전쟁이라 할 치우蚩尤와의 싸움에서 승리하면서 중원 지역을 평정했고, 이를 통해 중국 민족의 활동 무대를 확보했다. 이 때문에 중국인은 자신들을 황족黃族의 후예로, 중국 문화를 황색黃色 문명이라고 했다.

62) 원문의 '상왕商王'으로, 처음에는 정치를 잘했으나 달기라는 미인에게 빠져 온갖 악행을 저질렀다. 포락의 형벌과 주지육림의 방탕한 학정을 거듭하다가 무왕에게 죽임을 당하고 나라도 잃었다.

不得已而用之. 今商王知存而不知亡, 知樂而不知殃. 夫存者非存, 在於慮亡; 樂者非樂, 在於慮殃. 今王已慮其源, 豈憂其流乎?"

적이 예상하지 못하는 곳을 쳐라

무왕이 물었다.

"두 군대[아군과 적군]가 서로 맞붙어, 저들이 쳐들어올 수도 없고, 이쪽에서 쳐들어갈 수도 없어서, 저마다 군건한 방비를 할 뿐 감히 먼저 발동하지 못하고 있습니다. 내가 저들을 몰래 공격하고는 싶으나 그 유리함을 얻지 못하니, 이를 어떻게 해야 합니까?"

태공이 대답했다.

"밖으로는 어지러운 듯이 보이면서 안으로는 정연하고, 굶주리게 보이면서 실제로는 배부르며, 안은 정예로우면서 밖은 노둔해 보이니, 한 번 맞붙었다가 한 번 떨어지고, 한 번 모였다가 한 번 흩어졌다가 하면서, 그 [아군의] 계책을 숨기고 기밀을 은밀히 하며, 방어 진지를 높이 쌓고 정예병을 숨겨 소리가 없는 것처럼 하면, 적은 우리가 방비하는 줄을 알지 못하니, 저들이 서쪽으로 오고자 하면 그 동쪽을 몰래 공격하는 것[63]입니다."

무왕이 물었다.

"적이 우리의 정황을 알고, 우리의 모략을 통달하고 있으면, 이를

---

63) 잘 알려진 바와 같이 성동격서聲東擊西 전술이다. 동태를 살피던 서쪽의 적이 심리적으로 안심할 때 바로 허虛가 생긴다. 상대의 허를 찌르는 방법은 먼저 자신을 감추는 것에서 시작한다. 즉, 적의 군사 이동을 잘 파악하여 허점을 노리는 전술이다.

어떻게 해야 합니까?"

태공이 대답했다.

"싸움에서 승리하는 술수는 적의 기밀을 은밀히[64] 관찰하여 저들의 유리함을 재빨리 타고, 다시 저들이 생각하지 못한 곳을 재빨리 치는 것입니다."

武王曰: "兩軍相遇, 彼不可來, 此不可往, 各設固備, 未敢先發. 我欲襲之, 不得其利, 爲之奈何?"

太公曰: "外亂而內整, 示饑而實飽, 內精而外鈍; 一合一離, 一聚一散; 陰其謀, 密其機, 高其壘, 伏其銳士, 寂若無聲, 敵不知我所備; 欲其西, 襲其東."

武王曰: "敵知我情, 通我謀, 爲之奈何?"

太公曰: "兵勝之術, 密察敵人之機而速乘其利, 復疾擊其不意."

---

64) 은밀함의 중요성에 대해 "대저 일이란 은밀히 함으로써 이루어지고 말이 새어나가면 실패한다(夫事以密成, 語以泄敗)."(《사기史記》〈노자한비열전老子韓非列傳〉)라는 말을 염두에 둘 만하다. 한편 진평陳平 같은 모략가도 다음과 같이 말한 바 있다. "내가 은밀한 계책을 많이 세웠으니, 이는 도가道家에서 꺼리는 것이다. 만일 내 후손이 폐출된다면 끝난 것으로 결국 일어서지 못할 것이니, 내가 은밀한 계책을 많이 쓴 화를 입은 탓이다(我多陰謀, 是道家之所禁. 吾世即廢, 亦已矣, 終不能復起, 以吾多陰禍也)."(《사기》〈진승상세가陳丞相世家〉)

제2권

무도武韜

【해설】

'문文'과 대비되는 개념의 '무武'는 과감한 결단력과 꿋꿋한 의지와 군주의 위세를 통해 나라와 군대의 기강을 바로잡아 나간다는 의미다. 2권에서 강태공은 전쟁하기에 앞서 치국의 준비 과정과 비군사적 방법의 중요성, 적을 와해시키고 타격하는 책략 등을 두루 말하고 있다.

2권은 〈발계發啓〉,〈문계文啓〉,〈문벌文伐〉,〈순계順啓〉,〈삼의三疑〉 등 다섯 편으로 구성되어 있으며, 마지막 편을 제외하면 모두 문왕과의 문답으로 이루어져 있다.

구체적으로 살펴보면, 〈발계〉 편에서는 덕을 닦고 백성을 편안하게 하기 위한 방법 등을 다루면서 민심을 얻어야만 전쟁을 승리로 이끌 수 있다는 논지를 담담하게 서술한다. 특히 완전한 승리는 싸우지 않고 이기는 것이라고 강조한다. 〈문계〉 편에서는 흐르는 물처럼 다스릴 것을 권고하고, 군주가 천하를 다스리는 세 가지 층차가 무엇인지 강조한다. 편의 순서대로 좀 더 보면, 〈문벌〉 편은 무력을 쓰지 않는 정벌을 다루고 있고, 〈순계〉 편에서는 민심에 따르는 계도법을 다루고 있으며, 〈삼의〉 편에서는 전쟁에서 싸우지 않으면서 승리하는 열두 가지 전술과 세 가지 계책을 서술한다. 주로 뇌물이나 이간책, 미인계 등이나 백성 회유책 등 허를 찌르는 전술도 두루 담고 있다.

요컨대 천하를 다스리는 요체는 어느 한 가지만 존재하는 것이 아니라, 적을 쳐서 패망에 이르게 하는 책략 등을 자유자재로 구사해야 하는데, 이럴 경우 문치와 무치를 병행하는 전술도 필요함을 역설한다.

제13편 발계發啓: 개발하고 계도하라

【해설】

'발계發啓'는 개발하고 계도한다는 의미인데, 태공이 문왕에게 백성의 고통을 구제하고 어떻게 천하를 차지할 것인가 하는 방법을 제시한 것이다. 즉, 인덕을 닦고 백성에게 은혜를 베푸는 것을 기본 원칙으로 하여 민심을 수렴한 다음에 군사를 부리는 원칙으로 나아가는 것과 싸우지 않고 이기는 방법, 마지막으로 사나운 새와 짐승이 목표물을 공격하는 점을 배울 필요가 있다고 한다.

인덕을 닦고 백성에게 은혜로워야

문왕이 풍[65] 땅에 있으면서 태공을 불러 말했다.

"오호라! 상왕의 잔학성이 극에 달하여 무고한 사람에게 죄를 물어 죽이고 있습니다. 당신[66]께서는 부디 백성을 근심하는 나를 도와주어야 하니, 어떻게 해야 하겠습니까?

태공이 대답했다.

"군왕께서는 모쪼록[67] 인덕을 닦으시어 현명한 자에게는 겸손하

---

65) 주나라 문왕의 수도로서 '풍豊'이라고 하며 호경鎬京과 더불어 서주의 도읍이었다. 오늘날 산시성 시안시(西安市) 서남쪽에 있는 풍하灃河의 서쪽 지역이다.
66) 원문의 '공상公尙'을 번역한 것으로 태공망 여상에 대해 존중하여 부른 칭호로 보아야 한다.
67) 원문의 '기其'를 번역한 것인데 바람을 나타내는 어기사로 봐야 한다.

게 처신하고, 백성에게는 은혜롭게 하시면서 하늘의 도를 관찰하십시오. 하늘의 도에 재앙이 없으면 먼저 이끌어갈 수 없는 것이요, 사람의 도[68]에 재앙이 없으면 먼저 꾀할 수 없습니다.

하늘의 재앙을 반드시 보고 또한 사람의 재앙을 보아야 비로소 꾀할 수 있습니다. 반드시 그 양지를 보고 또한 그 음지를 보아야 비로소 그 마음을 알 수 있는 것이요, 반드시 그 밖을 보고 또한 안을 보아야 비로소 그 뜻을 알 수 있는 것이요, 반드시 그 멀어진 자를 보고 또한 친한 자를 보아야 비로소 그 마음을 알 수 있습니다.

文王在酆, 召太公曰: "嗚呼! 商王虐極, 罪殺不辜. 公尚助予憂民, 如何?"
太公曰: "王其修德以下賢, 惠民以觀天道. 天道無殃, 不可先倡; 人道無災, 不可先謀. 必見天殃, 又見人災, 乃可以謀. 必見其陽, 又見其陰, 乃知其心; 必見其外, 又見其內, 乃知其意; 必見其疎, 又見其親, 乃知其情.

완전한 승리는 싸우지 않는 것

그 도를 실행하면 도에 도달할 수 있는 것이요, 그 문을 따르면 문에 들어갈 수 있는 것이요, 그 예[69]를 세우면 예를 이룰 수 있는 것이요, 그 강함을 다투면 강함을 이길 수 있습니다.

---

68) 원문의 '인도人道'는 사람으로서 마땅히 지켜야 할 도리 혹은 도덕규범을 두루 지칭하는 말이다.

완전한 승리는 싸우지 않는 것이고, 위대한 군대는 [아군에게] 상처를 입히지 않는 것이니, [이는] 귀신과 통하는 것입니다. 미묘합니다! 미묘합니다! 사람들과 병을 같이하면 서로 구원하고, 감정을 같이하면 서로 이루어주며, 미워함을 같이하면 서로 도와주고, 좋아함을 같이 하면 서로 달려갑니다. 그러므로 갑옷이나 병기 없이도 이길 수 있고, 충기⁷⁰⁾ 없이도 공격할 수 있으며, 도랑과 참호 없이도 지킬 수 있습니다.

行其道, 道可致也; 從其門, 門可入也; 立其禮, 禮可成也; 爭其强, 强可勝也. 全勝不鬪, 大兵無創, 與鬼神通. 微哉! 微哉! 與人同病相救, 同情相成, 同惡相助, 同好相趨. 故無甲兵而勝, 無衝機而攻, 無溝塹而守.

승리는 상대가 알 수 없는 데에 있다

크나큰 지혜는 지혜롭지 않은 것 같고, 위대한 모략은 모략이 아닌 것 같으며, 위대한 용맹은 용맹스럽지 않은 것 같고, 크나큰 이로움은 이롭지 않은 것 같습니다. 천하를 이롭게 하는 자는 천하가 열어주는 것이요, 천하를 해치는 자는 천하가 막는 것입니다.

---

69) 원문의 '예禮'는 일반적 의미의 '예의禮儀'가 아니고 사회발전에 필요한 예법제도와 도덕규범을 가리킨다.

70) 원문의 '충기衝機'는 수레의 끝부분에 큰 철로 된 뾰족한 쇠가 달려있어 앞뒤로 움직이면서 성문을 부수는 장비인데, 성을 공격할 때 유용했다.

천하는 [군주] 한 사람의 천하가 아니고 곧 천하 사람들의 천하입니다. 천하를 취하는 것은 들짐승을 쫓아가는 것과 같아, 천하 사람들이 모두 고기를 나누려는 마음이 있는 것입니다. 같은 배를 타고 건널 때 건너가면 그 이익을 함께하고, 실패하면 그 폐해를 함께하는 것과 같습니다. 그렇게 하면 모두 열어줄 것이고, 막는 자가 있지 않을 것입니다.

백성에게 취함[71]이 없는 자는 [오히려] 백성을 취하는 자요, 나라에서 취함이 없는 자는 [오히려] 나라를 취하는 자요, 천하에서 취함이 없는 자는 [오히려] 천하를 취하는 자입니다. 백성을 취함이 없는 자는 [오히려] 백성이 그를 이롭게 해주는 것이요, 나라를 취함이 없는 자는 [오히려] 나라가 그를 이롭게 해주는 것이요, 천하를 취함이 없는 자는 [오히려] 천하가 그를 이롭게 해주는 것입니다.

그러므로 도는 [상대가] 볼 수 없는 데에 있고, 일은 [상대가] 들을 수 없는 데 있으며, 승리는 [상대가] 알 수 없는 데에 있습니다. 미묘합니다! 미묘합니다!

大智不智, 大謀不謀, 大勇不勇, 大利不利. 利天下者, 天下啟之; 害天下者, 天下閉之. 天下者非一人之天下, 乃天下之天下也. 取天下者, 若逐野獸, 而天下皆有分肉之心. 若同舟而濟, 濟則皆同其利, 敗則皆同其害. 然則皆有啟之, 無有閉之也. 無取於民者, 取民者也; 無取於國者, 取國者也; 無取於天下者, 取天下者也. 無取民者, 民利之; 無取國者, 國利之; 無取天下者, 天下利之. 故道在不可見, 事在不可聞, 勝

---

71) 원문의 '취取'를 번역한 것으로 백성의 마음을 돌아오게 하는 것이다.

在不可知. 微哉! 微哉!

사나운 새와 짐승이 공격하는 법을 배워라

　사나운 새가 공격하려고 할 때에는 낮게 날면서 날개를 거두어들이고, 사나운 짐승이 공격하려 할 때에는 귀를 붙이고 엎드려 굽어보며, 성인이 장차 움직이려 할 때에는 반드시 어리석은 기색을 나타냅니다.
　지금 저 은나라 왕은 뭇사람의 말에 서로 미혹되고, [온통] 뒤죽박죽되어 아득하며, 여색을 좋아함이 끝이 없으니, 이는 망하는 나라의 징조입니다.
　제가 저들의 들녘을 살펴보니 풀과 골풀들이 곡식을 이기고, 제가 저들의 백성을 살펴보니 사악하고 굽은 자가 정직한 사람을 이기며, 제가 저들의 벼슬아치를 살펴보니 포학하고 잔혹하며 법을 무너뜨리고 형벌을 어지럽혔는데도 윗사람과 아랫사람은 깨닫지 못하니, 이는 망하는 나라의 시기입니다.
　크나큰 밝음[태양][72]이 발동하면 만물이 모두 비춰지고, 크나큰 의로움이 발동하면 만물이 모두 이로우며, 위대한 군대가 출동하면 만물이 모두 복종하게 됩니다. 위대할지니, 성인의 덕입니다! 혼자 듣고 혼자 보니, 즐겁습니다!"

---

72)　원문의 '대명大明'은 곧 태양을 지칭한다.

鷙鳥將擊，卑飛歛翼；猛獸將搏，弭耳俯伏；聖人將動，必有愚色．今彼殷商，眾口相惑，紛紛渺渺，好色無極，此亡國之徵也．吾觀其野，草菅勝穀；吾觀其眾，邪曲勝直；吾觀其吏，暴虐殘賊，敗法亂刑，上下不覺，此亡國之時也．大明發而萬物皆照，大義發而萬物皆利，大兵發而萬物皆服．大哉聖人之德！獨聞獨見，樂哉！"

제14편 문계文啓: 문치로 계도하다

【해설】

이 편을 읽어보면 드러나지만, 태공망이 문치를 통해 문왕의 천하 통치를 계도한 것이다. 주목할 점은 문치가 다름 아닌 도가의 정치사상인 무위無爲의 원칙을 견지한다는 것이다. 그러면서 백성의 '상생常生', '일정한 삶'의 원칙이 흐트러지지 않는 정치를 하라는 것이다. 이 원칙을 견지하면 천하가 태평하고 만물이 자연스럽게 화육化育된다는 원리는 본문의 '정靜' 자를 통해 입증된다. 특히 물이 흘러가는 것처럼 다스리면서 성인의 덕을 늘 염두에 두라고 조언한다.

흐르는 물처럼 다스려야 만물이 화육된다

문왕이 태공에게 물었다.
"성인은 무엇을 지킵니까?"
태공이 대답했다.
"무엇을 걱정하고 무엇을 아끼겠[73)]습니까? [얻으려 하지 않아도] 만물이 모두 얻어집니다. 무엇을 아끼고 무엇을 걱정하겠습니까? 만물이 다 모입니다.[74)] 정사가 행해지는 곳에 아무도 그 감화를 알지

---

73) 원문의 '색嗇'은 '아끼다'라는 의미로서 정신이나 물질을 너무 낭비하지 말라는 것이다. 과도한 집착을 경계하라는 의미도 담고 있다. 이 글자는 '[곡식을] 거둔다'는 의미도 있는데, 농부가 농사를 지어 잡초 따위를 제거하고 수확한다는 의미를 담고 있다. 여기서는 전자의 의미다.
74) '주遒'는 '모이다'라는 뜻인데, 더러는 '힘이 생기다'로 해석하기도 한다.

못하고, 사계절이 있는 곳에 그 [풍속이] 옮겨감을 아무도 알지 못합니다. 성인이 이런 이치를 지켜서 만물이 교화되니, 어찌 끝이 있겠습니까? 끝나고 나면 다시 시작됩니다!

한가한 마음으로 노닐며 반복하여 구하는 것이니, 구해서 얻으면 깊이 [마음속] 감춰두지 않을 수 없고, 이미 감춰두고 나면 행동하지 않을 수 없으며, 이미 행동했으면 다시 밝히지 않습니다. 대저 하늘과 땅이 스스로 밝히지 않으므로 [만물을] 기를 수 있고, 성인이 스스로 밝히지 않으므로 능히 이름이 드러나게 됩니다.

文王問太公曰: "聖人何守?"

太公曰: "何憂何嗇? 萬物皆得; 何嗇何憂? 萬物皆遒. 政之所施, 莫知其化; 時之所在, 莫知其移. 聖人守此而萬物化, 何窮之有? 終而復始! 優之游之, 展轉求之; 求而得之, 不可不藏; 既以藏之, 不可不行; 既以行之, 勿復明之. 夫天地不自明, 故能長生; 聖人不自明, 故能名彰.

군주가 천하를 다스리는 세 가지 층차

옛날의 성인은 사람들을 모아 집안을 만들었고, 집안을 모아 나라를 만들었으며, 나라를 모아 천하를 만들었고, 현명한 사람들에게 봉토를 나누어주어 수많은 나라를 만들었으니, 이를 명명하여 '큰 기강(大紀)'이라고 했습니다.

그 정사와 교화를 펼치고 그 백성의 풍속을 따라가며 여러 굽은 것이 곧아져서 형태와 모양이 변하고, 만국의 풍속이 통하지 않아도 저마다 그 거처를 즐거워하여 사람들이 그 윗사람을 사랑하니,

이를 명명하여 '큰 결정〔大定〕'이라고 했습니다.

오호라! 성인은 고요함을 힘쓰고, 현명한 사람은 올바름을 힘쓰는데, 어리석은 사람은 바로잡을 수 없어 남과 더불어 싸웁니다. 윗사람이 힘쓰면 형벌이 번잡하고, 형벌이 번잡하면 백성이 걱정하니, 백성이 걱정하면 떠돌아다니거나 달아나게 됩니다. 윗사람이든 아랫사람이든 자신의 삶을 편안히 여기지 못해 몇 대가 지나도록 쉬지 못하니, 이를 명명하여 '큰 실수〔大失〕'라고 했습니다.

古之聖人, 聚人而爲家, 聚家而爲國, 聚國而爲天下, 分封賢人以爲萬國, 命之曰大紀. 陳其政敎, 順其民俗, 群曲化直, 變於形容; 萬國不通, 各樂其所, 人愛其上, 命之曰大定. 嗚呼! 聖人務靜之, 賢人務正之; 愚人不能正, 故與人爭. 上勞則刑繁, 刑繁則民憂, 民憂則流亡. 上下不安其生, 累世不休, 命之曰大失.

물처럼 다스리고 성인의 덕을 염두에 두라

천하의 사람들은 흐르는 물과 같아, 막으면 멈추고, 열어두면 흘러가고, 고요하면 맑아집니다. 아아! 신묘합니다! 성인은 그 시작하는 바를 보게 되면 그 끝나는 바를 압니다."

문왕이 물었다.

"[나라를] 고요하게 하려면 어떻게 해야 합니까?"

태공이 대답했다.

"하늘은 늘 일정한 형태[75]가 있고, 백성은 늘 일정한 삶[76]이 있으니, 천하와 더불어 그 살아가는 것을 함께하면 천하가 고요해지게 됩니다. [정치에서] 가장 훌륭한 것은 [백성을] 따라가는 것이고, 그다음은 [백성을] 교화하는 것입니다. 대저 백성은 [저절로] 교화되어 정사를 [잘] 따르기 때문에, 하늘은 하는 일이 없어도 일을 이루게 되고, 백성은 주는 것이 없어도 저절로 잘살게 되니, 이것이 성인의 덕입니다."

문왕이 말했다.

"공의 말은 곧 내 생각과 들어맞으니, 밤낮으로 그것을 생각하여 잊지 않고, [그것을] 변함없는 도리로 쓰겠습니다."

天下之人如流水, 障之則止, 啓之則行, 靜之則淸. 嗚呼! 神哉! 聖人見其所始, 則知其所終.

文王曰: "靜之奈何?"

太公曰: "天有常形, 民有常生, 與天下共其生而天下靜矣. 太上因之, 其次化之. 夫民化而從政, 是以天無爲而成事, 民無與而自富, 此聖人之德也."

文王曰: "公言乃愜予懷, 夙夜念之不忘, 以用爲常."

---

75) 원문의 '상형常形'을 번역한 것으로, 늘 일정한 형태로서 춘하추동 사계절을 가리킨다.

76) 원문의 '상생常生'을 번역한 것으로, 늘 일정한 형태의 생업으로서 봄에 밭 갈고 여름에 김매고 가을에 추수하고 겨울에 쉬는 등의 일정함을 말한다.

제15편 문벌文伐: 문치로 정벌하다

【해설】

무력을 쓰지 않는 일로 적을 물리친다는 개념의 이 편에서 제시하는 구체적인 방법은 열두 가지인데, 기본적으로 단순히 인덕이나 덕치의 개념이 아니라 권모술수와 궤사詭詐, 즉 속임수를 통해 적을 제압한다는 것이다. 본문의 맨 마지막에 나와 있듯이, 위로는 하늘을 살피고 아래로는 땅을 살피면서 자연의 원리에서 진리를 터득할 것을 강조한다. 즉, 본문에서 '찰察' 자를 통해 모든 것을 신중히 고려하여 결정하라는 말은 꽤 설득력이 있다.

문치로 정벌하는 열두 종류

문왕이 태공에게 물었다.

"문치로 정벌하는[77] 방법은 어떠해야 합니까?"

태공이 대답했다.

"무릇 문치로 정벌하는 것은 열두 가지가 있습니다.

첫째, 그 군주가 좋아하는 바로 인하여 그의 뜻에 따르는 것입니다. 그가 교만한 마음이 생겨서 일 만들기를 좋아하게 될 것이니, 진실로 이것을 따라 하면 반드시 그들을 없앨 수 있습니다.

둘째, 사랑하는 바를 가까이하게 하여 그 위압[78]을 흐트러뜨리는

---

77) 원문의 '문벌文伐'을 번역한 것이다. '무력을 쓰지 않는 정벌'이라는 의미를 내포한다.

것입니다. 한 사람이 두 마음을 품으면 그 충성심[79]이 반드시 쇠미해지니, 조정에는 충신이 없어지고 사직은 반드시 위태롭게 됩니다.

셋째, 몰래 측근들에게 뇌물을 주어 마음을 매우 깊게 얻는 것입니다. 몸은 [조정] 안에 있으나 마음은 [조정] 밖에 있으므로, 나라에 해로움이 나타나게 될 것입니다.

넷째, 적국의 군주가 음란한 음악을 [즐기게] 도와주어 그 [게으른] 뜻을 넓게 합니다. 진주와 옥을 후하게 바치고 미녀로서 즐겁게 해주며, 말을 낮추어 공손히 따르고 명에 공손하게 맞춰주는 것입니다. 저들이 장차 [우리와] 다투지 않아도[80] 간사한 행위로 곧 평정될 것입니다.

다섯째, 그 [적국] 충신을 존경하고[81] 그 뇌물을 각박하게 합니다. 사신을 오래 머물도록 하고, 그들의 사안을 들어주지 말아서, 빨리 사신을 다시 보내도록 하고, 성실한 일로 보내어 [다시 온 사신을] 친하게 여기고 믿어주면, 그 군주가 다시 맞추려 할 것입니다. 진실로 적국의 충신을 엄하게 하면 적국은 곧 도모될 것입니다.

여섯째, 적의 [조정] 안에 있는 신하를 매수하고, 그 바깥에 있는 신하를 이간질합니다. 재주 있는 신하가 밖에서 [우리를] 도와주고 적국이 안에서 침범하게 하면, 적국은 망하지 않는 일이 드뭅니다.

---

78) 원문 '위威'는 자연스러운 위엄이 아니라 가혹한 정치와 폭정을 가리키는 개념이기에 '위압'으로 번역했다.
79) 원문의 '중中'은 '충忠' 자와 통하므로 '충성심'으로 번역했다.
80) 원문의 '부쟁不爭'에는 최소한의 비용으로 최대의 효과를 얻기 위한 슬기로운 싸움의 방식이라는 의미가 숨어있다. 《노자 도덕경》 66장에 있는 "그(성인)는 다투지 않으므로 천하에서 아무도 그와 다툴 수 없다(以其不爭, 故天下莫能與之爭)."라는 문장을 염두에 두고 읽어볼 만하다.
81) 원문의 '엄嚴'은 '엄하다'라는 의미가 아닌 '존경하다'라는 의미로 쓰였다.

일곱째, [적국] 군주의 마음을 가둬두고자 하면 반드시 그에게 후하게 뇌물을 줍니다. 그 곁에서 충성하고 사랑하는 사람들에게 이익을 몰래 보여주어, 그들에게는 생업을 가볍게 여기도록 하여, [적국의] 쌓아두는 것이 텅 비게 하는 것입니다.

여덟째, 귀중한 보배를 뇌물로 주고 그것으로 인해서 그들을 꾀고, 꾀하여 그들을 이롭게 하면 이익으로 해서 반드시 [우리를] 믿게 되니, 이것을 일러 '이중의 친교(重親)'라고 합니다. 이중의 친교가 쌓이게 되면 반드시 우리의 쓰임이 될 것입니다. 나라를 갖고 있어도 [생각이] 밖으로 기울게 되면 그 땅[나라]은 크게 패망하게 됩니다.

아홉째, [적국의 군주에게] 이름을 존중해주고, 그가 자신을 곤란하게 하지 않게 하고 보이기를 큰 형세로써 하며, 그들의 말에 따라서 [우리를] 반드시 믿도록 합니다. 저들의 대단한 존엄을 이루어지도록 하여 먼저 허영심으로 은밀히 성인이라고 추켜세우면, 나라는 곧 크게 게으름에 빠지게 됩니다.

열 번째, 몸을 낮추고 반드시 믿도록 하여 그 정황을 얻는 것입니다. 뜻을 받들고 일에 호응하여 함께 살려는 것처럼 합니다. 이미 적의 정황을 알게 되면 곧 은밀히 매수하니, 때가 장차 이르게 되면 하늘이 그를 망하게 하는 것처럼 합니다.

열한 번째, 도로써 막는 것이니, 남의 신하 된 자들은 귀함과 부유함을 중시하지 않을 수 없고, 죽음과 허물을 미워하지 않는 자가 없습니다. 대단한 존엄을 몰래 보여주고 귀중한 보물을 몰래 주어서 적국의 호걸들을 매수하며, [나라] 안에 쌓아둔 것이 매우 두텁게 하면서도 겉으로는 궁핍한 것처럼 하고, 지혜 있는 선비들을 몰래 받아들여 계책을 꾀하게 하고, 날랜 병사들을 받아들여 그들의 사기를 높여줍니다. 부유함과 귀함이 매우 풍족하여 늘 호화로운 생활을 하게 하고, 우리의 패거리들이 이미 갖추어지도록 하면 이것을 일러 '저들을 막는다(塞之)'라고 하는 것입니다. 나라가 있으나 막히게 되면 어찌 나라를 차지했다고 할 수 있겠습니까?

열두 번째, 난을 일으키는 신하를 길러서 군주를 혼미하게 하고, 미녀와 음란한 음악[82]을 진상하여 미혹되게 하며, 좋은 개와 말을 보내 몸을 힘들게 하고, 때로는 큰 형세를 보여주어 꾀어냅니다. 위로는 [하늘을] 살펴 천하와 더불어 이를 꾀합니다.

이 열두 조건이 갖추어져야 곧 무력적인 일을 성취할 수 있으니, 이른바 위로는 하늘을 살피고 아래로는 땅을 살펴, 징조가 뚜렷하게 나타나면[83] 이내 정벌하는 것입니다."

文王問太公曰: "文伐之法奈何?"

太公曰: "凡文伐有十二節: 一曰因其所喜, 以順其志. 彼將生驕, 必有好事, 苟能因之, 必能去之. 二曰親其所愛, 以分其威. 一人兩心, 其中必衰, 廷無忠臣, 社稷必危. 三曰陰賂左右, 得情甚深. 身內情外, 國將生害. 四曰輔其淫樂, 以廣其志. 厚賂珠玉, 娛以美人; 卑辭委聽, 順命而合. 彼將不爭, 奸節乃定. 五曰嚴其忠臣, 而薄其賂. 稽留其使, 勿聽其事, 亟爲置代, 遺以誠事, 親而信之, 其君將復合之. 苟能嚴之, 國乃可謀. 六曰收其內, 間其外. 才臣外相, 敵國內侵, 國鮮不亡. 七曰欲錮其心, 必厚賂之, 收其左右忠愛, 陰示以利, 令之輕業, 而蓄積空虛. 八

---

82) 원문의 '음성淫聲'을 번역한 것으로, 춘추전국시대에 정鄭나라와 위衛나라의 음악이 저속한 의미의 속악俗樂으로 전통적인 아악雅樂과 대비되었다.

83) 원문의 '견見'은 '현現'의 본자다.

曰賂以重寶, 因與之謀, 謀而利之, 利之必信, 是謂重親. 重親之積, 必為我用. 有國而外, 其地大敗. 九曰尊之以名, 無難其身, 示以大勢, 從之必信. 致其大尊, 先為之榮, 微飾聖人, 國乃大偷. 十曰下之必信, 以得其情. 承意應事, 如與同生. 既以得之, 乃微收之; 時及將至, 若天喪之. 十一曰塞之以道: 人臣無不重貴與富, 惡死與咎. 陰示大尊而微輸重寶, 收其豪傑; 內積甚厚, 而外為乏; 陰納智士, 使圖其計; 納勇士, 使高其氣. 富貴甚足而常有繁滋, 徒黨已具, 是謂塞之. 有國而塞, 安能有國? 十二曰養其亂臣以迷之, 進美女淫聲以惑之, 遺良犬馬以勞之, 時與大勢以誘之. 上察而與天下圖之. 十二節備, 乃成武事, 所謂上察天, 下察地, 徵已見, 乃伐之."

제16편 순계順啓: 민심에 따라 계도하다

【해설】

  천하를 잘 다스리려면 여섯 가지 조건을 구비해야 하는데, 천하의 민심에 순응하는 것이 기본적인 원칙이다. 그 이유는 맨 마지막에 밝힌 대로 "천하는 [군주] 한 사람의 천하가 아니고, 오직 도를 갖추고 있는 사람이 그곳에 머물 수 있기(天下者非一人之天下, 唯有道者處之)" 때문이다.

군주의 그릇 크기가 다스림을 좌우한다

  문왕이 태공에게 물었다.
  "어떻게 해야 가히 천하를 다스릴 수 있습니까?"
  태공이 대답했다.
  "[군주의 그릇] 크기가 천하를 덮을 만한 후에 천하를 포용할 수 있고, 신의가 천하를 덮을 만한 후에 천하와 약속할 수 있으며, 인덕이 천하를 뒤덮을 만한 후에 천하를 품을 수 있고, 은혜가 천하를 뒤덮을 만한 후에 천하를 보전할 수 있으며, 권세가 천하를 뒤덮을 만한 후에 천하를 잃지 않을 수 있고, 일하고도 의심하지 않으면 하늘의 운용이 옮겨가지 못하고 때의 변화도 옮겨가지 못합니다. 이 여섯 가지가 갖추어지고 난 뒤에야 천하의 정사를 할 수 있습니다.
  그러므로 천하를 이롭게 하는 자는 천하가 그를 계도해주고, 천하를 해롭게 하는 자는 천하가 그를 막으며, 천하를 살리는 자는 천하가 그를 덕으로 삼고, 천하를 죽이는 자는 천하가 그를 적으로 삼으며, 천하를 꿰뚫게 하는 자는 천하가 그를 형통하게 하고, 천하를 궁색하게 하는 자는 천하가 그를 원수처럼 여기며, 천하를 편안하게 하는 자는 천하가 그를 믿어주고, 천하를 위태롭게 하는 자는 천하가 그를 재앙으로 여깁니다. 천하는 [군주] 한 사람의 천하가 아니고, 오직 도를 갖추고 있는 사람이 그곳에 머물 수 있습니다."

文王問太公曰: "何如而可為天下?"
太公曰: "大蓋天下, 然後能容天下; 信蓋天下, 然後能約天下; 仁蓋天下, 然後能懷天下; 恩蓋天下, 然後能保天下; 權蓋天下, 然後能不失天下; 事而不疑, 則天運不能移, 時變不能遷. 此六者備, 然後可以為天下政. 故利天下者, 天下啟之; 害天下者, 天下閉之; 生天下者, 天下德之; 殺天下者, 天下賊之; 徹天下者, 天下通之; 窮天下者, 天下仇之; 安天下者, 天下恃之; 危天下者, 天下災之: 天下者非一人之天下, 唯有道者處之."

제17편 삼의三疑: 세 가지 의심

【해설】

이 편에서는 의심되는 세 가지를 해결하기 위한 책략을 제시하는데, 때를 살펴보면서 적절하게 사용할 것을 언급한다. 세 가지 의심(三疑)이란 강함을 공격하는 '공강攻強', 친밀함을 이간질하는 '이친離親', 무리를 흩어지게 하는 '산중散衆'으로, 이것을 해결하려면 구체적으로 어떤 방법을 동원해야 하는지를 다루고 있다. 방법을 동원하는 요령은 주도면밀하고 신중하며, 수단 방법을 가리지 말고 성사되게 하라는 것이 논지다. 이런 점은 〈문벌〉 편에서 제시한 열두 가지 방법론과도 유사하다. 이 편은 문맥이 잘 이어지지 않는 부분도 있어 후인들의 위작이라는 설도 있다.

의심되는 세 가지를 위한 해결책

무왕이 태공에게 물었다.

"내가 공功을 세우려고 하는데 세 가지 의심(三疑)이 있으니, 능력 면에서 [저들의] 강함을 공격하지 못하고, 친밀함[84]을 이간질하지 못하며, 무리를 흩어지게 하지 못할까 두려우니, 이를 어떻게 해야 합니까?"

태공이 대답했다.

---

84) 원문의 '친親'은 중요한 단어인데, 친밀함은 유대감이란 의미로서 군대의 통솔과 명령 체계에 있어서 내면적 복종 여부를 알 수 있는 지표가 되므로 이를 이간질해야만 원활한 전투 행위가 가능함을 말한 것이다.

"이런 이유로 계책을 신중히 하고 재물을 써야 합니다. 대저 강함을 공격할 때는 반드시 저들을 길러 강하게 해주고, 저들을 보태어서 더 확장하도록 해야 합니다. [저들이] 너무 강하면 반드시 꺾이고, 너무 확장하게 되면 반드시 무너져 내리게 됩니다. 강함을 공격하려면 [상대방의] 강함으로써 하고, 친밀함을 이간질하려면 친한 사람으로써 하며, 무리를 흩어지게 하려면 무리로써 해야 합니다.

무릇 도모하는 원칙은 용의주도함을 보배로 삼습니다. 이를 설정하는 데 일로써 하고, 이를 익숙해지게 하는 데 이익으로써 하면 [저들은] 다투는 마음이 반드시 일어납니다. 저들의 친밀함을 이간질하려면 적국의 군주가 아끼는 자와 총애하는 자를 이용하여 그에게 하고자 하는 바를 주어 이롭게 여기는 바를 보여주고, 이로 인하여 사이를 멀어지게 하여 [그 나라에서] 뜻을 얻지 못하도록 해야 합니다. 저들이 이익을 탐하여 매우 기뻐하면 의심을 보내는 것이 바로 그치게 됩니다.

무릇 공격하는 이치는 반드시 먼저 밝은 곳을 막은 다음에 저들의 강한 곳을 치고, 큰 해로움을 해쳐 백성의 폐해를 없애는 것입니다. 여색으로써 음란하게 하고, 이익으로써 꾀어내며, 맛있는 것으로써 길러주고, 음악으로써 즐겁게 해줍니다. 그 친밀함을 이간질하고는 반드시 백성을 멀리하게 하도록 합니다. 그들에게는 이러한 계책을 알지 못하게 하고, 그것을 부축하여 받아들이게 합니다. 그 뜻을 아무것도 깨닫지 못하게 한 뒤에야 이룰 수 있습니다.

백성에게 은혜를 베풀면서 반드시 재물을 아끼지 말아야 합니다. 백성은 마치 소나 말과 같아 먹이를 자주 주고 좇아서 그들을 아껴주어야 합니다. 마음으로써 지혜로워지도록 계도해주고, 지혜로써 재물을 [얻도록] 계도해주며, 재물로써 무리를 계도해주고, 무리로써 현명한 이를 계도해야 하니, 현명한 이를 계도하면 천하에 왕 노릇을 할 수 있습니다."

武王問太公曰:"予欲立功, 有三疑: 恐力不能攻強, 離親, 散眾, 為之奈何?"

太公曰:"因之, 慎謀, 用財. 夫攻強, 必養之使強, 益之使張. 太強必折, 太張必缺. 攻強以強, 離親以親, 散眾以眾. 凡謀之道, 周密為寶. 設之以事, 玩之以利, 爭心必起. 欲離其親, 因其所愛與其寵人, 與之所欲, 示之所利, 因以疏之, 無使得志. 彼貪利甚喜, 遺疑乃止. 凡攻之道, 必先塞其明, 而後攻其強, 毀其大, 除民之害. 淫之以色, 啗之以利, 養之以味, 娛之以樂. 既離其親, 必使遠民. 勿使知謀, 扶而納之. 莫覺其意, 然後可成. 惠施於民, 必無愛財. 民如牛馬, 數餧食之, 從而愛之. 心以啟智, 智以啟財, 財以啟眾, 眾以啟賢, 賢之有啟, 以王天下."

제3권

용도龍韜

【해설】

　3권은 상상의 동물이면서도 변화무쌍한 면모를 보여주는 동경의 대상인 '용龍'을 편명으로 삼은 것으로, 〈왕익王翼〉, 〈논장論將〉, 〈선장選將〉, 〈입장立將〉, 〈장위將威〉, 〈여군勵軍〉, 〈음부陰符〉, 〈음서陰書〉, 〈군세軍勢〉, 〈기병奇兵〉, 〈오음五音〉, 〈병징兵徵〉, 〈농기農器〉 등 열세 편으로 구성되어 있다.
　〈왕익〉 편은 군주나 장수를 보좌하는 사람을 의미하고 특히 일흔두 명이나 되는 장수의 보좌를 다루고 있다. 〈논장〉 편은 장수의 다섯 가지 잘못과 열 가지 잘못을 다루고 있으며, 〈선장〉 편은 장수를 선발하는 방법을 논한 것으로 19편의 〈논장〉과 자매 편의 성격을 지닌다.
　〈입장〉 편은 장수를 세우는 원칙에 관한 답변을 다루고 있으며, 〈장위〉 편은 장수가 위엄을 확보하여 군사들을 어떻게 통솔하는가 하는 문제를 다룬다. 〈여군〉 편은 군대의 사기를 진작하기 위해서는 세 가지 유형의 장수가 필요함을 역설하고 있다.
　〈음부〉 편은 군주와 장수가 서로 은밀하게 통신할 때 쓰는 여덟 가지 부절符節을 다루고 있는데, 이어지는 〈음서〉 편과 자매 편의 성격을 띠고 있다. 〈음서〉 편은 비밀을 전달하는 통신 방법을 다루고 있으며, 〈군세〉 편은 적을 패배시키기 위한 유리한 형세가 무엇인지를 다루고 있다.
　〈기병〉 편에서는 지세와 상황에 따른 전술과 무기 사용법 등이 기술되어 있는데 실전 경험을 바탕으로 한 듯한 생생함이 살아있다. 〈오음〉 편은 오성과 오행의 상호 관계를 통해 적의 정세를 파악하는 용병술을 다룬다. 〈병징〉 편은 군대의 이기고 지는 징조를 다루고 있으며, 맨 마지막 편인 〈농기〉 편은 사실상 병기의 역할을 하는 농기구와 농사일을 다룬다.
　정리하자면 이 3권은 장수의 숨겨진 전략에 중점을 두면서도 전군의 통솔자인 장군의 업무 분장 등에 관한 거의 모든 것을 다루고 있어 군사학적으로 상당한 문헌적 가치를 지니고 있다.

제18편 왕익王翼: 왕의 보좌

【해설】

'익翼'은 새의 날개로서 군주나 장수를 보좌하는 사람을 의미한다. 주로 이 편은 장수에 대한 요청 사안과 권변權變에 있어 한 가지 방법만 고수하지 말고 '수시隨時 변화變化'를 기본으로 삼아야 한다는 주장을 담고 있다. 일흔두 명은 모두 장수의 보좌들로서 차례대로 '복심腹心'·'모사謀士'·'천문天文'·'지리地利'·'병법兵法'·'통량通糧'·'분위奮威'·'복고기伏鼓旗'·'고굉股肱'·'통재通材'·'권사權士'·'이목耳目'·'조아爪牙'·'우익羽翼'·'유사遊士'·'술사術士'·'방사方士'·'법산法筭' 등이다. 18등급 일흔두 명의 명목과 직능은 그 당시 군대 통수 부분의 조직을 파악할 수 있기에 충분하다. 한편, 장수 역시 왕을 보좌하는 자이니, 이것을 〈왕익〉으로 편명을 삼은 이유를 염두에 둘 만하다.

장수를 믿고 한 가지 술수만 고수하지 마라

무왕이 태공에게 물었다.

"왕 노릇 하는 자가 군대를 거느리려면 반드시 넓적다리나 팔뚝 같은 신하[85] 혹은 깃과 날개 같은 자들이 있어서 위세와 신묘함을 이뤄야 하는데, 이를 어떻게 합니까?"

태공이 대답했다.

"무릇 군대를 일으켜 군사를 거느리려면 장수를 사명[86]으로 삼습

---

85) 원문의 '고굉股肱'에서 '고'는 넓적다리이고 '굉'은 팔뚝을 가리킨다. 군주가 수족처럼 부릴 수 있으니 가장 곁에 두고 싶은 신하들을 비유한다.

니다. 사명은 통달해야 하지 한 가지 술수만 고수해서는 안 되고, 능력에 따라 직책을 주어 각각 잘하는 점을 취하며, 때에 따라 변화하는 것을 벼리로 삼아야 합니다. 그러므로 장수에게는 넓적다리나 팔뚝 혹은 깃과 날개 같은 일흔두 명[87]이 있어 하늘의 도에 호응합니다. 숫자를 법과 같이 구비하고, 천명과 이치를 살펴 알며, 각별한 재능과 남다른 기예[를 구비하]면 온갖 일을 마칠 수 있게 됩니다."

武王問太公曰:"王者帥師, 必有股肱羽翼, 以成威神, 爲之奈何?"
太公曰:"凡擧兵帥師, 以將爲命. 命在通達, 不守一術; 因能受職, 各取所長; 隨時變化, 以爲綱紀. 故將有股肱羽翼七十二人, 以應天道. 備數如法, 審知命理, 殊能異技, 萬事畢矣."

그 구체적인 조목들

무왕이 말했다.
"청컨대 그 조목을 묻고자 합니다."

---

86) 원문의 '명命'을 번역한 것으로 '사명司名'이란 의미다. '사명'은 본래 하늘에 있는 생명을 관장하는 별로서, 사람의 생사뿐만 아니라 오래 살고 일찍 죽는 일까지도 관장한다. 여기서는 장수를 지칭한다. 《손자병법孫子兵法》〈작전作戰〉편에 나오는 "병법을 아는 장수는 백성의 생명을 관장하고 국가의 안위를 책임지는 주인이다[知兵之將, 民之司命, 國家安危之主也]."라는 말을 염두에 두고 읽어야 한다.

87) 원문의 '칠십이인七十二人'은 음력으로 따질 때의 일흔두 가지 자연현상을 지칭한다. 72후候의 계절을 구분한 수와 일치하게 한 수로, 1년을 비유적으로 말하는 것이 72라는 숫자이기도 하다.

태공이 대답했다.

"마음으로 복종하는 한 사람으로 모략을 숨기고 갑작스러운 일에 호응하며, 하늘을 헤아리고 변괴를 사라지게 하며, 계책을 다 총괄하여 백성의 생명을 지키는 것을 주관하게 합니다. 꾀를 써서 일이 잘 이루어지게 하는 다섯 사람으로 국가의 편안함과 위태함을 꾀하고 미처 드러나지 않는 일을 생각하며, 덕행과 재능을 논의하고[88] 상과 벌을 분명히 하여 벼슬과 자리를 주며, 미심쩍거나 의심나는 일을 결단하고 옳고 그름을 정하는 것을 주관하게 합니다.

하늘의 무늬(현상)[를 관찰하는] 세 사람으로 별자리와 역법을 맡게 하여 바람과 기후를 살피고 때와 날짜를 헤아리며, 조짐이나 이상한 현상을 비교하여 민심이 떠나고 나아가는 기미를 아는 것을 주관하게 합니다. 지리의 이점[89]을 아는 세 사람으로 삼군[90]이 가고 멈추는 형세, 이로움과 해로움의 사라짐과 불어남, [거리의] 멀고 가까움과 [지형의] 험준하고 평탄함, 물이 마름과 산의 막힘을 살펴서 지리의 이점을 잃지 않는 것을 주관하게 합니다.

---

88) 원문의 '논論'을 번역한 것으로, 이 글자가 '선택하다'라는 뜻의 '윤掄' 자와 통하여 '선택하다'로 보기도 한다.
89) 당시에는 전쟁할 때 공격하든 수비하든 '지리地利'를 살펴야 했다. 그래서 손자도 《손자병법》〈지형地形〉편에서 "무릇 지형이란 용병을 도와주는 것이다. 적군의 적정을 헤아려 승리를 이끌며, 지형의 험난하고 평탄하며 멀고 가까운 것을 계산하는 것이 상장上將의 길이다. 이것을 알고 싸우는 자는 반드시 이기고, 이것을 알지 못하고 싸우는 자는 반드시 패한다(夫地形者, 兵之助也. 料敵制勝, 計險厄遠近, 上將之道也. 知此而用戰者必勝; 不知此而用戰者必敗)."라고 힘주어 말했는데, 함께 비교해가며 읽어볼 만하다.
90) 제후가 거느리는 군대로서 상중하 혹은 좌중우左中右로 나누어 움직인 군대를 말한다. 여기서는 전군 혹은 대군의 의미로 봐도 무방하다. 한편 천자가 거느린 군대는 육군六軍이라고 했다.

병법에 능한 아홉 사람으로 [적군과 아군의] 형세의 차이점과 공통점, 행사하는 일의 성공과 실패를 강론하며, 병기를 가려 뽑아 훈련하고 군법을 어긴 자를 적발하는 것을 주관하게 합니다. 군량 보급에 능통한 네 사람으로 먹고 마시는 것을 헤아려 예비로 쌓아두고, 군량 길을 통해 오곡을 보급하여 삼군에게는 곤궁하거나 떨어지지 않게 하는 것을 주관하게 합니다.

위력을 떨치는 네 사람으로 재주와 힘이 있는 병사를 뽑고 병기와 갑옷을 논의하며, 바람처럼 달려가고 번개처럼 공격하여 [적이] 연유하는 바를 알지 못하게 하는 것을 주관하게 합니다. 북과 깃발을 감추는 세 사람으로 북과 깃발을 감추게 하고 귀와 눈에 분명하게 전달하며, 병부와 부절[91]을 위조하고 호령을 도용하여 갑작스럽게 오고 가고, 드나드는 것을 귀신처럼 하는 것을 주관하게 합니다.

팔뚝과 넓적다리 같은 신하 네 사람으로 무거운 직책을 맡게 하고 어려운 일을 처리하게 하며, 도랑과 해자를 수리하고 성벽과 보루를 다스려 [적을] 대비하고 막는 것을 주관하게 합니다. 재주가 빼어난 세 사람으로 [장수의] 놓친 부분을 챙겨주고 허물을 보충해주며, 빈객[92]을 응대하여 의논하고 담소해서 근심을 사그라들게 하며, 맺힌 문제를 풀어주는 것을 주관하게 합니다.

---

91) 원문의 '부절符節'은 고대에 명령을 전달하거나 군주가 믿음을 나타내는 증거로 주었던 물건으로서 부신符信이라고도 한다. 이 부절은 대부분 대나무나 금속, 옥 같은 것에 글씨를 새기고 둘로 나누어 하나는 신하가, 다른 하나는 군주가 갖고 있다가 유사시에 맞춰보고 진실 여부를 가렸다.

92) 원문의 '빈객賓客'은 신하의 신분이 아니더라도 군주에게 몸을 의탁하여 자신의 포부와 야심을 유세할 수 있었으므로, 포괄적으로 객이란 어떤 군주든지 만날 가능성이 열린 사람이다.

권도에 뛰어난 세 사람으로 기이한 속임수[93]를 행사하고, 특수하고 이상한 일을 설계하여 사람들이 알 수 없는 바로 다하지 않는 임기응변의 전술을 행사하는 것을 주관하게 합니다. 귀와 눈 역할을 하는 일곱 사람으로 오고 가면서 [사람들의] 말을 듣고 변화를 주시해서, 사방의 일과 군대 안의 실정을 관찰하는 것을 주관하게 합니다.

발톱과 어금니 역할을 하는 다섯 사람으로 [군대의] 위엄과 무용을 드높이고 삼군을 격려하여 험난함을 무릅쓰며, 정예군을 공격함에 있어서 의심하거나 걱정하는 바가 없게 하는 것을 주관하게 합니다. 깃과 날개 역할을 하는 네 사람으로 [장수의] 이름을 드높여서 [위세를] 먼 곳까지 떨치며, 사방의 국경을 흔들어 동요하게 해서 적의 마음을 나약하게 하는 일을 주관하게 합니다.

돌아다니며 유세하는 여덟 사람으로 [적의] 간사함을 엿보고 변화를 탐색하며, 적들의 실정을 여닫아 적의 의중을 관찰하여 간첩활동[94]을 하는 것을 주관하게 합니다. 도술 부리는 사람[95] 두 사람으로 [도술로] 속이는 일을 하고, 귀신에 기대 힘을 빌려 [적국의] 무리의 마음을 현혹되게 하는 것을 주관하게 합니다.

신선의 술법을 닦는 세 사람으로 온갖 약재를 갖춰 쇠로 만든 무기[로 입은] 상처를 치료하고 수많은 병을 낫게 하는 것을 주관하게

---

93) 원문의 '기휼奇譎'을 번역한 것으로, 손자도 "전쟁이란 속이는 도道이다. 따라서 능력이 있는데 적에게는 능력이 없는 것처럼 보이게 하고, [군대를] 쓰되 적에게는 [군대를] 쓰지 않는 것처럼 보이게 하며, 가까운 곳을 노리면서 적에게는 먼 곳을 노리는 것처럼 보이게 하고, 먼 곳을 노리면서 적에게는 가까운 곳을 노리는 것처럼 보이게 한다(兵者, 詭道也. 故能而示之不能, 用而示之不用, 近而示之遠, 遠而示之近)."《손자병법》〈계計〉편)라고 분명히 말했다.

합니다. 법과 셈에 능통한 두 사람으로 삼군의 진영과 보루, 군량과 식량 및 재정의 나가고 들어감을 계산하는 것을 주관하게 합니다."

武王曰: "請問其目."
太公曰: "腹心一人, 主潛謀應卒, 揆天消變, 摠攬計謀, 保全民命; 謀士五人, 主圖安危, 慮未萌, 論行能, 明賞罰, 授官位, 決嫌疑, 定可否; 天文三人, 主司星曆, 候風氣, 推時日, 考符驗, 校災異, 知人心去就之機; 地利三人, 主三軍行止形勢, 利害消息, 遠近險易, 水涸山阻, 不失地利; 兵法九人, 主講論異同, 行事成敗, 簡練兵器, 刺擧非法; 通糧四人, 主度飮食, 備蓄積, 通糧道, 致五穀, 令三軍不困乏; 奮威四人, 主擇材力, 論兵革, 風馳電擊, 不知所由; 伏鼓旗三人, 主伏鼓旗, 明耳目, 詭符節, 謬號令, 闇忽往來, 出入若神; 股肱四人, 主任重持難, 修溝塹, 治壁壘, 以備守禦; 通材三人, 主拾遺補過, 應偶賓客, 論議談

---

94) 원문의 '간첩間諜'을 번역한 것으로, '간間'의 본래 의미는 '틈새'와 '간격'이며 '염탐하다'라는 의미의 '첩諜' 자와 비슷하지만 손자는 '간間'만 사용하고 '첩' 자를 사용하지 않았다. 사실상 '첩' 자는 '반간反間'의 의미로 쓰인 것이고, '간' 자보다는 좀 더 큰 의미의 간첩을 의미한다. 물론 그 기본적인 의미는 거짓으로 적군인 척하고 적의 기밀을 탐지해 자신의 군주에게 보고하는 자를 말하는 것이다. 상대편의 전력을 제대로 파악하는 것은 정보전의 의미다.《손자병법》의 마지막 편인〈용간用間〉에서도 간첩을 잘 활용하는 국가는 주도권을 장악하지만, 제대로 활용하지 못하면 역이용되거나 국가가 위기에 빠지고 혹은 멸망하게 된다고 주장하고 있다. 여기서도 자신의 병력만 믿고 적을 대응하기보다는 지피지기知彼知己의 원칙으로 확실한 정보 능력을 갖추고 전쟁에 임하라는 의미다.《사기》〈이사열전李斯列傳〉에 보면 한韓나라의 첩자인 정국鄭國이라는 자가 진秦나라에 건너와 유세객으로 지내면서 토목공사를 발의해 진나라가 토목공사에 매진해 국력을 소모하게 했듯이, 적국의 제후가 쓸모없는 일에 국력을 낭비하게 하는 것 역시 군주의 능력이다.

95) 원문의 '술사術士'는 바로 아래의 '신선의 술법을 닦는 사람(方士)'과 함께 병사들의 심리적 동요를 치료하기도 하고, 군대의 사기를 진작하기 위해 주로 노력했다.

語, 消患解結; 權士三人, 主行奇譎, 設殊異, 非人所識, 行無窮之變; 耳目七人, 主往來, 聽言視變, 覽四方之事, 軍中之情; 爪牙五人, 主揚威武, 激勵三軍, 使冒難攻銳, 無所疑慮; 羽翼四人, 主揚名譽, 震遠方, 搖動四境, 以弱敵心; 遊士八人, 主伺姦候變, 開闔人情, 觀敵之意, 以為間諜; 術士二人, 主為譎詐, 依託鬼神, 以惑衆心; 方士三人, 主百藥, 以治金瘡, 以痊萬病; 法算二人, 主計會三軍營壁糧食財用出入."

제19편 논장論將: 장수를 논하다

【해설】

이 편의 제목은 장수의 현명함 여부에 관한 논평을 뜻하며, 무왕이 묻고 태공이 답한 장수의 다섯 가지 자질과 열 가지 허물을 다루고 있다. 덕과 재능을 겸비하는 것을 기본 자질로 하면서 장수라면 여기서 제시하는 열 가지는 벗어나야 함을 강조하고 있다. 이 편은 《손자병법》〈계計〉편에서 다루는 내용과 겹치거나 유사한 부분이 적지 않아 비교해가면서 읽어보면 좋다. 이 편의 맨 마지막에 나와 있는 국가의 존망은 장수와 밀접한 관계가 있다는 것도 손자의 견해와 다르지 않다. 아울러 이어지는 〈선장選將〉편과 자매 편이라고 할 수 있으니, 함께 읽어보면 좋다.

장수의 다섯 가지 자질

무왕이 태공에게 물었다.
"장수의 도를 논하려면 어떻게 해야 합니까?"
태공이 대답했다.
"장수에게는 다섯 가지 자질과 열 가지 허물이 있습니다."
무왕이 말했다.
"감히 그 조목을 물어도 되겠습니까?"
태공이 대답했다.
"이른바 '다섯 가지 자질'[96]이라는 것은 용맹·지혜·어짊·믿음·충성입니다. 용맹하면 [누구도] 함부로 할 수 없고, 지혜로우면 어지럽힐 수 없으며, 어질면 사람을 사랑하고, 믿음이 있으면 속이지 않으며, 충성스러우면 두 마음이 없습니다.

> 武王問太公曰: "論將之道奈何?"
> 太公曰: "將有五材十過."
> 武王曰: "敢問其目?"
> 太公曰: "所謂五材者; 勇智仁信忠也. 勇則不可犯, 智則不可亂, 仁則愛人, 信則不欺, 忠則無二心.

열 가지 허물

이른바 '열 가지 허물'이라는 것은, 용맹하여 죽음을 가벼이 여기는 사람이 있고, 성급하여 마음을 서두르는 사람이 있으며, 탐욕스러워 이익을 좋아하는 사람이 있고, 인자하여 남을 차마 하지 못하는 사람이 있으며, 지혜롭지만 마음이 비겁한 사람이 있고, 믿음이 있어 남을 믿는 것을 좋아하는 사람이 있으며, 청렴결백하나 남을 사랑하지 않는 사람이 있고, 지혜로우나 마음이 느슨한 사람이 있으며, 강하고 굳세어 스스로 [지혜를] 쓰는 사람이 있고, 나약하여 남에게 맡기기를 좋아하는 사람이 있습니다.

용맹하여 죽음을 가벼이 여기는 사람은 사납게 만들 수 있고, 성급하여 마음을 서두르는 사람은 질질 끌 수 있으며, 탐욕스러워 이

---

96) 원문의 '재재材'는 '재才'와 통한다. 손자는 《손자병법》〈계〉 편에서 장수의 자질로 지혜(智)·믿음(信)·어짊(仁)·용맹(勇)·엄격함(嚴)을 꼽았으니 이 편의 '용·지·인·신·충'과 순서와 내용 면에서 약간의 차이가 있다. 가장 큰 차이는 손자는 '용맹'을 네 번째에 두었고 여기는 첫 번째에 두었다는 점이다.

익을 좋아하는 사람은 뇌물을 주어 꾈 수 있고, 인자하여 남을 차마 하지 못하는 사람은 힘만 들게 할 수 있으며, 지혜롭지만 마음이 비겁한 사람은 군색하게 할 수 있고, 믿음이 있어 남을 믿기 좋아하는 사람은 속일 수 있으며, 청렴결백하나 남을 사랑하지 않는 사람은 모욕을 줄 수 있고, 지혜로우나 마음이 느슨한 사람은 몰래 칠 수 있으며, 강하고 굳세어 스스로 [지혜를] 쓰는 사람은 일거리를 만들 수 있고, 나약하여 남에게 맡기기를 좋아하는 사람은 속일 수 있습니다.

所謂十過者, 有勇而輕死者, 有急而心速者, 有貪而好利者, 有仁而不忍人者, 有智而心怯者, 有信而喜信人者, 有廉潔而不愛人者, 有智而心緩者, 有剛毅而自用者, 有懦而喜任人者. 勇而輕死者可暴也, 急而心速者可久也, 貪而好利者可遺也, 仁而不忍人者可勞也, 智而心怯者可窘也, 信而喜信人者可誑也, 廉潔而不愛人者可侮也, 智而心緩者可襲也, 剛毅而自用者可事也, 懦而喜任人者可欺也.

국가의 존망은 결국 장수에게 달려있다

그러므로 전쟁은 나라의 중대한 일이요, 존립과 패망의 길이니[97], [군대의] 운명은 장수에게 달려있습니다. 장수란 나라의 보좌[98]이므

---

97) 원문은 《손자병법》〈계〉편 첫머리에 있는 "전쟁이란 나라의 중대한 일이다. 죽음과 삶의 문제이며, 존립과 패망의 길이니 살피지 않을 수 없다(兵者, 國之大事, 死生之地, 存亡之道, 不可不察也)."라는 말과 거의 같다.

로 선왕들께서 중요하게 여긴 바입니다. 그러므로 장수를 배치하는 일은 살피지 않을 수 없습니다. 그러므로 말하기를 '전쟁은 양쪽이 다 이길 수 없고 또한 양쪽이 다 질 수 없다.'라고 합니다. 군대가 출동하여 국경을 넘어선 지 열흘을 넘기기 전에 적국을 멸망시키지 못하면, 반드시 군대를 격파하게 만들고 장수를 죽이는 일이 생기게 됩니다."

무왕이 말했다.

"훌륭하십니다!"

故兵者, 國之大事, 存亡之道, 命在於將. 將者, 國之輔, 先王之所重也. 故置將不可不察也. 故曰: '兵不兩勝, 亦不兩敗.' 兵出踰境, 期不十日, 不有亡國, 必有破軍殺將."

武王曰: "善哉!"

---

98) 원문의 '보輔'는 수레의 양 축을 버티게 하는 덧방나무로서 수레가 잘 굴러가게 하려는 중요한 버팀목이다. 보는 장수에 비유되며 차축인 군주와 긴밀한 호응 관계가 없으면 바퀴가 굴러가는 것은 거의 불가능하다는 의미다.

제20편 선장選將: 장수를 선발하다

【해설】

　이 편은 사민士民 가운데에서 장수를 선발하는 방법을 논한 것으로, 겉모습과 속마음의 일치 여부가 주요한 판단 기준이 되며, 인간의 심리를 중심으로 열다섯 가지 유형별 분석을 통해 겉으로 드러난 현상에 미혹되지 말라고 경고하고 있다. 한 걸음 더 나아가 구체적으로 여덟 가지 징험을 언급하고 있는데, 변화 대응법이나 성실성 검증, 올곧음 여부 검증, 용기 검증, 술에 취하게 한 뒤 태도를 검증하는 등 다양한 검증 방법을 통해 선발하라고 말하고 있다. 19편의 〈논장〉과 자매 편으로 함께 읽어보면 좋다.

겉모습과 속마음이 일치하지 않는 열다섯 가지 유형

　무왕이 태공에게 물었다.
　"왕 노릇 하는 자가 군대를 출동시킬 때 뛰어나고 변화에 대응하는 인재들[99]을 가려서 훈련해야 하는데, 인사들 [능력의] 높고 낮음을 알고자 하면 이를 어떻게 해야 합니까?"
　태공이 대답했다.
　"대저 사민[100]들은 겉모습이 속마음[101]과 서로 호응하지 않는 것

---

99) 원문의 '영권英權'은 총명하고 변화에 대응할 수 있는 임기응변형 인재라는 의미다. '영권' 대신에 '영웅英雄'이라고 한 판본도 존재하는데 필자는 취하지 않는다.

이 열다섯 가지가 있습니다. 현명하나 어리석은 자가 있고, 온화하고 착하나 훔치기를 일삼는 자가 있으며, 겉모습은 공경하는 듯하나 속으로는 게으른 자가 있고, 겉으로는 청렴하고 삼가는 듯하나 속으로는 지극한 공경심이 없는 자가 있으며, [겉으로는] 정밀하고 꼼꼼하나[102] 실제로는 그런 감정이 없는 자가 있고, 꽤 깨끗해[103] 보이나 성실함이 없는 자가 있으며, 모략을 좋아하나 결단력이 없는 자가 있고, 과감해 보이는 듯하나 유능하지 못한 자가 있으며, 겉으로는 성실한[104] 듯하나 미더운 구석이 없는 자가 있고, 겉으로는 흐릿하고 애매한[105] 듯하나 도리어 충성스럽고 성실한 자가 있으며, 괴이하고 과격하나 공을 세우는 자가 있고, 겉모습은 용맹하나 속으로는 비겁한 자가 있으며, 엄숙하나[106] 도리어 남을 쉽게 대하는 자가 있고, 냉엄한[107] 듯하나 도리어 조용하고 성실해 보이는 자가 있으며, 형세는 허약하고 모습은 볼품없으나 밖으로 나가면 이르지 못하는 바가 없고, 완수하지 못함이 없는 자가 있습니다.

---

100) 원문의 '사士'는 사민士民을 말하니, 사농공상士農工商 사민 중에서 도예나 무용을 익힌 사람을 일컫는다.
101) 원문의 '중정中情'은 마음속에 있는 실질적인 감정, 즉 속마음이란 의미다. '중정衆情'이라고 된 통행본도 있으나 여기서는 취하지 않는다.
102) 원문의 '정정精精'은 매우 꼼꼼하고 자세하며 주도면밀한 면모를 말한다.
103) 원문의 '담담湛湛'은 이슬이 맺혀있는 모양을 뜻하는데, 여기서는 성격이 깔끔하고 깨끗하다는 의미다. 진실하고 중후함으로 풀이하기도 하며, 침착하고 듬직한 성격을 의미한다는 설도 일리 있다.
104) 원문의 '공공悾悾'은 성실하고 정성을 다하는 모습을 의미한다.
105) 원문의 '황황홀홀恍恍惚惚'은 미묘하여 잘 보이지 않거나 흐리멍덩하고 애매모호한 모습을 두루 가리키는 말이다.
106) 원문의 '숙숙肅肅'은 엄숙하여 공손하고 삼가는 모습이다.
107) 원문의 '학학噅噅'은 냉정해 보이면서도 가혹한 면도 있는 모습이다.

천하 사람들이 하찮게 여기는 바이지만, 성인은 귀하게 여기는 바이고, 평범한 사람들은 아무것도 알지 못하니, 큰 밝음이 있는 자가 아니면 그 궁극을 보지 못합니다. 이는 인사들의 겉모습이 속마음과 서로 호응하지 않는 것입니다."

武王問太公曰:"王者擧兵, 欲簡練英權, 知士之高下, 為之奈何?"
太公曰:"夫士外貌不與中情相應者十五: 有賢而不肖者, 有溫良而為盜者, 有貌恭敬而心慢者, 有外廉謹而內無至誠者, 有精精而無情者, 有湛湛而無誠者, 有好謀而不決者, 有如果敢而不能者, 有悾悾而不信者, 有悦悦惚惚而反忠實者, 有詭激而有功效者, 有外勇而內怯者, 有肅肅而反易人者, 有嗃嗃而反靜慤者, 有勢虛形劣而外出無所不至, 無所不遂者. 天下所賤, 聖人所貴, 凡人莫知, 非有大明, 不見其際. 此士之外貌不與中情相應者也."

구체적인 여덟 가지 징험

무왕이 물었다.
"무엇으로써 그런 것을 압니까?"
태공이 대답했다.
"그것을 아는 데는 여덟 가지 징험이 있습니다. 첫째는 그것을 말로 물어보아 그 말을 관찰하는 것이고, 둘째는 말로 끝까지 몰아대서 그 변화 대응법을 관찰하는 것이며, 셋째는 간첩 모의[108]를 하게 하여 그 성실성을 관찰하는 것이고, 넷째는 밝게 드러내고 질문을 해봐서 그 덕행을 관찰하는 것이며, 다섯째는 재물을 맡겨봐서 그

청렴함을 관찰하는 것이고, 여섯째는 여색으로 시험하여 그 올곧음을 관찰하는 것이며, 일곱째는 환난을 알려주고 나서 그 용기를 관찰하는 것이고, 여덟째는 술로써 취하게 하여 그 태도를 관찰하는 것입니다. 여덟 가지 징험이 다 온전히 갖춰지면 현명한지 어리석은지 구분됩니다."

武王曰: "何以知之?"

太公曰: "知之有八徵: 一曰問之以言以觀其辭, 二曰窮之以辭以觀其變, 三曰與之間謀以觀其誠, 四曰明白顯問以觀其德, 五曰使之以財以觀其廉, 六曰試之以色以觀其貞, 七曰告之以難以觀其勇, 八曰醉之以酒以觀其態. 八徵皆備, 則賢, 不肖別矣."

---

108) 원문의 '간모간첩'를 번역한 것으로 '간첩 모의'라고 번역되며, 첩자 활용이라는 방법을 써서라도 적을 무너뜨리는 매우 중요한 전략을 짜라는 의미다.

제21편 입장立將: 장수를 세우다

【해설】

이 편은 장수를 세우는 원칙에 대한 답변 형식으로 이루어져 있는데, 주로 두 가지 방향으로 전개된다. 국난이 있을 때 군주는 장수에 대해 예의를 갖추어야 하고, 두 번째로는 장수가 군대를 거느리고 전쟁을 나갔을 때 그의 병권에 대해 절대적인 신뢰를 보내는 것이다. 물론 이는 당시 전쟁에서 중요한 규율이었으니, 본문에 나와 있듯이 "군대 안의 일은 군주의 명령을 듣지 않고 모두 장수로부터 나오게 합니다(軍中之事, 不聞君命, 皆由將出)."라는 데서 벗어나지 않는다.

장수를 세우는 원칙

무왕이 태공에게 물었다.
"장수를 세우는 원칙은 어떠해야 합니까?"
태공이 대답했다.
"무릇 나라에 어려움이 있으면 군주는 [부덕을 반성하여] 정전正殿을 피하고, 장수를 불러 조서를 내려 '사직의 편안함과 위태로움이 오로지 장군에게 달려있으니, 지금 어떤 나라가 [우리의] 신하 노릇을 하지 않으므로, 원컨대 장군은 군대를 거느리고 가서 그들에게 대응하시오.'라고 합니다. 장수가 [출동] 명령을 받고 나면 곧 사관에게 명령하여 점치게 하고는, 군주는 사흘을 재계하고 태묘[109]로 가서 신령스러운 거북 껍데기를 뚫어 길일을 점쳐서 부월[110]을 줍니다.

[길일에] 군주는 사당 문으로 들어가서 서쪽을 향해 서고, 장수는 사당 문으로 들어가서 북쪽을 향해 섭니다. 군주가 친히 큰 도끼를 잡되 머리 부분을 쥐고는 그 자루를 장수에게 주면서 '이로부터 위로는 하늘에 이르기까지 장군이 통제하라.'라고 말합니다.

다시 날이 아래로 향한 작은 도끼를 잡되 자루[111]를 쥐고 그 칼날을 장수에게 주며 '이로부터 아래로는 깊은 못에 이르기까지 장군이 통제하라. 적의 빈틈을 보면 나아가고, 적의 견실함을 보면 멈추며, 삼군이 많다고 해서 적을 가벼이 하지 말고, 군주의 명령을 받은 것을 무겁게 여겨서 꼭 죽으려 하지 말며, 자신을 귀하다고 여겨 남을 천하게 여기지 말고, 독단적인 의견으로 무리의 뜻을 어기지 말며, 변설가들의 말을 반드시 옳다고 여기지 마라. 병사들이 앉지 않았으면 앉지 말고, 병사들이 밥을 먹지 않았으면 먹지 말며, 추위와 더위를 반드시 [병사들과] 같이하라. 이와 같이 하면 사졸들은 반드시 죽을힘을 다할 것이다.'라고 말합니다.

武王問太公曰:"立將之道奈何?"

太公曰:"凡國有難, 君避正殿, 召將而詔之曰:'社稷安危, 一在將軍, 今某國不臣, 願將軍帥師應之.' 將旣受命, 乃命太史卜. 齋三日, 之太

---

109) 보통 나라를 세운 왕을 태조太祖라고 하고, 태조의 사당을 태묘太廟라고 하는데, 여기서는 주공 단이 노나라에서 처음으로 봉토를 받은 왕이므로, 태묘는 바로 주공의 묘를 말한다.
110) 원문의 '부월斧鉞'은 지휘권을 상징하는 큰 도끼와 작은 도끼를 의미한다. 은 왕조부터 군법을 어기게 되면 처단하는 도구로서 장수의 지휘권을 상징했다. '부'는 날이 아래로 향하도록 하고, '월'은 날이 위로 향하도록 하여 사용한다는 원칙도 있었다.
111) 원문의 '병柄'은 물건에 달린 손잡이 따위로 자루를 뜻한다.

廟, 鑽靈龜, 卜吉日, 以授斧鉞. 君入廟門, 西面而立; 將入廟門, 北面而立. 君親操鉞持首, 授將其柄, 曰: '從此上至天者, 將軍制之.' 復操斧持柄, 授將其刃, 曰: '從此下至淵者, 將軍制之. 見其虛則進, 見其實則止; 勿以三軍為眾而輕敵, 勿以受命為重而必死, 勿以身貴而賤人, 勿以獨見而違眾, 勿以辯說為必然; 士未坐勿坐, 士未食勿食, 寒暑必同. 如此, 士卒必盡死力.'

군주는 장수를 통제하지 마라

장수가 이미 명령을 받고 나면 절하고 군주에게 '신이 들으니 나라는 밖에서 다스릴 수 없고, 군대는 조정[112)]에서 통제할 수 없으며, 두 마음을 품으면 군주를 섬길 수 없고, 의심하는 마음을 품으면 적에게 대응할 수 없다고 합니다. 신이 이미 군주의 명령을 받아 부월의 위엄을 오로지했으니, 신은 감히 살아 돌아오지 않을 것입니다. 원컨대 군주께서도 한 말씀의 명령을 신에게 내려주십시오. 군주께서 신에게 허락해주지 않으시면 신은 감히 장수 노릇을 하지 못하겠습니다!'라고 합니다.
군주가 이를 허락하면 곧 인사하고 출정합니다. 군대 안의 일은 군주의 명령을 듣지 않고 모두 장수로부터 나오게 해서[113)] 적과 맞

---

112) 원문의 '중中'은 '조정朝廷'을 가리키는 말이다.
113) 이 구절은 《손빈병법孫臏兵法》〈찬졸纂卒〉에 보면 "좋은 군주를 만나지 못했다면 장수가 되지 마라(不得主弗將也)."라는 말과 함께 읽어볼 만하다. 한 나라를 볼 때는 먼저 그 나라의 군주를 보고, 한 가족을 볼 때는 먼저 그 집의 가장을 본다.

붙어 전투할 때는 두 마음을 갖지 않아야 합니다. 이와 같이 하면 위로는 하늘이 없고 아래로는 땅이 없으며, 앞에는 [가로막는] 적이 없고 뒤에는 [통제하는] 군주가 없게 됩니다.

이 때문에 지혜로운 자는 나라를 위해 모략을 짜고 용맹한 자는 나라를 위해 싸워, 사기는 하늘을 찌르고 빠름은 치달리는 말과 같아, 군대가 칼날을 맞대지 않아도 적이 항복하는 것입니다. 전쟁은 밖에서 이기고 공로는 안에서 세워져, 벼슬아치는 자리를 옮기고 병사는 상을 받으며, 백성은 기뻐하고 장수는 허물과 재앙이 없습니다. 이 때문에 바람과 비가 때맞춰 내리고, 오곡은 풍성하게 익으며, 사직은 안정되고 편안할 것입니다."

무왕이 말했다.

"훌륭하십니다!"

將已受命, 拜而報君曰: '臣聞國不可從外治, 軍不可從中御, 二心不可以事君, 疑志不可以應敵. 臣既受命專斧鉞之威, 臣不敢生還. 願君亦垂一言之命於臣. 君不許臣, 臣不敢將!' 君許之, 乃辭而行. 軍中之事, 不聞君命, 皆由將出, 臨敵決戰, 無有二心. 若此, 則無天於上, 無地於下, 無敵於前, 無君於後. 是故智者為之謀, 勇者為之鬥, 氣厲青雲, 疾若馳鶩, 兵不接刃, 而敵降服. 戰勝於外, 功立於內, 吏遷士賞, 百姓懽悅, 將無咎殃. 是故風雨時節, 五穀豐熟, 社稷安寧."

武王曰: "善哉!"

제22편 장위將威: 장수의 위엄

【해설】

이 편에서는 장수가 어떻게 하면 자신의 위엄을 확립하느냐 하는 문제를 서술하고 있다. 무엇보다도 단일화된 명령을 발동하려면 장수가 병사들을 통제하고 부대를 일사분란하게 움직여야 하는데, 장수의 위엄이 확립되지 않으면 모든 것은 허사로 돌아가기 쉽기 때문이다. 이 편에서 강조하는 것은 "형벌은 지극한 데까지 올라가고 상은 아래로 통하게 된다〔刑上極, 賞下通〕."라는 두 가지 원칙의 실현 여부인데, 장수는 이 두 가지 원칙이 실현될 수 있도록 위엄을 확립해야만 한다.

상벌을 엄격하게 하되 신분을 바꿔서 하라

무왕이 태공에게 물었다.

"장수는 무엇으로 위엄을 삼습니까? 무엇으로 밝음을 삼습니까? 무엇으로써 금지하는 것이 멈춰지고 명령이 실행될 수 있습니까?"

태공이 대답했다.

"장수는 〔지위 있는〕 사람을 죽이는 것을 위엄으로 삼고, 낮은 사람에게 상 주는 것을 밝음으로 삼으며, 형벌을 살피는 것으로 금지하는 것이 멈춰지고 명령이 실행되게 합니다.

그러므로 한 사람을 죽여 삼군〔모든 군대〕이 두려워하는 것이라면 그를 죽이고, 한 사람에게 상을 주어 모든 사람이 기뻐하는 것이라면 그에게 상을 주니, 죽임은 높은 사람에게 내리는 것을 귀하게 여기고, 상은 낮은 사람에게 내리는 것을 귀하게 여깁니다. 길목을 장악하고 있는[114] 귀하고 막중한 신하를 죽이면 이는 형벌이 궁극까지 올라가는 것이요, 소를 기르는 머슴이나 말을 닦는 자나 마구간에서 일하는 무리에게까지 상이 미치면, 이는 상이 아래까지 통하는 것입니다. 형벌은 지극한 데까지 올라가고 상은 아래로 통하게 된다면, 이는 장수의 위엄이 실행되는 것입니다."

武王問太公曰:"將何以爲威? 何以爲明? 何以爲禁止而令行?"

太公曰:"將以誅大爲威, 以賞小爲明, 以罰審爲禁止而令行. 故殺一人而三軍震者殺之, 賞一人而萬人說者賞之; 殺貴大, 賞貴小. 殺及當路貴重之臣, 是刑上極也; 賞及牛竪, 馬洗, 廏養之徒, 是賞下通也. 刑上極, 賞下通, 是將威之所行也."

---

114) 원문의 '당로當路'를 번역한 것으로, '요로를 담당할 만큼 권세가 있다.'라는 의미다.

제23편 여군勵軍: 군대를 격려하다

【해설】

이 편에서는 군대의 사기를 어떻게 하면 진작시킬 수 있느냐 하는 문제를 다루고 있는데, 세 가지 유형의 장수에 대해 논의한다. '예장禮將'은 장수가 예의를 행하지 않으면 사졸들의 추위와 더위를 알지 못한다는 것이고, '역장力將'은 장수가 솔선하여 수고로움을 바치어 사졸들에게 그런 수고로움 자체를 모르게 하는 것이며, '지욕장止欲將'은 장수가 스스로 욕심을 멈추어서 병사들의 배고픔과 추위를 알게 된다는 것으로, 이런 장수야말로 군대의 사기 진작에 긴요하다는 것이다. 즉, 예의로 복종시키고 힘으로 복종시키며 욕심을 멈추어 복종시키는 것이야말로 중요한 것임을 알려주고 있다.

세 종류의 장수: 예장, 역장, 지욕장

무왕이 태공에게 물었다.

"나는 삼군의 무리에게 명령하여 성을 공격할 때는 먼저 올라가고, 들판에서 전투할 때는 먼저 달려가며, [퇴각하라는] 징 소리[115]를 들으면 분노하고, [진격하라는] 북소리를 들으면 기뻐하게 하고자 하는데, 이를 어떻게 해야 합니까?"

---

115) 원문의 '금성金聲'은 쇳소리를 의미한다. 징 따위로 두들겨서 병사들에게 진격 명령을 내리는 효과를 주었으며, 퇴각을 명하는 '고성鼓聲', 즉 '북소리'와는 반대의 효과를 낸다.

태공이 대답했다.

"장수에게는 세 가지 [승리]가 있습니다."

태공이 말했다.

"청컨대 그 조목을 묻고자 합니다."

태공이 대답했다.

"장수가 겨울에는 갖옷을 입지 않고, 여름에는 부채를 잡지 않으며, 비가 내려도 우산을 펴지 않는 것을 이름하여 '예의를 지키는 장수〔禮將〕'라고 합니다. 장수가 몸소 예의를 행하지 않으면 사졸들의 추위와 더위를 알지 못합니다. 좁은 요새를 나가고 진흙 길을 지나가려 할 때 장수가 반드시 먼저 [수레에서] 내려 걷는 것을 이름하여 '힘을 바치는 장수〔力將〕'라고 합니다. 장수가 몸소 힘을 바치지 않으면 사졸들의 수고로움과 괴로움을 알지 못합니다.

군사들이 모두 투숙할 것을 정해야 장수가 비로소 막사로 가고, 밥 짓는 것이 모두 이루어져야 장수가 비로소 밥을 먹으니, 군사들이 불을 지피지 않으면 장수 또한 [불을] 지펴 밥을 짓지 않는 것을 이름하여 '욕심을 멈추는 장수〔止欲將〕'라고 합니다. 장수가 몸소 욕심을 멈추지 않으면 사졸들의 배부름과 굶주림을 알지 못합니다.

장수는 사졸들과 더불어 추위와 더위, 수고로움과 괴로움, 배부름과 굶주림을 함께하므로, 삼군의 무리는 [진격하라는] 북소리를 들으면 기뻐하고 [퇴각하라는] 징 소리를 들으면 분노하는 것이고, 높은 성과 깊은 연못에 화살과 돌이 마구 떨어져도 사졸들이 다투어 먼저 오르는 것이며, 흰 칼날로 교전하기 시작하면 사졸들은 다투어 먼저 달려가는 것입니다. 사졸들이 죽음을 좋아하고 상처를 즐기는 것이 아니고, 그들의 장수가 [그들의] 추위와 더위, 배부름과 굶주림을 살펴서 알고, 수고로움과 괴로움을 보는 것이 명확하기 때문입니다."

武王問太公曰:"吾欲令三軍之眾, 攻城爭先登, 野戰爭先赴, 聞金聲而怒, 聞鼓聲而喜, 為之奈何?"
太公曰:"將有三."
武王曰:"請問其目."
太公曰:"將冬不服裘, 夏不操扇, 雨不張蓋, 名曰禮將. 將不身服禮, 無以知士卒之寒暑. 出隘塞, 犯泥塗, 將必先下步, 名曰力將. 將不身服力, 無以知士卒之勞苦. 軍皆定次, 將乃就舍; 炊者皆熟, 將乃就食; 軍不舉火, 將亦不舉, 名曰止欲將. 將不身服止欲, 無以知士卒之飢飽. 將與士卒共寒暑, 勞苦, 飢飽, 故三軍之眾, 聞鼓聲則喜, 聞金聲則怒; 高城深池, 矢石繁下, 士爭先登; 白刃始合, 士爭先赴. 士非好死而樂傷也, 為其將知寒暑, 飢飽之審, 而見勞苦之明也."

제24편 음부陰符: 은밀한 부신符信

【해설】

'음부'란 '은밀한 부신'으로 고대의 비밀 통신 방식을 뜻하며, 특히 군주와 장수의 은밀한 통신을 다른 사람이 알지 못하게 하기 위한 암호문이다. 이 편은 군주가 군대를 이끌고 나라 밖 작전 지역에서 장수와 통신하는 방법을 여덟 가지 유형으로 나누어 그것들의 등급과 전달 방법을 자세하게 설명하고 있다. 전쟁은 늘 변화하는 속성을 지니므로 함부로 비밀이 새어나가게 해서는 안 된다. 강태공은 이 점을 매우 강조하고 있다.

비밀스럽고 은밀하게 아무도 모르게

무왕이 태공에게 물었다.

"군대를 이끌고 제후의 땅에 깊숙이 쳐들어갔는데, 삼군에 갑자기[116] 늦추거나 급한 일이 생길 수 있고, 이롭거나 해로운 일이 있을 수도 있는데, 내가 가까운 곳에서 먼 곳에 알리고 중앙에서 외곽으로 호응하여 삼군을 활용하고자 하면, 이를 어떻게 해야 합니까?"

태공이 대답했다.

"군주와 장수가 사용하는 은밀한 부신[117]이 모두 여덟 등급이 있습니다. 크게 승리하여 적을 이긴 것을 알리는 부신은 길이가 한 자

---

116) 원문의 '졸卒'은 '졸猝'과 같으며 '창졸간에' 등의 뜻을 지닌다.

이고, 적군을 격파하고 적장을 사로잡은 부신은 길이가 아홉 치이며, 적의 성을 항복시키고 고을을 얻은 부신은 길이가 여덟 치이고, 적을 물리치고 먼 곳에 알리는 부신은 길이가 일곱 치이며, 무리를 경계하여 굳게 지키게 하는 부신은 길이가 여섯 치이고, 군량을 요청하고 병사의 증원을 요청하는 부신은 길이가 다섯 치이며, 우리 군대가 해하고 장수가 죽는 것을 알리는 부신은 길이가 네 치이고, [우리 군대가] 싸워 승리하지 못하고 병사들이 죽은 것을 알리는 부신은 길이가 세 치입니다.

모두가 사명을 받들고 암호문을 행사할 때는 지체하는 자를 죽이고, 만약 암호문의 일을 새어나가게 하는 것을 듣거나 알려준 자는 모두 죽여버립니다. 여덟 가지 부신은 군주와 장수가 비밀스럽게 [서로] 듣게 하고 언어로 몰래 소통하여 나라 안과 밖으로 새어나가지 못하게 하면서 서로 알게 하는 술수이니, 적이 비록 성스럽고 지혜롭더라도 아무도 그것을 알 수 없을 것입니다."

무왕이 말했다.

"훌륭하십니다!"

武王問太公曰: "引兵深入諸侯之地, 三軍卒有緩急, 或利或害, 吾將以近通遠, 從中應外, 以給三軍之用, 爲之奈何?"

太公曰: "主與將有陰符凡八等: 有大勝克敵之符, 長一尺; 破軍擒將之符, 長九寸; 降城得邑之符, 長八寸; 卻敵報遠之符, 長七寸; 警眾

---

117) 원문의 '음부陰符'에서 '부'는 나무 조각이나 대나무 조각 혹은 구리로 만들기도 하는데, 문양을 새기거나 증명하는 직인을 찍은 다음 두 쪽으로 나누어 각자 갖고 있다가 나중에 맞춰보는 징표로 보면 된다.

堅守之符, 長六寸; 請糧益兵之符, 長五寸; 敗軍亡將之符, 長四寸; 失利亡士之符, 長三寸. 諸奉使行符稽留, 若符事聞泄, 告者皆誅之. 八符者, 主將祕聞, 所以陰通言語, 不泄中外相知之術, 敵雖聖智, 莫之能識."

武王曰:"善哉!"

제25편 음서陰書: 은밀한 문서

【해설】

앞의 '음부'와 마찬가지로 고대에 비밀을 전달하는 통신 방법이다. 군주와 장수 사이의 통신에 사용했으며, 다른 사람이 알지 못하게 하는 암호문이다. 이 편은 음서의 형식과 사용 및 그 효력에 대해 주로 다루고 있으며, '음부'가 어떤 사안의 결과나 결론 위주의 암호문이라면 이 '음서'는 비교적 상세한 내용을 전달하기 위한 목적으로 작성된 문서로 볼 수 있다. 비밀 유지 원칙이 '음부'에 비해 더 철저하다.

실정을 알지 못하게 하라

무왕이 태공에게 물었다.

"군대를 이끌고 제후의 땅에 깊숙이 쳐들어가서 군주와 장수가 군대를 합쳐 끊이지 않는 변화를 수행하고 헤아릴 수 없는 많은 이익을 꾀하려고 하는데도, 그 일이 번거롭고 다양하여 부신으로 밝힐 수 없고 서로 멀리 떨어져 있어 언어로 소통할 수 없으면 이를 어떻게 해야 합니까?"

태공이 대답했다.

"은밀한 일과 대단한 생각이 모두 있을 때는 마땅히 문서를 사용하고 부신을 사용하지 않아야 합니다. 군주는 문서로써 장수에게 보내고, 장수는 문서로써 군주에게 물어야 합니다. 문서는 모두 한 장을 두 번 잘라서 세 부로 나누어지게 하여 한 사람만 알게 하여야 합니다. 두 번 자른다[118]는 것은 문서를 나누어 세 부를 만든다는 것이며, 세 부를 나눠 가져 한 사람만 알게 한다는 것은 세 사람이 저마다 한 부분씩 가지고 있어 서로 어긋나서[119] 서로 실정을 알지 못하게 하는 것을 말합니다. 이것을 일러 '은밀한 문서(陰書)'라고 하니, 적이 비록 성스럽고 지혜롭더라도 아무도 그것을 알 수 없을 것입니다."

무왕이 말했다.
"훌륭하십니다!"

武王問太公曰: "引兵深入諸侯之地, 主將欲合兵, 行無窮之變, 圖不測之利, 其事煩多, 符不能明, 相去遼遠, 言語不通, 爲之奈何?"
太公曰: "諸有陰事大慮, 當用書不用符. 主以書遺將, 將以書問主. 書皆一合而再離, 三發而一知. 再離者, 分書爲三部; 三發而一知者, 言三人人操一分, 相參而不相知情也. 此謂陰, 敵雖聖智, 莫之能識."
武王曰: "善哉!"

---

118) 원문의 '재리再離'는 '두 번 자르다'라는 의미로서 셋으로 나누어지게 된다는 뜻이다.
119) 원문의 '참參'을 번역한 것으로 '어긋나다', '일치하지 않는 모양'의 의미를 지니고 있다.

제26편 군세軍勢: 군대의 형세

【해설】

이 편에서는 적을 패배시키기 위한 유리한 형세는 무엇인지를 논하고 있다. '세勢'란 '태세態勢', 즉 어떤 일이나 상황을 앞둔 태도나 자세를 의미한다. 군대를 잘 운용하여 적을 쳐부수기 위한 형세를 갖추는 것을 말한다. 전쟁 중에 인위적이고 쉽게 변할 수 있으면서도 잠재적인 모든 요소를 포괄하는 개념이다. 손자도 "거센 물살이 빠르게 흘러가 바위를 떠내려가게 하는 것은 '기세[勢]' 때문이다[激水之疾, 至於漂石者, 勢也]."《손자병법》〈세勢〉편)라고 했다. 이 편에서 강조하는 첫 번째 원칙은 모략을 사용하는 데 뛰어나다는 것인데, 특히 신비하고 예측하기 어렵게 하라는 점을 언급하고 있다. 이는 전쟁은 상대에 따라 유연하게 대처해야 하며 허를 찌르는 전략이 중요함을 강조한 것이다. 천시와 지리 등 제반 여건을 잘 살피고, 마지막으로 과감한 결단을 하되 주저하거나 의심을 품지 말라고 강조한다.

군사를 부리는 최상의 원칙은 현묘하고 말없이 하는 것

무왕이 태공에게 물었다.

"[적을] 공격하고 정벌하는 방법은 어떠해야 합니까?"

태공이 대답했다.

"[공격의] 형세는 적군의 움직임을 바탕으로 하고, 변동성은 두 진영 사이에서 발생하며, 기습과 정공[120]은 다함이 없는 [장수의] 근원에서 나옵니다. 그러므로 지극한 사안은 대답하지 않고, 군사를 부리는[121] 원칙도 말하지 않습니다. 또한 사안이 지극한 것은 그 말을 충분히 들을 수 없고, 군대를 다룬다는 것은 그 형상을 정해서 볼 수 없습니다. 갑작스럽게 가고 홀연히 와서 혼자 할 수 있고, 오로지하여 [적군이] 제어할 수 없는 것이 군대입니다.

대저 적이 [우리의 실정을] 들으면 논의하고 [실정을] 보면 꾀할 것이며, [우리의 상황을] 알면 곤궁해지고 [우리 허점을] 가려내면 위험해집니다. 그러므로 전쟁을 잘하는 자는 군대를 펼치기를 기다리지 않고, 근심거리를 잘 없애는 자는 근심거리가 생기지 않았을 때 다스리며, 적을 이기는 자는 형체가 없을[122] 때에 이기고, 최상의 전쟁은 더불어 싸우지 않는 것입니다.

그러므로 흰 칼날 앞에서 승리를 다투는 자는 뛰어난 장수가 아니고, 이미 실수한 뒤에 대비하려는 자는 최상의 성인이 아니며, 지혜가 무리와 같다면 나라의 스승이 아니고, 기예가 무리와 같다면 나라의 장인이 아닙니다.

---

120) 원문의 '기정奇正'을 번역한 것으로, '기奇'는 장군의 수하에 남겨 우측과 좌측의 날개가 되어서 기습 공격을 하는 기동 부대이고, '정正'은 적진에 병사들을 투입하여 싸우는 공격 부대. 작전은 정규전술인 정공법과 비정규전술인 기습법으로 나뉘는데, 기병을 능숙하게 구사하는 장수는 그 전략이 변화무쌍하고 끝이 없다는 의미다. 이 개념은 손자가 말한 "무릇 전쟁이란 정공법으로 [적군과] 맞서고 기습으로 승리한다. 따라서 기습을 잘하는 자는 끝이 없는 것이 하늘과 땅 같고, 마르지 않는 것이 강과 바다 같다[凡戰者, 以正合, 以奇勝. 故善出奇者, 無窮如天地, 不竭如江海]."《손자병법》〈세勢〉편) 라는 문장과도 같이 읽어봐야 한다.

121) 원문의 '용병用兵'을 번역한 것으로 '병兵'은 '전쟁'이라는 번역어보다 더 깊은 의미를 지니고 있다. 바로 문자학적으로 두 손으로 도끼를 붙잡고 있는 모양으로 '무기'라는 의미다. 그런데 좀 더 살펴보면 '병'은 '병사兵事', 즉 '군대의 일'이란 의미이므로 군사를 가리키는 성격이 강하다.

122) 원문의 '무형無形'은 바로 참모습을 감추는 것으로,《손자병법》〈허실虛實〉편의 "적을 드러나게 하고 아군을 드러나지 않게 하는 것[形人而我無形]"이라는 구절을 염두에 둘 만하다.

[전쟁의] 일은 반드시 이기는 것보다 더 큰 것이 없고, 군사를 부리는 것은 현묘하고 말 없는 것[123)]보다 더 큰 것이 없으며, 출동은 [적이] 생각하지 못한 [곳으로 하는] 것보다 더 신묘한 것이 없고, 모략은 [적이] 알지 못하는 것보다 더 큰 것이 없습니다. 대저 먼저 승리하는 사람은 먼저 적에게 약하다는 것을 보여주고 나서 싸우는 것입니다. 그러므로 일은 절반하고 공적은 두 배가 됩니다!

성인은 하늘과 땅의 움직임에서 징험하니, 누가 그 궁극을 알겠으며, 음과 양의 도道[124)]를 따라서 그 징후를 좇으며, 하늘과 땅의 채워짐과 줄어듦에 당하면 이를 떳떳함으로 삼습니다. 만물에는 죽음과 삶이 있으니, 하늘과 땅의 형세에 따르기 때문입니다. 그러므로 '드러난 것을 보지 못하면서 싸우면, 아무리 병력이 많더라도 반드시 패배한다.'라고 말하는 것입니다.

武王問太公曰: "攻伐之道奈何?"

太公曰: "勢因敵衆之動, 變生於兩陳之間, 奇正發於無窮之源. 故至事不語, 用兵不言; 且事之至者, 其言不足聽也, 兵之用者, 其狀不足見也. 倏而往, 忽而來, 能獨專而不制者, 兵也. 夫兵, 聞則議, 見則圖, 知則困, 辨則危. 故善戰者, 不待張軍; 善除患者, 理於未生; 善勝敵者, 勝於無形. 上戰無與戰. 故爭勝於白刃之前者, 非良將也; 設備於已失之後者, 非上聖也; 智與衆同, 非國師也; 技與衆同, 非國工也. 事莫大於必克, 用莫大於玄默, 動莫神於不意, 謀莫善於不識. 夫先勝者,

---

123) 원문의 '현묵玄默'을 번역한 것으로, '현'은 아득하고 묘하다는 의미이고 '묵'은 침묵의 의미이니, 상대에게 우리의 작전 의도나 계책을 숨긴다는 의미다.
124) 천지와 일월이 운행하는 규율을 총칭하여 하는 말이다.

先見弱於敵而後戰者也. 故事半而功倍焉! 聖人徵於天地之動, 孰知其紀, 循陰陽之道而從其候, 當天地盈縮, 因以爲常. 物有死生, 因天地之形. 故曰: '未見形而戰, 雖衆必敗.'

장수는 남이 말하지 않는 바를 지킨다

전쟁에 뛰어난 사람은 주둔할 때는 집적대지[125] 않다가, 승리할 만한 형세를 보면 일어나고 승리할 만한 가능성이 없으면 멈춥니다. 그러므로 '공포스러워하거나 두려워하지 말고 머뭇거리는 것처럼 하지 말아야 하니, 군사를 부리는 것의 해로움은 〔결단하지 못하고〕 머뭇거리는 것[126]이 가장 크고, 삼군의 재앙은 여우처럼 의심하는[127] 것보다 더 큰 것이 없다.'라고 말하는 것입니다.

전쟁을 잘하는 자는 이로움을 보면 〔때를〕 잃지 않고 때를 만나면 의심을 품지 않으니, 이로움을 잃고 때를 뒤로하면 도리어 그 재앙

---

125) 원문의 '요뇨'는 '집적거리다'라는 의미다. 손자도 '노이요지怒而撓之'(《손자병법》〈계〉편)라고 하면서 적을 화나게 하려면 아군이 끊임없이 집적대면서 싸움을 걸어 적을 피곤하게 만들어야 한다고 했는데 같은 맥락이다.
126) 원문의 '유예猶豫'는 《오자병법吳子兵法》〈치병治兵〉편에 "군사를 부리는 것의 해로움은 머뭇거리는 것이 가장 크고, 삼군의 재앙은 여우처럼 의심하는 데에서 생겨난다〔用兵之害, 猶豫最大, 三軍之災, 生於狐疑〕."라고 한 구절을 염두에 둘 만하다. 덧붙여 '유猶'는 꼬리가 갈라진 원숭이로서 코가 위로 들려있다고 한다.
127) 원문의 '호의狐疑'는 의심 많은 여우에 빗대어 장수가 자신의 판단 없이 머뭇거리면서 망설이는 것을 비유적으로 표현한 것이다. 여우가 강물이 얼면 귀에 물소리가 나는지 들어보고 나서 물소리가 나지 않아야 건넌다는 데서 나온 말이다.

을 입습니다. 그러므로 지혜로운 자는 때를 좇아서 하면서 풀어지지 않고, 기교가 있는 자는 단번에 결단하고 머뭇거리지 않는 것입니다. 이 때문에 빠른 우레가 치면 귀를 막지 못하고, 빠른 번개가 치면 눈을 감지 못하여, 달려가는 것을 놀란 듯이 하고 다루는 것을 미친 듯이 해서, [길을] 막는 자는 쳐부수고 가까이 다가오는 자는 망하니, 누가 제어할 수 있겠습니까?

대저 장수가 [남이] 말하지 않는 곳을 지키는 것은 신묘함이요, [남이] 보지 못하는 곳을 보는 것은 명찰함입니다. 그러므로 신묘하고 명찰한 방도를 알면, 들판에는 횡행하는 적이 없게 되고, 상대편은 나라를 세울 수 없습니다."

무왕이 말했다.

"훌륭하십니다!"

善戰者, 居之不撓, 見勝則起, 不勝則止. 故曰:'無恐懼, 無猶豫; 用兵之害, 猶豫最大; 三軍之災, 莫過狐疑.' 善戰者, 見利不失, 遇時不疑; 失利後時, 反受其殃. 故智者從之而不釋, 巧者一決而不猶豫, 是以疾雷不及掩耳, 迅電不及瞑目, 赴之若驚, 用之若狂, 當之者破, 近之者亡, 孰能禦之? 夫將有所不言而守者, 神也; 有所不見而視者, 明也. 故知神明之道者, 野無衡敵, 對無立國."

武王曰:"善哉!"

제27편 기병奇兵: 기병의 운용

【해설】

이 편은 군사를 부리는 데 있어서 변화무쌍한 전술을 구사하여 기습을 통해 승리를 취하는 것을 서술하고 있다. '신묘한 형세'라고 번역한 '신세神勢'의 스물여섯 가지 방법의 중요성을 다루고 있는데, 지세와 상황에 따른 전술과 무기 사용법이 구체적으로 기술되어 있다. 특히 군대를 다루는 방법과 사기를 북돋우는 방법 및 천시와 지리를 어떻게 이용하고, 어떤 준비 과정을 통해 적을 속임수로 꾀어내는지 등 작전 경험을 토대로 생생한 군사를 부리는 원칙을 논의하고 있다. 이 편의 맨 마지막 부분에서도 강조되듯, 장수 된 자는 재덕才德을 겸비해야 하는데, 그 이유는 장수의 자질이 국가의 운명과 밀접하게 관련되어 있기 때문이다.

신묘한 형세에 따른 군사를 부리는 방법

무왕이 태공에게 물었다.

"무릇 군사를 부리는 방식은 대체적인 요점이 어떠합니까?"

태공이 대답했다.

"옛날에 전쟁을 잘하는 자는 하늘 위에서 싸웠던 것이 아니고, 땅 아래에서 싸웠던 것도 아니며, 그의 성공과 실패는 모두 신묘한 형세에서 말미암았으니, 형세를 얻는 자는 번창했으나 그것을 잃어버린 자는 패망했습니다.

무릇 [대치하는] 두 진영 사이에 갑옷을 꺼내고 병기를 진열하며, 병졸들을 멋대로 하게 하고, 행렬을 어지럽게 하는 것은 변화[응변

應變]를 위한 까닭입니다. [진지를 구축하는데] 깊은 풀이 무성한 곳은 달아나기 위한 까닭입니다. 계곡이 가파르고 험한 곳은 [적의] 전차를 막고 기병을 제어하기 위한 까닭입니다. 좁은 요새와 산림이 있는 곳은 소수로서 무리를 공격하기 위한 까닭입니다.

움푹하고 어두운 곳은 모습을 숨기기 위한 까닭입니다. 맑고 밝아 숨을 곳이 없는 지역은 용기와 무력으로 싸우기 위한 까닭입니다. 빠르기가 날아다니는 화살 같고, 공격이 발동하는 것이 기계 같은 것은 정밀하고 자세함을 쳐부수기 위한 까닭입니다. 거짓으로 군대를 매복하고 기습병을 두어 멀리 속이고 꾀임을 펼치는 것은 적군을 쳐부수고 적장을 사로잡기 위한 까닭입니다.

[아군을] 여러 갈래로 나뉘고 찢어지게 하는 것은 적의 둥근 진형을 공격하고 적의 네모난 진형을 쳐부수기 위한 까닭입니다. 적의 놀라움을 이용하는 것은 하나로 열 명을 공격하는 까닭이고, 저들이 피로하고 저물 때 주둔함을 이용하는 것은 열 명으로 백 명을 공격하기 위한 까닭입니다. 기이한 기물을 쓰는 것은 깊은 물을 건너가고 큰 강물을 건너기 위한 까닭입니다.

강한 쇠뇌와 긴 무기는 물을 건너가서 싸우기 위한 까닭입니다. 관문을 길게 하고 척후병을 멀리 보내 갑작스러우면서도 빠르게 [적을] 속이고 달아나게 하는 것은 [적의] 성을 항복시키고 고을을 복속시키려는 까닭입니다. 북을 치고 행군[128]하며 시끄럽게 떠들게 하는 것은 기이한 모략을 하려는 까닭입니다. 큰바람과 거센 비를 이용하는 것은 [적의] 앞을 공격하고 뒤를 사로잡으려는 까닭입니다.

---

128) 원문의 '행行'은 행군을 의미하며, 단순한 행군의 의미보다 포괄적으로 기동 起動과 전투의 개념을 포함한다.

적의 사신이라고 거짓으로 일컫는 것은 [적의] 군량 길을 끊으려
는 까닭입니다. 호령을 거짓으로 하고 적군과 의복을 같게 하는 것
은 [적의] 패배와 달아남을 대비하기 위한 까닭입니다. 전투할 때 반
드시 도의로 하는 것은 병사들을 힘쓰게 하여 적을 이기기 위한 까
닭입니다. 작위를 높이고 상을 무겁게 하는 것은 명령을 따르기를
힘쓰게 하려는 까닭입니다. 형벌을 엄하게 하는 것은 게으르고 나
태한 자들을 나아가게 하려는 까닭입니다.

한 번은 기뻐하고 한 번은 노여워하며, [벼슬자리를] 한 번은 주고
한 번은 빼앗으며, 한 번은 문덕文德이고 한 번은 무력武力이며, 한
번은 느리고 한 번은 빠른 것은 삼군을 조화시키고 신하들을 제어
하여 하나로 하기 위한 까닭입니다. 높고 탁 트인 곳에 주둔하려는
것은 경계하고 대비하고자 하는 까닭입니다. 험준하고 막힌 곳을
확보하는 것은 견고함을 위한 까닭입니다. 산림이 무성하게 우거
진129) 곳은 오가는 것을 소리 없이 하려는 까닭입니다. 도랑을 깊게
하고 보루를 높게 하며 식량을 많이 쌓는 것은 질질 끌기 위한 까
닭입니다.

武王問太公曰:"凡用兵之道, 大要何如?"

太公曰:"古之善戰者, 非能戰於天上, 非能戰於地下, 其成與敗皆由神
勢, 得之者昌, 失之者亡. 夫兩陳之間, 出甲陳兵, 縱卒亂行者, 所以爲
變也; 深草翁翳者, 所以逃遁也; 谿谷險阻者, 所以止車禦騎也; 隘塞
山林者, 所以少擊衆也; 坳澤窈冥者, 所以匿其形也; 清明無隱者, 所

---

129) 원문의 '옹예翁翳'는 풀이나 나무 등이 촘촘하고 무성하게 우거진 모습을 의
미한다.

以戰勇力也; 疾如流矢擊如發機者, 所以破精微也; 詭伏設奇, 遠張詑誘者, 所以破軍擒將也; 四分五裂者, 所以擊圓破方也; 因其驚駭者, 所以一擊十也; 因其勞倦暮舍者, 所以十擊百也; 奇伎者, 所以越深水, 渡江河也; 彊弩長兵者, 所以踰水戰也; 長關遠候, 暴疾謬遁者, 所以降城服邑也; 鼓行喧囂者, 所以行奇謀也; 大風甚雨者, 所以搏前擒後也; 偽稱敵使者, 所以絕糧道也; 謬號令, 與敵同服者, 所以備走北也; 戰必以義者, 所以勵衆勝敵也; 尊爵重賞者, 所以勸用命也; 嚴刑罰者, 所以進罷怠也; 一喜一怒, 一與一奪, 一文一武, 一徐一疾者, 所以調和三軍, 制一臣下也; 處高敵者, 所以警守也; 保阻險者, 所以為固也; 山林茂穢者, 所以默往來也; 深溝高壘[積]糧多者, 所以持久也.

현명하고 어진 장수가 군대와 나라의 운명을 좌우한다

그러므로 '전투하는데 공격의 책략을 알지 못하면 대적하는 것을 말할 수 없고[130], 분산시켜 이동시키지 못하면 기습을 말할 수 없으며, 다스림과 어지러움을 통달하지 못하면 응변을 말할 수 없다.'라고 말하는 것입니다.

그러므로 '장수가 어질지 않으면 삼군이 친밀하지 못하고, 장수가 용감하지 않으면 삼군이 정예롭지 못하며, 장수가 지혜롭지 않으면 삼군이 대단히 의심하고, 장수가 현명하지 않으면 삼군이 대단히 기울어지며, 장수가 [모략이] 정밀하면서 미묘하지 않으면 삼

---

130) 이 말은 피아간에 격한 전쟁의 와중에서 개연성보다는 모호성과 예측 불가능의 변화무쌍한 상황이 많다는 것을 전제로 한 것이다.

군이 그 [승리할] 기회를 놓치고, 장수가 항상 경계하지 않으면 삼군이 그 방비함을 잃으며, 장수가 강력하지 않으면 삼군은 그 직위를 잃는다. 그러므로 장수는 사람들의 사명이니, 삼군이 그와 함께 모두 다스려지고 그와 더불어 모두 혼란해진다. 현명한 장수를 얻은 자는 병사는 강하고 나라도 번창하며, 어진 장수를 얻지 못한 자는 병사는 약하고 나라도 패망한다.'라고 말하는 것입니다."

무왕이 말했다.

"훌륭하십니다!"

故曰: '不知戰攻之策, 不可以語敵; 不能分移, 不可以語奇; 不通治亂, 不可以語變.' 故曰: '將不仁, 則三軍不親; 將不勇, 則三軍不銳; 將不智, 則三軍大疑; 將不明, 則三軍大傾; 將不精微, 則三軍失其機; 將不常戒, 則三軍失其備; 將不彊力, 則三軍失其職. 故將者, 人之司命, 三軍與之俱治, 與之俱亂. 得賢將者, 兵彊國昌; 不得賢將者, 兵弱國亡.'"

武王曰: "善哉!"

제28편 오음五音: 다섯 가지 소리

【해설】

이 편은 '궁·상·각·치·우宮商角徵羽'라고 흔히 부르는 오성五聲과 오행五行의 상호 관계에 입각한 적의 정세를 판단하는 방법을 서술하고 있다. 오행은 현재 시점에서 보면 신비한 요소가 있고, 비과학적 미신으로 평가절하기 쉽다. 하지만 사실상 음양오행설이 단순한 미신이나 비과학적인 것으로 치부할 수 없는 광범위한 활용성이 있었다는 점에서, 중국 고대 문화의 주요한 학설이라는 것을 간과할 수 없다. 오행에 바탕을 두고 음률과 군사를 부리는 원칙의 긴밀한 관계를 다룬 이 편은 그래서 인상적이고 상당한 합리적 근거도 내포하고 있다.

음률과 오음을 군사를 부리는 데 활용하라

무왕이 태공에게 물었다.

"음률의 소리로서 삼군의 사라지고 자라남과 이기고 지는 것의 결과를 알 수 있습니까?"

태공이 대답했다.

"깊이가 있습니다, 왕의 질문이여! 대저 율관 열두 개[131]는 그 요체로 다섯 음[132]이 있으니, 궁·상·각·치·우입니다. 이는 바른 소리로서 만 세대가 지나도 바뀌지 않습니다. 오행의 신은 도의 영원함이니, 가히 적을 알 수 있습니다. 금·목·수·화·토가 저마다 그 이기는 형세로서 [이기지 못하는 형세를] 공격하는 것입니다.

옛날 삼황[133]의 시대에는 비움과 없음의 감정으로 굳셈과 강함을 제어했습니다. 문자가 있지 않아 모두 오행의 이치를 따랐습니다. 오행의 법칙은 천지자연의 이치로서, 육갑[육십갑자]¹³⁴⁾의 나뉨이고 미묘한 신입니다. 그 법칙은 하늘이 쾌청하고 맑아 구름과 바람과 비가 없으면 한밤중에 가볍게 무장한 기병을 보내서 적의 보루로 가게 하는데, 구백 걸음 밖에서 멈추도록 하고, 모든 율관을 귀에 대고 크게 소리 질러 적을 놀라게 하는 것입니다.

소리는 율관에 호응하여 그 다가오는 소리가 매우 작으면, 각角의 소리가 관에 호응하는 것이니, 마땅히 [서쪽을 상징하는] 백호로써 해야[이겨야] 하고, 치徵의 소리가 율관에 호응하면 마땅히 현무로써 해야 하며, 상商의 소리가 관에 호응하면 마땅히 주작으로써 해야 하고, 우羽의 소리가 관에 호응하면 마땅히 구진으로써 해야 하며, 오관(오음의 율관)의 소리가 모두 응하지 않는 것은 궁宮이니, 마땅히

---

131) 원문의 '율관십이律管十二'에서 '율관'은 옛날에 음을 정할 때 대나무 관이나 구리 관을 사용했는데 그것을 가리키고, '십이'라는 숫자는 열두 개의 길이가 다른 율관을 사용하여 열두 개의 높낮이가 다른 표준음을 불어내는 것이며, 이런 열두 개의 표준음을 십이율十二律이라고 했다. 십이율은 육률六律(양율陽律), 육려六呂(음려陰呂)로 양분되며 음률의 기본을 이룬다. 황종黃鍾은 11월, 대려大呂는 12월, 태주太簇는 정월, 협종夾鍾은 2월, 고선姑洗은 3월, 중려仲呂는 4월, 유빈蕤賓은 5월, 임종林鍾은 6월, 이칙夷則은 7월, 남려南呂는 8월, 무역無射은 9월, 응종應鍾은 10월에 해당한다.

132) 원문의 '오음五音'은 궁·상·각·치·우宮商角徵羽의 다섯 가지 음을 말하며, 오행五行에 맞추어 방향이나 계절 등을 연계한다. 여기서는 적의 동작을 알기 위함이기도 하다.

133) 삼황에 대해서는 학자마다 여러 설이 존재하는데, '복희伏羲·신농神農·여와女媧', 또는 '복희·신농·공공共工', '복희·신농·축융祝融' 등으로 보기도 한다.

134) 원문의 육갑六甲은 '육십갑자'를 말하며, 갑자甲子·갑술甲戌·갑신甲申·갑오甲午·갑신甲辰·갑인甲寅 등 육갑이 있어서 붙여진 이름이다. 열 개의 천간天干과 열두 개의 지지地支로 이루어져 있다.

청룡으로써 해야 합니다. 이것은 오행의 부신이고, 승리를 보좌하는 징조이며, 성공하고 실패하는 관건입니다."

무왕이 말했다.

"훌륭하십니다!"

武王問太公曰:"律音之聲, 可以知三軍之消息勝負之決乎?"

太公曰:"深哉王之問也! 夫律管十二, 其要有五音: 宮商角徵羽. 此其正聲也, 萬代不易. 五行之神, 道之常也, 可以知敵. 金木水火土, 各以其勝攻之. 古者三皇之世, 虛無之情, 以制剛彊; 無有文字, 皆由五行. 五行之道, 天地自然; 六甲之分, 微妙之神. 其法: 以天淸淨, 無陰雲風雨, 夜半, 遣輕騎往至敵人之壘, 去九百步外, 偏持律管當耳, 大呼驚之. 有聲應管, 其來甚微, 角聲應管, 當以白虎; 徵聲應管, 當以玄武; 商聲應管, 當以朱雀; 羽聲應管, 當以勾陳; 五管聲盡不應者宮也, 當以靑龍. 此五行之符, 佐勝之徵, 成敗之機."

武王曰:"善哉!"

미묘한 소리는 바깥의 징후

태공이 말했다.

"미묘한 소리는 모두 바깥에 징후가 있습니다."

무왕이 물었다.

"어떻게 그것을 압니까?"

태공이 대답했다.

"적들이 놀라서 동요하면 그것을 들을 때 북채로 북 치는 소리가 들리는 것이 각角이요, 불빛이 보이는 것은 치徵요, 금속 무기와 창소리가 들리는 것은 상商이요, 사람들이 휘파람 불고 소리치는 게 들리는 것은 우羽요, 고요하고 적막하여 들리지 않으면 궁宮입니다. 이 다섯 가지는 소리와 색깔의 부신입니다."

太公曰: "微妙之音, 皆有外候."

武王曰: "何以知之?"

太公曰: "敵人驚動則聽之: 聞枹鼓之音者, 角也; 見火光者, 徵也; 聞金鐵矛戟之音者, 商也; 聞人嘯呼之音者, 羽也; 寂寞無聞者, 宮也. 此五者, 聲色之符也."

제29편 병징兵徵: 군대의 이기고 지는 징조

【해설】

'병징'이란 군대의 이기고 지는 징조를 말하는데, 이 편은 병사들의 사기와 기강 및 진지, 또는 작전할 때의 전시와 지리 등의 방면에서 군대의 강약과 승패의 징조를 분석하고 있다. 특히 군대의 사기 진작의 문제를 표준으로 삼았으니, 바로 본문에서 말한 대로 "이기고 지는 징조는 [병사들의] 정신에 먼저 나타난다(勝負之徵, 精神先見)."라는 것이다. 이 편의 후반부는 성의 연기를 관찰하는 방법인 망기望氣의 술책을 말하면서 성읍을 포위하는 방식도 논하고 있다.

강함과 약함, 승리와 패배의 징조를 알아야 하는 이유

무왕이 태공에게 물었다.

"내가 싸우기에 앞서 적들의 강하고 약함을 먼저 알고, 이기고 지는 징조를 미리 보고자 하는데, 이를 어떻게 해야 합니까?"

태공이 대답했다.

"이기고 지는 징조는 [병사들의] 정신에 먼저 나타나니, 현명한 장수는 그것을 살피며, 그 효과는 사람에게 [달려] 있습니다. 삼가여 적들이 나가고 들어오는 것과 진격하고 퇴각하는 것을 살피며, 적의 움직임과 고요함, 말의 요상함과 상서로움과 사졸들이 말하는 바를 살핍니다.

무릇 삼군이 기뻐하고, 사졸들이 법을 두려워하여 그들의 장수의 명을 공경하며, 적을 쳐부수는 것을 서로 기뻐하고, 용감무쌍을 서로 말하며, 위력과 무력의 형세를 서로 훌륭하게 여기면, 이는 [적이] 강하다는 징조입니다.

삼군이 빈번히 놀라고 동요하여 사졸들이 가지런하지 못하고, 적이 강하다고 말하면서 서로 두려워하며, 자신들이 불리하다고 서로 말하고, 귀와 눈으로 서로 속삭이면서 요상한 말을 그만두지 않으며, 모두 입으로 서로 미혹시키고, 법령을 두려워하지 않으면서 자신의 장수를 중시하지 않으면, 이는 [적이] 약하다는 징조입니다.

삼군이 가지런하게 정돈되어 진영의 형세가 이미 굳건하고, 도랑이 깊고 보루가 높으며, 게다가 강한 바람과 거센 비의 이점이 있고, 삼군이 별일 없고 깃발이 앞으로 펄럭거리며, 징 소리와 목탁 소리가 드날려 깨끗하고, 작은북과 큰북의 소리가 완만하게 울리면, 이는 [적이] 신명의 도움을 얻은 것이니 크게 승리한다는 징조입니다.

[이에 비해] 대오와 진지가 단단하지 못하고, 깃발은 어지럽게 서로 엉켜있으며, 강한 바람과 거센 비의 이점을 거스르고, 사졸들이 공포로 두려워하여 사기가 끊겨서 이어지지 못하며, 군마는 놀라 달아나고, 전쟁용 수레의 축은 부러지며, 징 소리와 목탁 소리가 가라앉아 혼탁하고, 작은북과 큰북의 소리가 습기 차서 울리지 못하면, 이는 크게 패한다는 징조입니다.

武王問太公曰: "吾欲未戰先知敵人之强弱, 豫見勝負之徵, 為之奈何?"

太公曰: "勝負之徵, 精神先見, 明將察之, 其效在人. 謹候敵人出入進退, 察其動靜, 言語祅祥, 士卒所告. 凡三軍說懌, 士卒畏法, 敬其將命, 相喜以破敵, 相陳以勇猛, 相賢以威武, 此强徵也. 三軍數驚, 士卒不齊, 相恐以敵強, 相語以不利, 耳目相屬, 祅言不止, 眾口相惑, 不畏法令, 不重其將, 此弱徵也. 三軍齊整, 陳勢已固, 深溝高壘, 又有大風甚雨之利, 三軍無故, 旌旗前指, 金鐸之聲揚以清, 鼙鼓之聲宛以鳴, 此得神明之助, 大勝之徵也. 行陳不固, 旌旗亂而相繞, 逆大風甚雨之利, 士卒恐懼, 氣絕而不屬, 戎馬驚奔, 兵車折軸, 金鐸之聲下以濁, 鼙鼓之聲濕如沐, 此大敗之徵也.

망기望氣의 다양한 전술

무릇 성을 공격하고 고을을 에워쌌는데, 성의 연기 색깔이 꺼진 재와 같으면 그 성을 도륙질할 수 있고, 성의 연기가 나와 북쪽으로 흘러가면 그 성을 이길 수 있으며, 성의 연기가 나와서 서쪽으로 흘러가면 그 성을 항복시킬 수 있고, 성의 연기가 나와서 남쪽으로 흘러가면 그 성을 함락시킬 수 없으며, 성의 연기가 나와 동쪽으로 흘러가면 그 성을 공격할 수 없고, 성의 연기가 나오다가 다시 들어가면 성의 주인이 패하여 달아난 것이며, 성의 연기가 나와서 우리 군대의 위를 뒤덮으면 [우리] 군대가 반드시 병이 나고, 성의 연기가 나오는 것이 높고 멈추는 바가 없으면 전쟁이 길고도 질질 끌게 됩니다.

무릇 [적의] 성을 공격하고 적의 고을을 에워쌌는데 열흘이 지나도록 우뢰가 치지 않고 비가 내리지 않으면 반드시 그곳을 재빨리 떠나야 하니, 성에 반드시 크게 도와주는 사람이 있기 때문입니다. 이는 공격할 수 있으면 공격하고, 공격할 수 없으면 멈추어야 하는 것입니다."

무왕이 말했다.
"훌륭하십니다!"

凡攻城圍邑, 城之氣色如死灰, 城可屠; 城之氣出而北, 城可克; 城之氣出而西, 城必降; 城之氣出而南, 城不可拔; 城之氣出而東, 城不可攻; 城之氣出而復入, 城主逃北; 城之氣出而覆我軍之上, 軍必病; 城之氣出高而無所止, 用兵長久. 凡攻城圍邑, 過旬不雷不雨, 必亟去之, 城必有大輔. 此所以知可攻而攻, 不可攻而止."
武王曰:"善哉!"

제30편 농기農器: 농사와 병기

【해설】

　나라에 전쟁이 없을 때 뭇 백성이 하는 일은 이 편에 나와 있듯이, '인사人事'이니, 즉 농사다. 사실상 주나라 때부터 정전제도가 있어서 농사철에는 농사를 짓고, 추수가 끝난 겨울 등 농한기에 무예를 익히다가, 전쟁이 발발하면 농부가 아닌 병사로 전쟁에 투입되었다. '농기農器'는 바로 영농 생산 조직을 전투 조직에 비유하고 농경의 수리 공정을 전투 방어 공정에 비유하는 것이며, 농업 생산과정을 군사를 부리고 전쟁을 하는 핵심 전략에 비유하고 있다. 이 편의 마지막 결론인 "군사를 부리는 도구는 백성의 사람의 일[농사를 지칭]에 다 갖추어져 있습니다. 나라를 잘 다스리는 사람은 백성의 사람의 일에서 취합니다(用兵之具, 盡在於人事也. 善爲國者, 取於人事)."라는 말처럼, 농기구는 중대한 병기의 역할을 한다.

농기구가 훌륭한 병기인 이유

　무왕이 태공에게 물었다.
　"천하가 [이미] 안정되고 국가가 [다투는] 일이 없으면 싸우고 공격하던 도구를 수리하지 않아도 됩니까? 지키고 방어하는 장비를 두지 않아도 됩니까?"
　태공이 대답했다.
　"싸우고 공격하며 지키고 방어하는 도구는 모두 사람의 일[농사]에 달려있습니다. 쟁기와 보습[135]은 곧 행마[136]와 질려[137]이고, 말과 소와 수레와 수레 바닥 판은 곧 진영과 보루의 가림막과 방패이며, 호미와 쇠스랑은 곧 창과 갈라진 창이고, 도롱이와 비옷과 삿갓은 곧 갑옷과 투구, 방패와 큰 방패이며, 괭이와 가래와 도끼, 톱과 절굿공이는 곧 성을 공략하는 무기이고, 소와 말은 바로 군량을 수송하는 바이며, 닭과 개는 바로 [적을] 엿보고 정탐하는 바이고, 부인이 베를 짜고 실끈을 짜는 것은 바로 깃발로 사용하는 바이며, 사내가 흙을 평평하게 고르는 것은 곧 성을 공격하는 것에 비유되고, 봄에 풀과 가시나무를 베어버리는 것은 곧 전차와 기병으로 싸우기 위함이며, 여름에 밭두둑을 김매는 것은 곧 보병으로 싸우기 위함이고, 가을에 벼와 땔나무를 베는 것은 바로 군량을 미리 갖추어 놓기 위함이며, 겨울에 창고를 충실하게 하는 것은 곧 [병사들이] 굳게 지키기 위함이고, 자기가 태어나 자란 곳에 서로 대오를 이루는 것은 곧 약속과 부신에 해당하며, 마을에 벼슬아치가 있고 관청에 장이 있는 것은 곧 장수에 해당하고, 마을에 두루 담이 있어서 서로 지나가지 못하게 하는 것은 곧 부대를 나누는 것이며, 곡식을 수송하고 꼴을 거두어들이는 것은 곧 곳간을 채우는 것에 해당하고, 봄과 가을에 성곽을 다스리고 개골창을 치는 것은 곧 군대의 참호와 보루를 고치는 것에 해당합니다.

그러므로 군사를 부리는 도구는 백성의 사람의 일에 다 갖추어져 있습니다. 나라를 잘 다스리는 사람은 백성의 사람의 일에서 취합니다. 그러므로 반드시 [백성으로] 하여금 여섯 가지 가축(소·말·양·개·닭·돼지)을 잘 기르게 하고, 밭과 들을 개간하게 하며, 사는 곳을

---

135) 원문의 '뇌사耒耜'는 논밭을 가는 농기구다. 원래는 나무로 되어 있다가 나중에 철로 바뀌었다.
136) 원문의 '행마行馬'는 말이나 사람이 오가지 못하게 막는 장애물을 지칭한다.
137) 원문의 '질려蒺藜'는 적의 이동을 막거나 다가오지 못하게 막는 도구이다.

편안히 자리 잡게 하고, 사내가 밭을 다스림에 밭이랑 수가 정해져 있고, 부인이 베를 짜고 실끈을 짬에 척수에 따라 헤아림이 있는 것이니, 이는 나라를 잘살게 하고 군대를 강하게 하는 방도입니다."

무왕이 말했다.

"훌륭하십니다!"

武王問太公曰:"天下安定, 國家無事, 戰攻之具可無修乎? 守禦之備可無設乎?"

太公曰:"戰攻守禦之具盡在於人事. 耒耜者, 其行馬蒺藜也; 馬牛車輿者, 其營壘蔽櫓也; 鋤耰之具, 其矛戟也; 蓑薛登笠者, 其甲冑干楯也; 钁鍤斧鋸杵臼, 其攻城器也; 牛馬所以轉輸糧用也; 雞犬其伺候也; 婦人織紝, 其旌旗也; 丈夫平壤, 其攻城也; 春鏺草棘, 其戰車騎也; 夏耨田疇, 其戰步兵也; 秋刈禾薪, 其糧食儲備也; 冬實倉廩, 其堅守也. 田里相伍, 其約束符信也; 里有吏, 官有長, 其將帥也; 里有周垣, 不得相過, 其隊分也; 輸粟收芻, 其廩庫也; 春秋治城郭, 修溝渠, 其塹壘也. 故用兵之具, 盡在於人事也. 善爲國者, 取於人事. 故必使遂其六畜, 闢其田野, 安其處所, 丈夫治田有畝數, 婦人織紝有尺度, 是富國强兵之道也."

武王曰:"善哉!"

제4권
호도 虎韜

【해설】

4권은 백수百獸의 왕이면서도 용맹과 위엄이 뛰어난 호랑이를 편명으로 삼은 것으로, 〈군용軍用〉, 〈삼진三陣〉, 〈질전疾戰〉, 〈필출必出〉, 〈군략軍略〉, 〈임경臨境〉, 〈동정動靜〉, 〈금고金鼓〉, 〈절도絶道〉, 〈약지略地〉, 〈화전火戰〉, 〈누허壘虛〉 등 열두 편으로 구성되어 있다.

여기서는 군대가 출동할 때 요구되는 병기와 장비를 비롯하여 진지 구축법과 구체적인 대응 요령, 화공 전술이나 성을 공략하는 법 등이 두루 망라되어 있다.

첫 번째 〈군용〉 편은 군대의 공격과 수비 및 20여 종에 달하는 병기의 종류와 장비에 관해 목록으로 구체화하여 서술하고 있어, 당시 군대 사용 병기의 실상을 잘 반영하고 있다. 〈삼진〉 편은 짧지만 천天·지地·인人에 입각한 진법을 다루고 있다. 〈질전〉 편은 빠른 전투, 즉 속도전의 중요성을 다루었는데, 특히 곤경에서 벗어나서 전세를 역전시키는 방법을 다룬다.

〈필출〉 편 역시 적의 포위망을 벗어나는 전술을 다룬 것이며, 〈군략〉 편은 모략의 중요성을 다루었는데, 여기서도 열아홉 가지 기구와 장비의 종류를 구체적으로 거론하면서 상황에 따라 잘 사용하라고 한다. 예시한 장비 목록에서 보이듯이, 경제력이 뒷받침되지 않으면 전쟁을 일으키는 것은 불가능하며, 막대한 비용이 드는 만큼 전쟁에 얼마나 많은 희생이 따르는지 알 수 있다.

〈임경〉 편은 국경에서 전투하는 법으로 모략의 중요성을 다시 한번 강조하고 있으며, 〈동정〉 편에서는 상대의 예측을 벗어난 우회의 전략을 강조하기도 한다. 〈금고〉 편은 제목과 내용이 일치되지 않으며, 내용상 척후병을 통해 적을 감시하고 복병을 경계하는 것을 다룬다.

〈절도〉 편은 적에 의해 군량 길이 끊어졌을 경우의 대비 방법을 다루고, 〈약지〉 편은 적의 땅을 침투하고 공격하는 전술 중에서 공성전을 다루며, 〈화전〉 편은 화공전에 대한 아군의 대응 방식을 다룬 것으로 비교적 상세하고 구체적이다. 〈누허〉 편은 적의 보루의 허실을 파악하고 나서 전쟁에 임하라는 것을 다루고 있다.

  이렇듯 이 4권의 내용은 전반부 세 권과 달리 주로 구체적인 전술을 다루고 있는데, 한결같이 춘추시대에 다양한 장소와 시점에서 발발한 실제 전쟁을 바탕으로 적의 정세를 판단하고 그에 합당한 공격 방법과 공격 무기 등이 제자백가의 사상과 결합되어 있어, 여기서도 이 책이 단순한 전술과 전투 방법만을 다룬 병법서가 아니라는 점이 여실히 부각된다.

제31편 軍用: 군대의 운용 장비

【해설】

이 편은 군대가 작전할 때 필요한 운용 장비를 다루고 있다. 병기와 장비의 종류와 성능 및 운용, 군대에서의 편제 방법 등에 대해 말하며, 공격용 병기와 기계인 충거衝車와 방어용 병기와 기계인 거마와 질려 등과 기타 기계인 비교와 비강 등 당시의 군사기술 수준을 엿볼 수 있는 소중한 자료의 역할을 한다.

공격하고 수비하는 도구의 종류와 등급

무왕이 태공에게 물었다.

"왕 노릇 하는 자가 군대를 일으키면 삼군이 쓰는 병기와 공격하고 수비하는 도구의 종류와 등급의 많고 적음에 어떤 법칙이 있습니까?"

태공이 대답했다.

"대단하십니다, 왕의 질문이여! 대저 공격하고 수비하는 도구는 저마다 종류와 등급이 있으니, 이는 군대의 큰 위엄입니다."

武王問太公曰: "王者擧兵, 三軍器用, 攻守之具, 科品衆寡豈有法乎?"
太公曰: "大哉王之問也! 夫攻守之具, 各有科品, 此兵之大威也."

전투용 장비 목록과 사용법

무왕이 말했다.

"그것을 들려주시길 원합니다!"

태공이 말했다.

"무릇 군사를 부리는 데에 있어 개략적인 숫자에 대해 말씀드리면, 장차 갑옷 입은 병사 만 명을 거느리고자 하면 그 법칙에 무충대부서武衛大扶胥[138]라는 대전차 서른여섯 대가 필요하며, 용감하고 무예가 뛰어난 병사[139]로 강한 쇠뇌[140]와 창과 갈라진 창[141]을 잡고서 오른쪽 날개로 삼습니다. 전차 한 대를 스물네 명이 밀고 나가고, 여덟 자의 수레바퀴를 사용하며, 수레 위에 깃발과 북을 세웁니다. 병법에서 이것을 일러 '벼락 치듯 놀라게 하는 부대(震駭)'라고 하니, 이는 적의 견고한 진영을 무너뜨리고 강한 적을 패하게 하는 것입니다.

무익武翼이라는 큰 방패를 둘러친 중전차가 일흔두 대이니, 용감하고 무예가 뛰어난 병사로 강한 쇠뇌와 창과 갈라진 창을 잡고서 오른쪽 날개로 삼습니다. 다섯 자의 수레바퀴를 사용하되 도르래[142]

---

138) 원문의 '부서扶胥'는 전쟁용 수레의 왼쪽과 오른쪽에 있는 방패라는 뜻이다.
139) 원문의 '재사材士'를 번역한 것으로, 용감하고 무예가 뛰어난 사람을 칭한다.
140) 원문의 '강노强弩'를 번역한 것으로, '노'는 쇠뇌를 말한다. 여러 개의 화살을 한 번에 쏘는 활의 종류다.
141) 원문의 '모극矛戟'을 번역한 것으로, '모'는 세모난 창이고, '극'은 갈라진 창이다.
142) 원문의 '교거絞車'는 '녹로轆轤'와 같으며, 높은 곳이나 먼 곳으로 무엇을 달아 올리거나 끌어당길 때 쓰는 도르래다. 오늘날 권양기卷揚機의 의미로 보면 무방하다.

와 연발 쇠뇌를 따르게 하니, 이는 적의 견고한 진영을 무너뜨리고 강한 적을 패하게 하는 것입니다.

제익提翼이라는 작은 방패를 장착한 전차가 144구이니, 도르래와 연발 쇠뇌를 따르게 하고 작은 단독 수레바퀴를 사용하니, 이는 적의 견고한 진영을 무너뜨리고 강한 적을 패하게 하는 것입니다.

대황大黃이라는 삼연발 쇠뇌를 장착한 큰 전차가 서른여섯 대이니, 용감하고 무예가 뛰어난 병사로 강한 쇠뇌와 창과 갈라진 창을 잡고서 오른쪽 날개로 삼습니다. 비부飛鳧와 전영電影이란 화살을 잡고 따르게 합니다. 비부는 붉은 줄기에 흰 깃을 달고 살의 촉은 구리로 만들며, 전영은 푸른 살대에 붉은 깃을 사용하는데 쇠로 살촉을 만듭니다.

[전차 위에] 대낮에는 길이 여섯 자에 넓이 여섯 치의 붉은 비단으로 광요光耀라는 깃발을 만들고, 밤에는 길이 여섯 자에 넓이 여섯 치의 흰 비단으로 유성流星이라는 깃발을 만듭니다. 이는 적의 견고한 진영을 무너뜨리고 보병과 기병을 패하게 하는 것입니다.

커다란 충차衝車가 서른여섯 대이니, 사마귀 같은 [용맹스러운] 무사가 함께 타고 가로질러 공격해서 강한 적을 패하게 합니다.

가벼운 수레[143]와 기병 부대[144]는 일명 전차電車라고 하는데, 병법에서는 이것을 일러 '번개처럼 공격하다(電擊)'라고 하니, 이는 적의 견고한 진영을 무너뜨리고 보병과 기병을 패하게 하는 것입니다.

---

143) 원문의 '치거輜車'를 번역한 것으로, 식량 또는 각종 장비 등을 실어 나르는 수레다.
144) 원문의 '기구騎寇'를 번역한 것으로, 적진을 향해서 재빠르게 치고 빠지는 기병 부대를 말한다.

적이 밤에 [진영] 앞으로 오면 창과 방패 160대를 사용하니, 수레 한 대마다 사마귀 같은 [용감한] 무사 세 명을 함께 태우는데, 병법에서는 이것을 일러 '벼락이 치다(霆擊)'라고 하니, 적의 견고한 진영을 무너뜨리고 보병과 기병을 패하게 하는 것입니다.

네모난 머리의 쇠망치는 무게가 열두 근이고 자루 길이는 다섯 자 이상으로 1,200개이니, 일명 '천봉[145]'이라고 하고, 자루가 긴 도끼는 칼날의 길이가 여덟 치이고 무게가 여덟 근이며 자루의 길이가 다섯 자 이상인 것이 1,200개이니, 일명 '천월[146]'이라고 하며, 네모난 머리의 철퇴는 무게가 여덟 근이고 자루 길이가 다섯 자 이상인 것이 1,200개이니, 일명 '천퇴[147]'라고 하고, 보병과 기병 중에 무리를 이룬 적을 패하게 하는 것입니다.

비구[148]는 길이가 여덟 치이고 갈고리 길이가 네 치이며 자루 길이가 여섯 자 이상인 것이 1,200개이니, [적군의] 병사들에게 던져 긁어 잡아당기는 데 쓰입니다.

삼군이 [적과] 맞서 버티거나 지킬 때에는 목당랑[149]이나 칼날을 장착한 넓이가 두 길인 것을 120개 사용하니, 일명 '행마行馬'라고

---

145) 원문의 '천봉天棓'은 본래 별 이름인데, 여기서는 무기 이름으로 '천봉天棒'이라고도 한다.
146) 원문의 '천월天鉞'은 본래 별 이름인데, 여기서는 도끼 모양의 무기 이름으로 보면 무방하다.
147) 원문의 '천퇴天鎚'는 본래 별 이름으로, 여기서는 무기 이름으로 보면 무방하다.
148) 원문의 '비구飛鉤'는 무기의 일종으로, 긴 막대기나 줄에 갈고리를 묶어 적군이 몰려오거나 성벽과 보루를 타고 달려드는 적의 무리를 향해 던지고 찍어 내리거나 끌어당기는 무기다.
149) 원문의 '목당랑木螳螂'은 나무 목책에 사마귀 칼이라고 불리는 긴 칼날을 단 무기로서 주로 방어용으로 쓰인다.

합니다. 평평하고 쉬운 땅에서 보병으로 적의 전차와 기병을 패배시킬 때는 땅 위에서 [높이가] 두 자 다섯 치인 나무 마름쇠 120개를 사용합니다.

적의 보병과 기병을 패배시키고 궁지에 몰린 적을 공격하며 패배하여 도망하는 적을 가로막을 때에는 짧은 굴대로 잘 돌아가며 창을 단 전차 120대를 사용하니, 황제가 치우씨[150]를 패배시킨 바였습니다.

적의 보병과 기병을 패배시키고 궁지에 몰린 적을 공격하며 패배하여 도망하는 적을 기로막을 때에는 좁다란 길과 좁은 오솔길에 철 마름쇠를 펼쳐놓으니, 촉의 높이가 네 치이고 넓이가 여덟 치이며 길이가 여섯 자 이상인 것이 1,200개입니다.

패배하여 도망하는 보병과 기병이 어두울 때 [우리] 진영 앞으로 충돌해와서 싸움을 재촉하여 흰 칼날이 부딪쳤을 때는 땅 위에 그물을 펼쳐놓고 뾰족한 촉이 두 개 붙은 마름쇠와 촉과 칼날 사이가 서로 두 치 떨어진 직녀라는 것 1만 2,000개를 씁니다.

넓은 들판과 풀 가운데에서는 네모진 짧은 창 1,200개를 쓰고, 그것을 펼쳐놓는 방법은 높이가 한 자 다섯 치로 해야 합니다. 보병과 기병을 패배시키고 궁지에 몰린 적을 공격하며 패배하여 도망하는 적을 가로막는 데 씁니다.

---

150) 원문의 '치우씨蚩尤氏'는 '치우蚩尤'라고도 하며, 전쟁과 혼란을 좋아하다 황제에게 패한 구려족九黎族 부락의 추장이다. 《산해경山海經》〈대황북경大荒北經〉에 보면 "치우蚩尤는 군대를 이끌고 황제를 토벌했다. 황제는 이에 응룡應龍에게 명령을 내려 기주 들판에서 그를 공격하도록 했다."라는 기록이 있고, 《상서尚書》〈여형呂刑〉 편에도 "치우는 군대를 일으켜 황제를 토벌했다."라는 기록이 보인다. 물론《상서》의 기록이 좀 더 역사적 사실에 가깝다.

좁다란 길과 좁은 오솔길과 땅이 움푹한 곳에서는 쇠사슬 세 개를 연결한 것 120개를 사용해야 하니, 적의 보병과 기병을 패배시키고 궁지에 몰린 적을 공격하며 패배하여 도망하는 적을 가로막는 데 씁니다.

진지의 문을 막고 지키는 데에는 창을 매단 작은 방패 열두 구가 필요하니, [거기에는] 도르래와 연발 쇠뇌가 따르게 합니다. 삼군이 맞서 버티고 지킴에는 천라와 호락[151]을 쇠사슬로 연결한 것 한 부로 넓이가 한 길 다섯 자이고 높이가 여덟 자인 것 120개가 필요하며, 호락과 칼날이 장착된 전차는 넓이가 한 길 다섯 자이고 높이가 여덟 자인 것이 520구가 필요합니다.

도랑이나 참호를 건너는 데 쓰는 비교[152]는 한 칸에 넓이가 한 길 다섯 자이고 길이가 두 장 이상이니, 회전하는 녹로[153]를 장착한 것이 여덟 구이고 고리를 연결한 쇠사슬로 그것을 펼칩니다.

큰 강물을 건너는 데는 비강을 사용하는데, 넓이가 한 길 다섯 자이고 길이가 두 길 이상인 것 여덟 구가 필요하니, 고리를 연결한 쇠사슬로 펼칩니다. [저절로 뜬다는] 천부철당랑[154]은 안이 네모지고

---

151) 원문의 '천라天羅'와 '호락虎落'은 방어하는 장치를 말한다. '천라'는 '녹원鹿垣'과 같은 의미로 보면 무방한데, 대나무나 나뭇가지로 엮어서 사슴이나 멧돼지 같은 들짐승들이 들어오지 못하도록 울타리를 친 것이다. '호락'은 호랑이를 막는 담으로 전쟁 시 쇠사슬을 연결해서 만들었다.

152) 원문의 '비교飛橋'는 '호교壕橋'라고도 하는데 이동식 부교浮橋를 의미하며, 주로 군대에서 사용하는 장치다.

153) 원문의 '전관녹로轉關轆轤'를 번역한 것으로 떠있는 다리를 들었다 놓았다 할 수 있는 고패를 장치한 장비를 말한다.

154) 원문의 '천부철당랑天浮鐵螳螂'에서 '천부'는 배 이름으로 저절로 뜬다는 의미이고, '철당랑'은 배를 보호하는 차원에서 당랑검의 칼날을 설치한 것이다 (유동환 설).

밖이 둥글며 지름이 네 자 이상이고 둥근 고리가 달린 것이 서른두 구입니다. 천부로써 비강을 설치하여 큰물을 건너는 것을 일러 '천황[155]'이라고 하며, 일명 '천강[156]'이라고도 합니다.

산림이나 평야에서 야영할 때는 [주변에 대나무나 쇠로 된 울타리 장치인] 호락시虎落柴로 군영을 만듭니다. 이때는 고리를 연결한 쇠사슬이 길이가 두 길 이상인 것이 1,200개이고, 고리를 연결한 큰 쇠사슬은 굵기가 네 치에 길이가 네 길 이상인 것이 육백 개이며, 고리를 연결한 중간 정도의 쇠사슬은 굵기가 두 치에 길이가 네 길 이상인 것이 이백 개이고, 고리를 연결한 작고 가느다란 끈은 길이가 두 길 이상인 밧줄이 1만 2,000개입니다. 비가 오면 치중거에 상판을 덮는데, 서로 어긋나게[157] 연결하고, 넓이가 네 자에 길이가 네 길 이상의 수레가 한 구이니, 이는 쇠말뚝을 사용해서 설치합니다.

나무를 베는 장비인 큰 도끼는 무게가 여덟 근이고 자루 길이가 석 자 이상인 것이 삼백 매이고, 큰 괭이[158]는 날의 넓이가 여섯 치이고 자루의 길이가 다섯 자 이상인 것이 삼백 개이며, 동축고위수[159]는 길이가 석 자 이상인 것으로 삼백 매이고, 풀과 나무를 베는 도구인 철파[160]는 자루 길이가 일곱 자 이상인 것이 삼백 매이며, 매 발톱처럼 생긴 네모진 쇠스랑은 길이가 일곱 자 이상인 것이

---

155) 원문의 '천황天潢'은 본래 별 이름으로, '천황天黃'이라고도 한다.
156) 원문의 천강天矼은 본래 별 이름으로, '천선天船'이라고도 한다.
157) 원문의 '서어鉏鋙'를 번역한 것으로, 톱니의 아래와 위가 맞지 않는 '톱니바퀴[齒輪]'를 말하며, '저어齟齬'라고도 한다.
158) 원문의 '계곽棨钁'을 번역한 것으로, 큰 괭이에 자루가 달린 것인데, 큰 톱처럼 생긴 도구라는 설도 있다.
159) 원문의 '동축고위수銅築固爲垂'는 큰 쇠로 만든 저울의 추[大錘] 또는 나무를 베는 도구라는 설도 있다.

삼백 매이고, 가지가 두 갈래인 쇠 작살[161]은 자루의 길이가 일곱 자 이상인 것이 삼백 매이며, 풀과 나무를 베는 큰 낫은 자루의 길이가 일곱 자 이상인 것이 삼백 매이고, 넓은 날의 낫[162]은 무게가 여덟 근이고 자루의 길이가 여섯 척 이상인 것이 삼백 매이며, 고리가 달린 쇠말뚝은 길이가 세 척 이상인 것이 삼백 매이고, 큰 망치는 무게가 다섯 근이고 자루의 길이가 두 자 이상인 것이 120구입니다.

무장한 병사 만 명에 강한 쇠뇌를 지닌 병사가 육천 명, 큰 갈라진 창과 큰 방패를 잡은 병사가 이천 명, 갈고리 창과 큰 방패를 잡은 병사가 이천 명, 공격하는 기구를 수리하고 병기를 숫돌에 가는 정교한 기술자가 삼백 명 필요합니다. 이는 군대를 운용하는 [병기와 장비의] 대략적인 숫자입니다."

무왕이 말했다.
"틀림없으십니다!"

武王曰: "願聞之!"
太公曰: "凡用兵之大數, 將甲士萬人, 法用: 武衝大扶胥三十六乘, 材士強弩矛戟為翼. 一車二十四人推之, 以八尺車輪, 車上立旗鼓. 兵法謂之'震駭', 陷堅陳, 敗強敵. 武翼大櫓矛戟扶胥七十二具, 材士強弩矛戟為翼. 以五尺車輪, 絞車連弩自副, 陷堅陳, 敗強敵. 提翼小櫓扶

---

160) 원문의 '철파鐵杷'에서 '파'는 '파耙'라는 쇠스랑 무기 같은 모양인데, 갈고리 끝으로 긁어모으거나 찍어서 끌어온다(유동환 설).
161) 원문의 '철차鐵叉'에서 '차'는 작살과 같은 도구로 물고기를 잡는 용도로도 썼으며, 끝부분이 두 개 또는 세 개로 갈라져 있다.
162) 원문의 대노인大櫓刀은 넓은 날의 낫인데, 크고 긴 자루가 달려있다.

胥一百四十[四[163]]具, 絞車連弩自副, 以鹿車輪, 陷堅陳, 敗強敵. 大黃參連弩大扶胥三十六乘, 材士強弩矛戟為翼. 飛鳧電影自副. 飛鳧赤莖白羽, 以銅為首; 電影青莖赤羽, 以鐵為首. 晝則以絳縞, 長六尺, 廣六寸, 為光耀; 夜則以白縞, 長六尺, 廣六寸, 為流星. 陷堅陳, 敗步騎. 大扶胥衝車三十六乘, 螳螂武士共載, 可以擊縱(縱擊)橫, 可以敗敵. 輜車騎寇, 一名'電車', 兵法謂之'電擊', 陷堅陳, 敗步騎寇夜來前. 矛戟扶胥輕車一百六十乘, 螳螂武士三人共載, 兵法謂之'霆擊', 陷堅陳, 敗步騎. 方首鐵棓維朌, 重十二斤, 柄長五尺以上, 千二百枚, 一名'天棓'; 大柯斧, 刃長八寸, 重八斤, 柄長五尺以上, 千二百枚, 一名'天鉞'; 方首鐵鎚, 重八斤, 柄長五尺以上, 千二百枚, 一名'天鎚': 敗步騎群寇. 飛鉤, 長八寸, 鉤芒長四寸, 柄長六尺以上, 千二百枚, 以投其眾. 三軍拒守, 木螳螂劍刃扶胥, 廣二丈, 百二十具, 一名'行馬'. 平易地以步兵敗車騎, 木蒺藜, 去地二尺五寸, 百二十具. 敗步騎, 要窮寇, 遮走北, 軸旋短衝矛戟扶胥百二十具, 黃帝所以敗蚩尤氏. 敗步騎, 要窮寇, 遮走北, 狹路微徑張鐵蒺藜, 芒高四寸, 廣八寸, 長六尺以上, 千二百具. 敗步騎, 突暝來前促戰, 白刃接, 張地羅, 鋪兩鏃蒺藜, 參連織女, 芒間相去二寸, 萬二千具. 曠野草中, 方胸鋋矛, 千二百具, 張鋋矛法, 高一尺五寸. 敗步騎, 要窮寇, 遮走北. 狹路, 微徑, 地陷, 鐵械鎖參連百二十具, 敗步騎, 要窮寇, 遮走北. 壘門拒守, 矛戟小櫓十二具, 絞車連弩自副. 三軍拒守, 天羅虎落鎖連, 一部廣一丈五尺, 高八尺, 百二十具; 虎落劍刃扶胥, 廣一丈五尺, 高八尺, 五百二[164]十具. 渡溝塹飛橋, 一間廣一丈五尺, 長二丈以上, 著轉關轆轤, 八具, 以

---

163) 더러는 '육六'으로 쓰인 판본도 있다.
164) 더러는 '일一'로 쓰인 판본도 있다.

環利通索張之. 渡大水飛江, 廣一丈五尺, 長二丈以上, 八具, 以環利通索張之. 天浮鐵螳蜋, 矩內圓外, 徑四尺以上, 環絡自副, 三十二具. 以天浮張飛江, 濟大海, 謂之'天潢', 一名'天舡'. 山林野居, 結虎落柴營. 環利鐵鎖, 長二丈以上, 千二百枚; 環利大通索, 大四寸, 長四丈以上, 六百枚; 環利中通索, 大二寸, 長四丈以上, 二百枚; 環利小徽縲, 長二丈以上, 萬二千枚. 天雨, 蓋重車上板, 結枲鉏鋙, 廣四尺, 長四丈以上, 車一具, 以鐵杙張之. 伐木大斧, 重八斤, 柄長三尺以上, 三百枚; 棨钁, 刃廣六寸, 柄長五尺以上, 三百枚; 銅築固為垂, 長五尺以上, 三百枚; 鷹爪方胸鐵杷, 柄長七尺以上, 三百枚; 方胸鐵叉, 柄長七尺以上, 三百枚; 方胸兩枝鐵叉, 柄長七尺以上, 三百枚; 芟草木大鐮, 柄長七尺以上, 三百枚; 大櫓刃, 重八斤, 柄長六尺, 三百枚; 委環鐵杙, 長三尺以上, 三百枚; 椓杙大鎚, 重五斤, 柄長二尺以上, 百二十具. 甲士萬人, 強弩六千, 戟楯二千, 矛楯二千, 修治攻具, 砥礪兵器巧手三百人. 此舉兵軍用之大數也."

武王曰:"允哉!"

제32편 삼진三陳: 세 가지 진법

【해설】

 매우 짧은 편폭으로 구성된 이 편은 천天·지地·인人 삼진을 다룬 것으로, 군사를 부릴 때 해와 달 등 천체의 움직임, 즉 하늘의 형상을 살피는 진법, 산이나 언덕 등 땅의 형태를 살펴보는 진법 등을 다루고 있다. 마지막으로 전차병이냐 기마병이냐 용도를 정확히 알고 써야 한다는 점을 강조하고, 다양한 병기 종류를 다루면서 교화를 우선시할 것인지 무력을 앞세울 것인지, 결국 이런 것을 선택하는 것도 하나의 진법임을 말하고 있다.

천·지·인 세 진법이란

 무왕이 태공에게 물었다.
 "무릇 군사를 부리는 데에 있어서 천진과 지진[165]과 인진人陳을 하는 것은 어떠해야 합니까?"
 태공이 대답했다.
 "해와 달, 별들과 북두병[166] 자리가 한 번은 왼쪽으로 한 번은 오

---

165) 원문의 '천진天陳'과 '지진地陳'은 지형을 이용하는 진법을 말한다. 강이나 연못 같은 물가에는 앞쪽과 왼쪽에 두어야 하고, 산이나 언덕 같은 곳은 오른쪽과 뒤쪽에 두어야 한다. 《손자병법》〈행군行軍〉편의 "평평한 지대에서는 [이동이] 쉬운 곳에 주둔하고 오른쪽이 높은 곳을 되도록 등지며, 앞쪽은 죽을 수 있고 뒤쪽은 살 수 있는 지형에 의지하라(平陸處易, 而右背高, 前死後生)."라고 한 구절을 참조하면 좋다.

른쪽으로 하며, 한 번은 [앞을] 향하고 한 번은 등을 지는 것을 따르니, 이것을 '천진'이라고 합니다. 언덕과 물과 연못은 또한 앞뒤와 좌우의 이로움이 있으니, 이것을 '지진'이라고 합니다. 수레를 쓰거나 말을 쓰고, 문치를 사용하거나 무력을 사용하니[167], 이것을 '인진'이라고 합니다."

무왕이 말했다.

"훌륭하십니다!"

武王問太公曰: "凡用兵為天陳, 地陳, 人陳, 奈何?"

太公曰: "日月星辰, 斗杓, 一左一右, 一向一背, 此爲天陳; 丘陵水泉, 亦有前後左右之利, 此爲地陳; 用車用馬, 用文用武, 此爲人陳."

武王曰: "善哉!"

---

166) 원문의 '두표斗杓'를 번역한 것으로, 국자 모양의 별인 북두칠성北斗七星의 북두병北斗柄을 말한다. 옥형玉衡과 개양開陽, 요광搖光 등 세 별로 이루어져 있다.

167) 원문의 '용문용무用文用武'에서 '용문'은 무기를 사용하지 않는 회유책이나 이간책 등이고, '용무'는 무력이나 무기를 사용하라는 의미다.

제33편 질전疾戰: 빠르게 싸워라

【해설】

이 편은 용맹하고 빠른 전투의 중요성을 다루고 있는데, 특히 군대가 곤궁한 상황에 처했을 때 어떻게 벗어나느냐 하는 문제와 앞뒤로 오도 가도 못하는 포위된 상황과 적이 군량 길을 끊었을 때인 심각한 상황에서 전세를 역전시켜 어떤 방식으로 적을 제압하는가 하는 것을 다루고 있다. 편폭은 매우 짧다.

곤경 시 대비하는 법

무왕이 태공에게 물었다.

"적군이 아군을 에워싸서 아군의 앞과 뒤를 끊어버리고 아군의 군량 길을 끊어버리면, 이를 어떻게 해야 합니까?"

태공이 대답했다.

"이것은 천하의 곤경에 처한 군대이니, 급히 쓰면 승리하고 느리게 쓰면 패배합니다. 이와 같으면 사무충진四武衝陳[168]을 만들어 무장한 전차와 날쌘 기병으로 저들의 군대를 놀라게 하고 혼란스럽게 하며 그들을 빠르게 공격하면 [아군이] 종횡무진으로 행군할 수 있습니다."

---

168) 원문의 '사무충진四武衝陳'은 아군의 병력을 내세워 네 부대로써 돌격하는데 앞과 뒤, 좌측과 우측 각각 한 부대씩 배치하는 진법을 가리킨다. 또한 네 대의 충거 혹은 무충거를 앞에 배치하고 뒤로는 병력을 따르게 하여 포위망을 무너뜨리는 전술을 뜻하기도 한다.

武王問太公曰:"敵人圍我, 斷我前後, 絶我糧道, 爲之奈何?"

太公曰:"此天下之困兵也, 暴用之則勝, 徐用之則敗. 如此者, 爲四武衝陳, 以武車驍騎驚亂其軍而疾擊之, 可以橫行."

포위망을 벗어나 승리하는 법

무왕이 물었다.

"만약에 이미 포위된 땅을 벗어나고 이 여세를 타[169] 승리하려고 하면, 이를 어떻게 해야 합니까?"

태공이 대답했다.

"왼쪽 군대는 빨리 왼쪽으로 가고 오른쪽 군대는 빨리 오른쪽으로 가서 적군과 길을 다투지 말고, 가운데 군대가 번갈아 나아가고 번갈아 뒤로 물러나게 하면 적이 아무리 많더라도 저들의 장수는 달아날 것입니다."

武王曰:"若已出圍地, 欲因以爲勝, 爲之奈何?"

太公曰:"左軍疾左, 右軍疾右, 無與敵人爭道, 中軍迭前迭後, 敵人雖衆, 其將可走."

---

169) 원문의 '인因'을 번역한 것으로 '인하여'라는 축자역이 있으나 문맥적 의미를 확장하여 '그 여세를 타'라고 번역했다.

제34편 필출必出: 반드시 벗어나라

【해설】

이 편은 앞 편과 자매 편 격으로, 포위된 곳에서 벗어나는 방법을 다루고 있다. 일단 주도면밀함과 합리적인 방법을 통해 적의 허점을 빠르고 강력하게 타격하는 것이 중요하며, 포위망을 벗어나 교묘한 병력 배치 과정을 통해 적의 추격을 피하기 위한 사즉생死則生의 전략도 제시한다. 심지어 자신의 치중과 식량 등도 불태우는 일종의 파부침주破釜沈舟 전술도 중요하다는 점을 강조하고 있다. 본문의 중간 부분에 "반드시 벗어나는 방도는 병기를 보배로 삼고 용감하게 싸우는 것을 첫째로 삼는 것이다〔必出之道, 器械爲寶, 勇鬪爲首〕."라는 것도 군사를 부리는 원칙 중 하나다.

끊어진 군량 길을 벗어나는 법

무왕이 태공에게 물었다.

"군대를 이끌고 제후의 땅에 깊숙이 쳐들어갔는데, 적군이 사방에서 모여 아군을 에워싸서 아군의 돌아갈 길을 끊고 아군의 군량 길을 끊어버렸으며, 적군은 이미 [무리가] 많고 양식은 매우 풍족하며 지형은 가파르고 험하면서도 견고할 경우에, 아군이 반드시 벗어나고자 하면, 이를 어떻게 해야 합니까?"

태공이 대답했다.

"반드시 벗어나는 방도는 병기를 보배로 삼고 용감하게 싸우는 것을 첫째로 삼는 것입니다. 적군의 텅 비거나 공허한 곳을 살펴 알면 반드시 벗어날 수 있습니다.

사인[170]들에게 검은 깃발을 지니고 병기를 붙잡게 하며 재갈을 물려[171] 밤에 출동시킵니다. 용맹하고 힘세며 날개를 단 듯 발로 뛰어 [적진을] 무릅쓰고 적장을 잡을 수 있는 병사는 앞에 머물면서 보루를 만들 땅을 평평하게 하여 군대를 위해 길을 열어주고, 용감하고 무예가 뛰어난 병사들은 강한 쇠뇌를 지니고 복병이 되어 뒤에 머물며, 약한 병졸과 전차 부대와 기마 부대는 중간에 머물게 합니다. 진영의 배치가 끝나면 천천히 행군하여 신중하게 [적을] 놀라지 않도록 해야 합니다. 큰 방패를 설치한 충거(武衝扶胥)를 지니고 앞뒤에서 [적을] 막아 지키고 창을 설치한 대형 병사용 수레(武翼大櫓)로서 왼쪽과 오른쪽을 방비하게 합니다.

 만일 적군이 놀라면, 용감한 힘으로 [적진을] 무릅쓰고 적의 장수를 공격할 수 있는 병사들이 빠르게 공격하면서 앞으로 가고, 약한 병졸과 전차 부대와 기마 부대는 그 뒤를 이어가며, 뛰어난 병사들은 강한 쇠뇌를 지니고 몰래 숨어있습니다. 적군이 아군을 쫓아오는지를 살핀 뒤에, 복병이 적의 후미를 빠르게 공격하게 하고 그들에게 횃불과 북을 많이 보이게 하여 [아군이] 마치 땅에서 나오는 듯하게 하고, 하늘에서 내려온 듯하게 하여 삼군이 용감하게 싸우면, 아무도 아군을 막을 수 없을 것입니다."

武王問太公曰: "引兵深入諸侯之地, 敵人四合而圍我, 斷我歸道, 絕我糧食, 敵人旣衆, 糧食甚多, 險阻又固, 我欲必出, 爲之奈何?"

---

170) 원문의 '사인士人'은 사대부의 의미가 아니고 군대의 장교를 지칭한다.
171) 원문의 '함매銜枚'는 군대가 행진할 때 적군에게 발각되지 않도록 하려고 막대 따위를 병사의 입에 물리는 것을 말한다.

太公曰:"必出之道, 器械為寶, 勇鬪為首. 審知敵人空虛之地, 無人之處, 可以必出. 將士人持玄旗, 操器械, 設銜枚, 夜出. 勇力, 飛足, 冒將之士居前, 平壘為軍開道; 材士強弩為伏兵居後, 弱卒車騎居中. 陳畢徐行, 慎無驚駭. 以武衝扶胥前後拒守, 武翼大櫓以備左右. 敵人若驚, 勇力, 冒將之士疾擊而前, 弱卒車騎以屬其後, 材士強弩隱伏而處. 審候敵人追我, 伏兵疾擊其後, 多其火鼓, 若從地出, 若從天下, 三軍勇鬪, 莫我能禦."

막힌 길을 벗어나는 방법

무왕이 물었다.

"앞쪽으로는 큰 강물과 넓은 참호[172]와 깊은 구덩이가 있어 아군이 넘어 건너려고 하나 배와 노가 준비되어 있지 않고, 적군이 보루에 주둔하고 있어 아군의 앞을 막아 아군이 돌아갈 길을 막아버리고, [적의] 척후병이 항상 경계하며 험준한 요새를 모두 지키고 있으며, 전차와 기병은 아군 앞을 끊고 적의 용감한 병사들은 아군의 뒤를 몰래 공격하면, 이를 어떻게 해야 합니까?"

태공이 대답했다.

"큰 강물과 넓은 참호와 깊은 구덩이는 적군이 지키지 않는 곳이고, 간혹 그곳을 지키더라도 그 병졸은 반드시 적을 것입니다. 이와 같으면 비강이나 도르래가 달린 천황으로 아군을 건너도록 합니다.

---

[172] 원문의 '광참廣塹'을 번역한 것으로 '참塹'은 해자垓字와 같다. 적들의 침입을 막으려고 성 주변의 땅을 파서 물이 흐르게 만드는 것이다.

용감하고 힘세며 뛰어난 병사들은 내(장군)가 가리키는 바를 따라 나아가 적과 충돌하고 진지를 끊어서 모두가 그 죽을힘을 다하게 해야 합니다.

우리의 치중거를 먼저 불사르고 우리의 군량미를 불태우며[173] 벼슬아치와 병사들에게 분명하게 용감하게 싸우면 살고 용감하게 싸우지 않으면 죽을 것이라고 고합니다.

이미 [포위망에서] 벗어났으면 아군의 종군踵軍에게는 불을 설치하고 척후병을 멀리 보내되 반드시 초목과 언덕과 무덤과 가파르고 험한 곳에 기대게 하면, 적군의 전차와 기병들이 반드시 감히 멀리 추격하거나 길게 몰고 오지 못할 것입니다. 인하여 불로 신호하여 먼저 출동한 자들에게 불이 있는 곳에 오게 하여 멈추고, 사무충진을 만들게 해야 합니다. 이와 같이 하면 우리 삼군이 모두 날래고 용감하게 싸워 아무도 우리를 제지할 수 없을 것입니다."

무왕이 말했다.

"훌륭하십니다!"

武王曰: "前有大水廣塹深坑, 我欲踰渡, 無舟楫之備, 敵人屯壘, 限我軍前, 塞我歸道, 斥候常戒, 險塞盡中, 車騎要我前, 勇士擊我後, 為之奈何?"

---

173) 이 구절은 손자가 한 "장수가 병사들과 함께 결전을 벌이고자 한다면 마치 높은 곳에 올라가 그 사다리를 치워버리는 것처럼 한다. 장수가 병사들과 제후의 땅에 깊이 들어가는 것은 [마치] 쇠뇌를 격발하는 것처럼 하고, 배를 불사르고 솥단지를 깨뜨려버린다(帥與之期, 如登高而去其梯. 帥與之深入諸侯之地, 而發其機, 焚舟破釜)."(《손자병법》〈구지九地〉편)라는 말을 떠올리게 한다. 즉, 병사들을 때로는 사지死地에 내몰아 도망칠 수 있는 여지를 없애서 승리를 쟁취하라는 말이다.

太公曰:"大水,廣塹,深坑,敵人所不守;或能守之,其卒必寡.若此者,以飛江,轉關與天潢以濟吾軍.勇力材士從我所指,衝敵絕陳,皆致其死.先燔吾輜重,燒吾糧食,明告吏士:勇鬥則生,不勇則死.已出者,令我踵軍設雲火遠候,必依草木,丘墓,險阻,敵人車騎必不敢遠追長驅.因以火為記,先出者令至火而止,為四武衝陳.如此,則吾三軍皆精銳勇鬥,莫我能止."

武王曰:"善哉!"

제35편 군략軍略: [행군하는] 군대의 모략

【해설】

이 편은 군대가 행군함에 있어서 모략의 중요성을 강조한 것으로 모략을 먼저 정하고 나서 행군시킬 것을 다루고 있다. 실제 내용은 작전할 때 사용하는 기계나 장비를 다룬 것이다. 즉, 기계와 장비가 없거나 군대의 돌발적인 상황에서 어떤 대응 방식으로 벗어나야 하는지 등 다양한 상황에서의 전투 대비법을 논하고 있다. 성을 공격하거나 고을을 포위할 때 쓰는 장비와 성안을 시찰할 때 쓰는 장비, 도랑과 참호를 건너거나 넘어갈 때 쓰는 장비, 혹은 큰 강물을 건너갈 때 쓰는 도구나 물결을 거슬러 올라갈 때 쓰는 장비 등 열아홉 가지 종류를 구체적인 용례를 들어 상황에 들어맞게 사용해야 한다는 점을 강조하고 있다.

다양한 상황에서의 전투 대비법

무왕이 태공에게 물었다.

"군대를 이끌고 제후의 땅에 깊숙이 쳐들어가서 깊은 시내와 큰 골짜기와 가파르고 험한 물을 마주쳐 우리 삼군이 미처 다 건너가지도 못했는데, 하늘에서 사나운 비가 내려 흐르는 물이 크게 불어나 뒤에 있는 부대가 앞에 있는 선두 부대와 이어지지 못했으며, 미처 배와 교량의 대비마저 없고, 게다가 [먹을] 물과 여물도 없으니, 이런 경우에 우리가 다 건너가 삼군이 꾸물대거나 머물지 않고자 하면, 이를 어떻게 해야 합니까?"

태공이 대답했다.

"무릇 군사를 거느리고 무리를 이끌 때는, 생각이 먼저 세워지지 않고 장비가 갖춰지지 않으며 가르침이 원래 미덥지 않고 사졸들이 익히지 않았다면, 이와 같은 경우는 왕 노릇 하는 자의 군대라고 할 수 없습니다.

무릇 삼군이 전쟁이 있을 때는 [각종] 장비를 익숙하게 쓰지 못하는 일이 없어야 합니다. [적의] 성을 공격하고 고을을 포위할 때는 분온[174]과 임충[175]이 [쓸모] 있고, 적의 성안을 시찰할 때는 운제[176]와 비루[177]가 있으며, 삼군이 행군하거나 멈출 때는 무충[178]과 대로[179]가 있어 앞뒤에서 [적을] 막고 지키고, [적의] 길을 끊어버리고 큰길을 끊어버릴 때는 뛰어난 병사가 강한 쇠뇌로 두 곁을 호위하며, 진영과 보루를 설치할 때는 천라와 무락[180], 행마와 질려가 있고, 대낮에는 운제에 올라가 저 멀리 바라보면서 오색 깃발을 세워놓고 밤중에는 횃불 만 개를 사용하며, 뇌고[181]를 치고 작은북과 방울[182]

---

174) 원문의 '분온轒轀'은 판자와 소의 가죽을 두른 네 바퀴의 장갑차裝甲車로, 주로 적의 화살이나 돌덩이 및 불 따위의 공격을 대비하는 데 쓰인다. 《손자병법》〈모공謀攻〉편에 "성을 공격하는 방법은 어쩔 수 없는 경우에 사용하는데, 노櫓(망루에 걸친 공성용 전차)와 분온轒轀(가죽으로 무장한 공성용 전차)을 수리하고 기구를 갖추는 데에만 석 달이 지나서야 완성된다(攻城之法, 爲不得已, 修櫓轒轀具器械, 三月而後成)."라는 문장을 염두에 두고 읽어보아야 한다.
175) 원문의 '임충臨衝'은 위에서 아래를 내려다볼 수 있는 기계를 의미한다.
176) 원문의 '운제雲梯'는 구름사다리를 말하며 적군의 성벽을 무너뜨리는 데 쓰인다.
177) 원문의 '비루飛樓'는 망루이긴 한데 날아오르는 화살을 막는 방패의 일종이다. 높이 올라가 움직이면서 사방을 멀리까지 관찰할 수 있는 장비다.
178) 원문의 '무충武衝'은 장갑차의 일종이다.
179) 원문의 '대로大櫓'는 '대순大楯'이란 큰 방패를 말한다.
180) 원문의 '무락武落'은 호랑이를 막는 울타리를 말한다.

을 울리며 명가[183]를 불고, 도랑과 참호를 건너고 넘어갈 때는 비교와 전관 및 녹로와 서어가 있으며, 큰 강물을 건너갈 때는 천황과 비강이 있고, 물결을 거슬러 위로 올라갈 때는 부해와 절강[184]이 있습니다. 삼군이 쏠 것이 갖추어지면 우두머리 장수가 무슨 걱정을 하겠습니까?"

武王問太公曰: "引兵深入諸侯之地, 遇深溪, 大谷, 險阻之水, 吾三軍未得畢濟, 而天暴雨, 流水大至, 後不得屬於前, 無有舟梁之備, 又無水草之資, 吾欲畢濟, 使三軍不稽留, 為之奈何?"

太公曰: "凡帥師將眾, 慮不先設, 器械不備, 教不素信, 士卒不習, 若此, 不可以為王者之兵也. 凡三軍有大事, 莫不習用器械. 若攻城圍邑, 則有轒輼, 臨衝; 視城中, 則有雲梯, 飛樓; 三軍行止, 則有武衝, 大櫓前後拒守; 絕道遮街, 則有材士, 強弩(衝)[衛]其兩旁; 設營壘, 則有天羅, 武落, 行馬, 蒺藜; 晝則登雲梯遠望, 立五色旗旌, 夜則設雲火萬炬, 擊雷鼓, 振鼜鐸, 吹鳴笳; 越溝塹, 則有飛橋, 轉關, 轆轤, 鉏鋙; 濟大水則有天潢, 飛江; 逆波上流, 則有浮海, 絕江. 三軍用備, 主將何憂?"

---

181) 원문의 '뇌고雷鼓'는 우레가 들리는 듯하는 큰북을 의미한다. 일설에는 직경이 여덟 자로 팔면八面으로 된 북이라고 한다.
182) 원문의 '비탁鼜鐸'인데, '비'는 말에 다는 작은북이고 '탁'은 말에 달고 다니는 북 또는 방울의 일종이다.
183) 원문의 '명가鳴笳'는 갈대나 풀잎을 말아서 부는 피리로서 애절한 소리가 난다.
184) 원문의 '부해浮海'와 '절강絕江'은 배를 젓는 노[櫓]인데, 배의 끝부분에 장치한 것이다. 선박의 일종으로 해석하는 설도 있다.

제36편 임경臨境: 국경에 다다르다

【해설】

이 편은 아군이 적군과 국경에서 맞서 버티려고 할 때, 그 형세가 비슷할 때 어떤 방식으로 적을 쳐부수는지를 다룬 것이다. 첫 단락에서는 병력을 셋으로 분산시켜 전방 부대와 후방 부대에 수비를 증강하고 식량을 다량으로 확보하여 적이 우리의 안쪽 상황을 예측하지 못하도록 한 다음에 정예 부대를 출동시켜 몰래 치는 전술을 말하고 있다. 두 번째 단락에서는 좀 더 교묘한 모략을 짜서 적을 계속 괴롭히고 피곤하게 만든 다음에 적의 안쪽과 바깥쪽을 동시에 공격하는 전술을 말하고 있다.

우리의 실정을 감춰라

무왕이 태공에게 물었다.

"아군이 국경에 다다라 적군과 맞서 버티고 있는데, 저들이 쳐들어올 수 있고 우리가 쳐들어갈 수 있으며, [양쪽] 진영이 모두 견고하여 아무도 함부로 먼저 일으키거나 움직일 수 없습니다. 아군이 몰래 치려고 하면 적군도 몰래 칠 수 있으니, 이를 어떻게 해야 합니까?"

태공이 대답했다.

"병력을 셋으로 분산시키고, 아군의 전방 부대에는 도랑을 깊이 파고 보루를 늘려서 짓고 출병하지 말게 하며, 깃발을 진열하고 작은북과 큰북을 쳐 완벽하게 지키게 합니다. 아군의 후방 부대에는 군량미를 많이 쌓아두게 하면서도 적군에게는 아군의 의중을 알지 못하게 합니다. 우리의 정예병을 출동시켜 적의 한가운데를 몰래 숨어서 습격해서, 적이 생각하지 못한 곳을 공격하고 적의 대비가 없는 곳을 공격하여[185], 적들이 아군의 정황을 알지 못하도록 하면, 멈추고 쳐들어오지 않을 것입니다."

武王問太公曰:"吾與敵人臨境相拒, 彼可以來, 我可以往, 陳皆堅固, 莫敢先擧. 我欲往而襲之, 彼亦可來, 爲之奈何?"
太公曰:"分兵三處, 令我[186]前軍, 深溝增壘而無出, 列旌旗, 擊鼙鼓, 完爲守備. 令我後軍, 多積糧食, 無使敵人知我意. 發我銳士, 潛襲其中, 擊其不意, 攻其無備, 敵人不知我情, 則止不來矣."

마음을 피로하게 하고 노약자를 활용하라

무왕이 물었다.

"적군이 아군의 정황을 알고 우리의 모략을 꿰뚫고 있어서, 우리가 움직이고 나면[187] 우리의 정황을 알게 되어, 정예 병사들을 깊은 풀숲에 몰래 숨겨놓고 아군의 좁은 길을 요격하고 아군의 편안한

---

185) 원문의 "격기불의擊其不意, 공기무비攻其無備"는 《손자병법》 〈계〉 편의 "그들이 방비하지 않은 곳을 공격하고, 그들이 생각하지 못한 곳으로 출격하라(攻其無備, 出其不意)."와 대단히 유사한 구절로 참조할 만하다. 즉, 적의 빈틈을 노려서 그곳을 찔러야 승산이 있다는 말이다.
186) 원문의 '아我'가 '군軍'으로 되어있는 판본도 있다.
187) 원문의 '이而'는 '즉則'과 같은 의미이므로 '~하면'이라고 하여 그 의미를 살려 번역했다.

곳을 공격하면, 이를 어떻게 해야 합니까?"

태공이 대답했다.

"아군의 전방 부대에는 날마다 출동하여 싸움을 걸거나 저들의 마음을 수고롭게 하고, 아군의 노약자들에게는 나뭇가지를 끌게 해서 먼지를 휘날리게 하고 북을 치고 함성을 지르면서 오가게 하며, 한편으로는 왼쪽으로 나가기도 하고 다른 한편으로는 오른쪽으로 나가기도 하며, 적과의 거리가 백 걸음을 넘지 않게 하면, 저들의 장수는 반드시 피로하고 저들의 병사는 반드시 놀라게 됩니다. 이와 같이 하면 적이 감히 쳐들어오지 못하게 됩니다. 아군은 진격하는 것을 멈추지 않게 되어 한편으로는 저들의 안쪽을 몰래 공격하고, 다른 한편으로는 저들의 바깥쪽을 공격하면서 삼군이 빠르게 싸우면, 적들이 반드시 패하게 될 것입니다."

武王曰:"敵人知我之情, 通我之謀, 動而得我事, 其銳士伏於深草, 要隘路, 擊我便處, 為之奈何?"

太公曰:"令我前軍日出挑戰, 以勞其意; 令我老弱, 拽柴揚塵, 鼓呼而往來, 或出其左, 或出其右, 去敵無過百步, 其將必勞, 其卒必駭. 如此則敵人不敢來. 吾往者不止, 或襲其內, 或擊其外, 三軍疾戰, 敵人必敗."

제37편 동정動靜: 움직임과 고요함

【해설】

이 편 역시 앞 편에 이어 전세가 비슷한 아군과 적군이 맞서 버티는 상황에서 어떻게 적을 쳐부술 수 있는지를 다루고 있다. 전력이 비슷하면 서로 간에 경거망동하지 않아 변동이나 진전이 없는 상태가 지속되는 상황이 바로 '정精'이고, 결국 쌍방이 교전할 때 계책이나 책략이 뛰어난 쪽이 우회하여 몰래 숨겨두는 등의 방법으로 적진 깊숙이 쳐들어가 포위하여 적을 무너뜨리는 것이 바로 '동動'이다. 이 편의 후반부는 상심하고 두려움에 빠진 아군이 난관을 극복하고 승리하는 전술을 다루고 있는데, 여기서도 상대의 예측을 벗어난 우회의 전략으로 대비하는 것이 필요함을 역설하고 있다.

기회를 틈타 적을 물리치는 법

무왕이 태공에게 물었다.

"군대를 이끌고 제후의 땅에 깊숙이 쳐들어가서 적과 맞서 버티면서 두 진영이 서로 마주하고 있는데, [병력의] 많고 적음과 강함과 약함이 서로 엇비슷하여 함부로 미리 출동하지 못하기에, 아군은 적군의 장수에게는 두렵게 하고 사졸들의 마음은 상하게 해서, 적의 진영이 견고하지 못하여 뒤쪽 진영은 도망가고자 하고 앞쪽 진영은 자주 돌아보게 하고 나서, 북치고 요란하게 떠들어대면서 이것을 틈타 적들이 마침내 달아나게 하려면, 이를 어떻게 해야 합니까?"

태공이 대답했다.

"이와 같으면 아군을 출발시키되 적과는 십 리의 거리를 두어 적의 양 곁에 몰래 숨겨놓고, 전차와 기병은 백 리의 거리를 두어 앞과 뒤로 배치하여, 그 깃발을 많이 두고 징과 북을 많이 죽 펼쳐두었다가, 전투가 벌어질 때 북을 치고 요란스럽게 떠들어대면서 함께 일어나면, 적의 장수는 반드시 두려워하고, 저들의 군대는 놀라 [병력이] 많든 적든 서로를 도와주지 못하고, 귀하든 천하든 서로를 기다리지 못하여, 적군은 반드시 패할 것입니다."

武王問太公曰:"引兵深入諸侯之地, 與敵之軍相當, 兩陳相望, 眾寡彊弱相等, 未敢先舉, 吾欲令敵人將帥恐懼, 士卒心傷, 行陳不固, 後陳欲走, 前陳數顧, 鼓譟而乘之, 敵人遂走, 為之柰何?"

太公曰:"如此者, 發我兵去寇十里而伏其兩旁, 車騎百里而越其前後, 多其旌旗, 益其金鼓, 戰合, 鼓譟而俱起, 敵將必恐, 其軍驚駭, 眾寡不相救, 貴賤不相待, 敵人必敗."

상심하고 두려운 아군이 승리하는 법

무왕이 물었다.

"적의 땅의 형세가 그 양쪽 곁에 몰래 숨겨둘 수 없고, 전차와 기병도 그 앞쪽과 뒤쪽을 넘지 못하며, 적이 우리의 계획을 알아 먼저 대비하게 되면, 우리 사졸들이 마음속으로 상심하고, 장수들도 두려워해서 싸운다고 해도 이기지 못할 텐데, 이를 어떻게 해야 합니까?"

태공이 대답했다.

"신묘하십니다, 왕의 질문이여! 이와 같으면 전쟁하기에 앞서 닷새 전에 아군의 척후병을 멀리 보내 적의 움직임을 살핍니다. 저들이 쳐들어오는 것을 자세히 살피고 [아군을] 몰래 숨겨두고 저들을 기다리면서, 반드시 사지에서 적과 서로 마주치게 합니다. 우리의 깃발을 멀리 세우고 우리의 진영을 벌려 배치하는데, 반드시 적진의 앞쪽으로 뛰쳐나가 적과 서로 마주치게 하며, 전투가 벌어졌을 때 달아나도 징을 쳐도 멈춤이 없습니다. 삼 리에서 되돌아서서 숨겨둔 병사들이 곧 일어나서 한편으로는 적의 양쪽을 무찌르고, 다른 한편으로는 적의 앞쪽과 뒤쪽을 공격하는데, 삼군이 빠르게 싸우면, 적군이 반드시 달아날 것입니다."

무왕이 말했다.

"훌륭하십니다!"

武王曰: "敵之地勢, 不可以伏其兩旁, 車騎又無以越其前後, 敵知我慮, 先施其備, 我士卒心傷, 將帥恐懼, 戰則不勝, 爲之奈何?"

太公曰: "微哉王之問也! 如此者, 先戰五日, 發我遠候, 往視其動靜. 審候其來, 設伏而待之; 必於死地, 與敵相遇. 遠我旌旗, 疏我行陳. 必奔其前, 與敵相當, 戰合而走, 擊金無止. 三里而還, 伏兵乃起, 或陷其兩旁, 或擊其前後, 三軍疾戰, 敵人必走."

武王曰: "善哉!"

제38편 금고金鼓: 징과 북

【해설】

북을 치면 공격하고 징을 치면 퇴각하는 의미인데, 제목과 달리 징과 북에 대해 어떤 내용도 들어있지 않다. 오히려 적군과 아군이 맞서 버티고 있을 때 적의 몰래 치는 것을 어떻게 대비하고, 한 걸음 더 나아가 승세를 타서 역으로 공격하여 적에게 타격을 입히는 문제에 대한 구체적인 방법을 다루고 있어, 제목과 내용이 일치하지 않는 편명이다. 척후병의 물샐틈없는 경계 태세와 절대 방심하거나 게으르지 않은 대비 태세가 우선시되어야 하고, 적의 복병을 경계하는 것도 잊지 말라고 한다.

적이 힘을 다하게 하고 피곤하게 하라

무왕이 태공에게 물었다.

"군대를 이끌고 제후의 땅에 깊숙이 쳐들어가서 적과 서로 마주쳤는데, 날이 대단히 춥거나 매우 더우며, 밤낮으로 장맛비도 열흘 동안 그치지도 않고, 도랑과 보루가 모두 허물어지며, 좁은 요새는 지켜지지 못하고, 척후병들은 게을러지며, 사졸들은 경계하지도 않는데, 적이 밤에 쳐들어왔을 때 삼군이 대비하지 못해서 위아래가 어찌할 줄 몰라 혼란에 빠지게 되면, 이를 어떻게 해야 합니까?"

태공이 대답했다.

"무릇 삼군은 경계함으로써 견고해지고 게으름으로써 패배하게 됩니다. 우리의 보루 위에서는 누구인지 묻는 소리가 끊이지 않게 하고, 사람마다 깃발을 잡고 안팎이 서로 바라보게 하며, 호령으로

서로 명령하여 소리가 끊이지 않게 하고, [병사들이] 모두 밖을 향하도록 해야 합니다. 삼천 명을 한 진영으로 만들어 경계하면서 그것을 약조하여 제자리를 신중하게 지키도록 해야 합니다. 적군이 만일 쳐들어와서 우리 군대의 경계 태세를 [직접] 보게 되면 반드시 되돌아갈 것이니, [적의] 힘이 다하고 사기가 느슨해지면 우리의 정예 병사를 출발시켜 따라가서 그들을 공격합니다."

武王問太公曰: "引兵深入諸侯之地, 與敵相當, 而天大寒甚暑, 日夜霖雨, 旬日不止, 溝壘悉壞, 隘塞不守, 斥候懈怠, 士卒不戒, 敵人夜來, 三軍無備, 上下惑亂, 爲之奈何?"
太公曰: "凡三軍, 以戒爲固, 以怠爲敗. 令我壘上, 誰何不絶, 人執旌旗, 外內相望, 以號相命, 勿令乏音, 而皆外向. 三千人爲一屯, 誡而約之, 各慎其處. 敵人若來, (親)[視]我軍之警戒, 至而必還, 力盡氣怠, 發我銳士, 隨而擊之."

복병을 조심하라

무왕이 물었다.

"적군이 우리가 그들을 따라가는 것을 알고, 그들의 정예 병사를 몰래 숨겨놓고 거짓으로 달아나다가, [우리가] 저들의 복병이 있는 곳에 이르면 [저들이] 되치기해서, 한편으로는 우리의 앞쪽을 공격하고, 다른 한편으로는 우리의 뒤쪽을 공격하기도 하고, 또 다른 한편으로는 우리의 보루를 핍박한다면, 우리 삼군이 크게 두려워서 어수선하고 야단스럽게 질서를 잃어 있어야 할 곳을 벗어나게 될 텐데, 이를 어떻게 해야 합니까?"

태공이 대답했다.

"세 부대로 나누어 그들을 따라가서 추격하면서도, 그들이 몰래 숨겨둔 곳을 넘어가지 말아야 합니다. 세 부대가 모두 도착하여 한편으로는 저들의 앞쪽과 뒤쪽을 공격하고, 다른 한편으로는 저들의 양쪽 곁을 무찌르며, 분명하게 호령하고 자세히 명령하며 빠르게 공격하면서 나아가면, 적군이 반드시 패배할 것입니다."

武王曰: "敵人知我隨之, 而伏其銳士, 佯北不止, 過[188]伏而還, 或擊我前, 或擊我後, 或薄我壘. 吾三軍大恐, 擾亂失次, 離其處所, 為之奈何?"

太公曰: "分為三隊, 隨而追之, 勿越其伏. 三隊俱至, 或擊其前後, 或陷其兩旁, 明號審令, 疾擊而前, 敵人必敗."

---

188) '우遇' 자로 쓰인 판본도 있다.

제39편 절도絕道: [적군이] 길을 끊는다면

【해설】

이 편은 아군이 적국의 국경 내로 진입했는데 적에게 군량 길이 끊기게 되는 상황이 생기게 되면 반드시 지형을 잘 살펴 대응하는 것이 우선이라고 하면서 구체적인 산림의 험준함이라든지 지리적 이점을 파악하는 대응 전략이 절실함을 말하고 있다. 이는 당시 전쟁이 대부분 땅 위에서 전개되기에 지형의 이점을 살리면서 실제 전술의 원칙을 지형에 맞게 해야 한다는 점을 말하고 있다. 아울러 척후병의 실책을 만회하는 법이라든지 군대 앞뒤의 연락 관계가 단절되지 않도록 하여 긴급 상황에서 서로 구조할 수 있는 연계망도 필요하다고 강조하고 있다.

지형의 이점을 살펴라

무왕이 태공에게 물었다.

"군대를 이끌고 제후의 땅에 깊숙이 쳐들어가서 적과 맞서 버티고 있을 때, 적들이 우리의 군량 길을 끊고 또 우리의 앞과 뒤를 넘어와서, 우리가 싸우려고 하면 이길 수 없고, 지키려고 해도 오래가지[189]

---

189) 원문의 '구久'를 번역한 것으로 '오래가다'라는 의미다. 즉, 당시 전쟁의 동원 규모가 방대하고 적국 깊이 들어가 후방과 멀리 떨어지게 되면, 군량과 보급에 문제가 생겨 맞서 버티는 국면이 오래 지속될 수밖에 없는데 그러면 반드시 나라는 피폐해지고 백성은 궁핍해진다는 의미를 담고 있다. 손자도 《손자병법》〈작전作戰〉편에서 "전쟁은 승리하는 것을 귀하게 여기지 오래 끄는 것을 귀하게 여기지 않는다(兵貴勝, 不貴久)."라는 말을 통해 전쟁의 속전속결을 강조했다.

못할 것이니, 이를 어떻게 해야 합니까?"

태공이 대답했다.

"무릇 적들의 땅에 깊숙이 쳐들어갈 때는 반드시 땅의 형세를 살펴 편리한 곳을 찾는데 힘써야 합니다. 산림과 가파르고 험한 곳과 샘물과 숲이 있는 곳에 기대어 그것들을 견고하게 하고 관문의 요새와 교량을 경계하여 지키며, 또한 성과 고을, 구릉과 묘지 지형의 이로움을 알아야 합니다. 이와 같이 하면 우리 군대가 굳건해져, 적들이 우리의 군량 길을 끊지 못하고, 또 우리의 앞쪽과 뒤쪽으로 넘어올 수 없을 것입니다."

武王問太公曰:"引兵深入諸侯之地, 與敵相守, 敵人絶我糧道, 又越我前後, 吾欲戰則不可勝, 欲守則不可久, 爲之奈何?"

太公曰:"凡深入敵人之地, 必察地之形勢, 務求便利. 依山林險阻水泉林木而爲之固, 謹守關梁, 又知城邑, 丘墓地形之利. 如是, 則我軍堅固, 敵人不能絶我糧道, 又不能越我前後."

척후병의 실책을 만회하는 법

무왕이 물었다.

"우리 삼군이 큰 숲과 넓은 못과 평이한 땅을 지나갈 때, 우리의 척후병이 실수하여 갑자기 적들과 서로 치고받게 되었는데, 싸운다고 해서 이기지 못하고 지키려고 해도 견고하지 못하여, 적들이 우리 진영의 양 곁을 포위하여 치고 우리의 앞뒤로 넘어와 삼군이 대단히 두려워한다면, 이를 어떻게 해야 합니까?"

태공이 대답했다.

"무릇 군사를 거스리는 방법은 마땅히 먼저 척후병을 멀리까지 출발하게 하되, 적진에서 이백 리 떨어지게 하고, 적들이 있는 곳을 자세히 살피도록 합니다. 땅의 형세가 이롭지 않으면 무충거武衝車를 보루로 삼아 나아가고, 또 두 종군을 뒤에 배치하되, 멀리 있는 자는 백 리 앞에 있게 하고, 가까이 있는 자는 오십 리 앞에 있게 하여, 만일 다급한 경보가 있을 경우 앞과 뒤가 서로 돕게 합니다. 우리 삼군은 늘 완벽하고 견고하므로 반드시 허물어지거나 상처 입는 일이 없을 것입니다."

무왕이 말했다.

"훌륭하십니다!"

武王曰:"吾三軍過大陵廣澤平易之地, 吾盟誤失, 卒與敵人相薄, 以戰則不勝, 以守則不固, 敵人翼我兩旁, 越我前後, 三軍大恐, 為之奈何?"

太公曰:"凡帥師之法, 當先發遠候, 去敵二百里, 審知敵人所在. 地勢不利, 則以武衝[190]為壘而前, 又置兩踵軍於後, 遠者百里, 近者五十里, 即有警急, 前後相救. 吾三軍常完堅, 必無毀傷."

武王曰:"善哉!"

---

190) 원문의 '형衡' 자를 '위衛' 자로 교열했다.

제40편 약지略地: 적지를 공략하다

【해설】

이 편에서는 전투에서 이겨 적지에 침투하고 적의 땅을 공략하는 전술 중에서 특히 공성전을 다루고 있다. 우선 사전 정비 작업으로 적의 안과 밖의 연락을 차단하여 성안의 적이 후방으로부터 식량을 보급받지 못하도록 해서 공포감을 유발한다. 그다음으로는 성안에 있는 적의 기동력 강한 병사들을 밖으로 내보내고 아군을 출동시켜 그들을 섬멸한다. 그러고는 확전을 삼가고 신중하라는 '신물여전愼勿與戰'의 원칙을 통해 성안에 남아있는 늙고 힘없는 자들은 공격하지 않고 내버려두면서 결국 마음에서 복종하게 만드는 '천하화복天下和服'의 전술을 말한다. 전쟁은 잔혹한 일로서 군대가 어디에 있든 반드시 재앙이 따르게 되며 모든 것이 황폐해질 수밖에 없다는 논지는 이 편에서도 예외 없이 적용되기에 이런 원칙들이 유효하게 다가오는 것이다.

군량 길을 차단하라

무왕이 태공에게 물었다.

"전투에서 이겨 [적지] 깊숙이 쳐들어가 저들의 땅을 공략했지만, 큰 성이 있어 무너뜨릴 수 없고, 적의 별도의 군대가 험준한 곳을 지키면서 우리와 맞서 버티어, 우리가 성을 공격하고 고을을 포위하려고 하지만, 적의 별도의 군대가 갑자기 와서 우리를 공격함에 안팎으로 서로 힘을 합쳐 우리의 안팎을 공격하면, 삼군이 대단히 어지럽고 위아래가 두려워하고 놀라게 될 텐데, 이를 어떻게 해야 합니까?"

태공이 대답했다.

"무릇 성을 공격하고 고을을 에워쌀 때는 전차와 기병이 반드시 멀리 가서 주둔하여 호위하고 경계하면서 저들의 안팎을 막아야 합니다. 안에 있는 자들의 군량미가 끊기더라도 바깥쪽에서 보내오지 못하도록 하면, [성]안에 있는 사람들은 두려움에 떨어 저들의 장수는 반드시 항복할 것입니다."

武王問太公曰: "戰勝深入略其地, 有大城不可下, 其別軍守險與我相拒, 我欲攻城圍邑, 恐其別軍卒至而擊我, 中外相合擊我表裏, 三軍大亂, 上下恐駭, 為之奈何?"
太公曰: "凡攻城圍邑, 車騎必遠, 屯衛警戒, 阻其外內. 中人絕糧, 外不得輸, 城人恐怖, 其將必降."

승리해도 적에게 여지를 남겨두어라

무왕이 물었다.

"[성]안에 있는 자들의 식량이 끊겨도 바깥에서 보내올 수 없게 되면, [저들은] 몰래 약속하고 서로 은밀히 모의해서 밤에 출동하여 죽을힘을 다해 싸울 것이며, 저들의 전차와 기병의 정예 병사들이 한편으로는 우리의 안쪽을, 다른 한편으로는 우리의 바깥쪽을 공격하게 되면, 사졸들은 미혹되고 삼군은 패배하여 어지럽게 될 텐데, 이를 어떻게 해야 합니까?"

태공이 대답했다.

"이와 같은 상황에서는 마땅히 군대를 세 부대로 나누어 땅의 형세를 삼가 살펴보고 주둔시킵니다. 적들의 별도의 군대가 있는 곳을 살펴서 알고, 저들의 큰 성벽과 별도의 보루에 [빠져나갈 수 있는] 새어나갈 수 있는 흠결이 있는 길을 두어, 이익으로 저들의 마음을 이롭게 하되 삼가 방비하여 놓치지 않습니다. 적들은 두려워하여 산속으로 들어가거나 곧장 큰 고을로 돌아가고 적의 별도의 군대도 달아날 것입니다. [우리의] 전차와 기병이 저들의 앞을 멀리 요격하여 새어나가거나 벗어나지 못하게 합니다.

[성]안에 있는 자들 가운데 먼저 빠져나온 자들은 그 지름길을 얻었다고 생각하여, 저들의 훈련된 병졸과 용감하고 무예가 뛰어난 병사들은 반드시 빠져나가고, 저들의 늙고 약한 자들만 홀로 남게 될 것입니다. 우리의 전차와 기병이 깊숙이 쳐들어가 오래도록 휘몰아가면, 적들의 군대는 반드시 감히 오지 못할 것입니다. 신중하여 적과 싸우려 하지 말고, 저들의 군량 길을 끊어 에워싸고 그것을 지키면, 반드시 그 날짜를 질질 끌 수 있을 것입니다.

적이 쌓아둔 것을 태우지 말고, 적의 집을 허물지 말며, 무덤의 나무와 사당의 숲을 베지 말고, 항복한 자를 죽이지도 말며, 사로잡은 자들을 죽이지 말고, 그들에게 인의를 보이고 두터운 덕을 베풀어서, [적의] 병사와 백성이 말하기를 '죄는 한 사람[자신들의 왕]에게 있다.'라고 하여야 하니, 이와 같이 되면 천하가 온화하게 복속될 것입니다."

무왕이 말했다.

"훌륭하십니다!"

武王曰: "中人絕糧, 外不得輸, 陰為約誓, 相與密謀, 夜出窮寇死戰, 其車騎銳士或衝我內, 或擊我外, 士卒迷惑, 三軍敗亂, 為之奈何?"

太公曰: "如此者, 當分軍為三軍, 謹視地形而處. 審知敵人別軍所在, 及其大城別堡, 為之置遺缺之道, 以利其心, 謹備勿失. 敵人恐懼, 不入山林, 即歸大邑, 走其別軍. 車騎遠要其前, 勿令遺脫. 中人以為先出者得其徑道, 其練卒材士必出, 其老弱獨在. 車騎深入長驅, 敵人之軍必莫敢至. 慎勿與戰, 絕其糧道, 圍而守之, 必久其日. 無燔人積聚, 無壞人宮室, 塚樹社叢勿伐, 降者勿殺, 得而勿戮, 示之以仁義, 施之以厚德, 令其士民曰: '罪在一人.' 如此, 則天下和服."
武王曰: "善哉!"

제41편 화전火戰: 불로 싸워라

【해설】

이 편은 적이 화공을 할 때 아군이 어떤 방식으로 방어하는가 하는 방어 전술을 다루고 있다. 널리 알려진 《손자병법》의 〈화공火攻〉 편에서 '불로써 공격을 돕는(以火佐攻)' 공격형 전술과는 다른 내용이다. 우선, 적이 숲이 우거진 지대에 의지하여 화공을 할 때 아군 역시 적의 부대의 앞뒤에 불을 질러 적의 진입을 막으라는 병법을 제시한다. 뒷부분에는 '검게 탄 땅'이라고 번역되는 '흑지黑地'에서 적에게는 돌격 진영을 만들고 아군은 쇠뇌로 무장한 군대로 지켜야 한다는 점도 밝히고 있다.

화공 전술의 구체적인 방법

무왕이 태공에게 물었다.

"군대를 이끌고 제후의 땅에 깊숙이 쳐들어가서 깊고 우거진 풀숲이 우리 군대의 앞뒤와 왼쪽과 오른쪽을 둘러싼 지형을 만나고, 삼군이 수백 리를 행군하여 사람과 말이 모두 피로하여 쉬고 있습니다. 그런데 적들이 메마른 날씨와 빠른 바람의 이점을 틈타 우리의 진영을 불사르고, 적의 전차와 기병의 정예 병사들이 우리 뒤에 몰래 굳건하게 숨어있으면, 우리 삼군은 두려워하며 흩어지고 어지럽게 달아나게 될 텐데, 이를 어떻게 해야 합니까?"

태공이 대답했다.

"이와 같으면 구름사다리와 높은 망루로써 왼쪽과 오른쪽을 멀리 바라보고 앞뒤를 삼가서 살펴 불이 일어나는 것을 보면, 곧장 우리의 앞쪽을 불살라 불길이 넓게 번져나가게 하고 또 우리의 뒤쪽을 불사릅니다. 적들이 만일 이르더라도 곧 군대를 이끌고 물러날 것이니, [불에] 검게 탄 땅에 의지하여 굳게 주둔해 있으면 됩니다. 적들이 쳐들어오더라도 우리의 뒤에 있어서 불이 일어나는 것을 보고 반드시 또 달아날 것입니다. 우리가 검게 탄 땅에 의지하여 굳건히 주둔하면서 강한 쇠뇌와 뛰어난 병사들이 우리의 왼쪽과 오른쪽을 지키게 하고, 우리의 앞과 뒤를 또 불사르게 하면, 적이 우리를 해칠 수 없을 것입니다."

武王問太公曰: "引兵深入諸侯之地, 遇深草蓊穢, 周吾軍前後左右, 三軍行數百里, 人馬疲倦休止. 敵人因天燥疾風之利燔吾上風, 車騎銳士堅伏吾後, 吾三軍恐怖, 散亂而走, 為之奈何?"

太公曰: "若此者, 則以雲梯, 飛樓遠望左右, 謹察前後, 見火起, 即燔吾前而廣延之, 又燔吾後. 敵人若至, 則引軍而卻, 按黑地而堅處, 敵人之來, 猶在吾後, 見火起, 必還走. 吾按黑地而處, 強弩材士衛吾左右, 又燔吾前後. 若此, 則敵不能害我."

이기는 일도 지는 일도 없다

무왕이 물었다.

"적들이 우리의 왼쪽과 오른쪽을 불사르고 우리의 앞과 뒤를 또 불살라 연기가 우리 군대를 뒤덮었을 때, 저들의 큰 병력이 불탄 땅에 의지하여 일어나면, 이를 어떻게 해야 합니까?"

태공이 대답했다.

"이와 같으면 사무충진을 만들고 강한 쇠뇌로 무장한 군대로 우리의 왼쪽과 오른쪽을 돕도록 해야 합니다. 그 방법은 [서로] 이기는 일도 없고 지는 일도 없을 것입니다."

武王曰:"敵人燔吾左右, 又燔吾前後, 煙覆吾軍, 其大兵按黑地而起, 為之奈何?"

太公曰:"若此者, 為四武衝陳, 強弩翼吾左右. 其法無勝亦無負."

제42편 누허壘虛: [적의] 보루가 비어있다면

【해설】

이 편은 적의 보루의 허실虛實이 무엇인지 그 구체적인 상황 파악을 하고 나서 전쟁에 임해야 한다고 말하고 있다. 특히 적의 보루가 비어있다는 것을 알기 위한 구체적인 방법을 말하고 있는데, 아무 일도 하지 않고 아무 생각도 하지 않는 텅 비고 고요한 상태의 '허'가 과연 실제로 그러한 것인지 알아내야만 전쟁의 조건이 갖추어지는 것이다. 북소리나 방울소리, 심지어 새소리 등 적의 진영에 있는 자연적이든 비자연적이든 온갖 것에 대해 면밀한 관찰을 통해 적의 보루의 허점과 실질의 상황을 점검하여 철저하게 대비할 것을 말한다. 아주 사소한 단서도 적의 보루의 빈틈을 파악하는데 유효하다면 이를 통해 적을 간파하여 일거에 섬멸할 수 있는 것이다.

장수가 알아야 하는 세 가지

 무왕이 태공에게 물었다.
 "어떤 것으로써 적의 보루의 허점과 실질, 스스로 오고 스스로 가는 것을 알 수 있겠습니까?"
 태공이 대답했다.
 "장수는 반드시 위로는 하늘의 이치를 알고, 아래로는 땅의 이로움을 알며, 가운데로는 사람의 사안들을 알아야 합니다. 높은 곳에 올라가 내려다보아 적의 변화와 움직임을 관찰합니다. 적의 보루를 바라보면 적의 허점과 실질을 알고, 적의 사졸들을 바라보면 그들의 오거나 가는 것을 알 수 있습니다."

武王問太公曰: "何以知敵壘之虛實自來自去?"

太公曰: "將必上知天道, 下知地理, 中知人事. 登高下望, 以觀敵之變動. 望其壘, 卽知其虛實; 望其士卒, 則知其去來."

상대의 동정을 살펴라

무왕이 물었다.

"어떤 것으로 그것을 압니까?"

태공이 대답했다.

"저들의 북에서 소리가 없고, 방울에서 소리가 없으며, 바라보아 저들의 보루 위로 날아다니는 새가 많은데도 놀라지 않고[191], 위로 나쁜 기운이 없으면, 반드시 적이 속임수로 허수아비를 세워놓은 것임을 알 수 있습니다.

적들이 갑자기 떠났는데 멀어지지는 않고 안정되지 않았는데도 다시 돌아오는 것은 저들이 그들의 사졸들을 너무 성급하게 썼기 때문입니다. 사졸들을 너무 성급하게 쓰면 앞과 뒤가 서로 차례를 지키지 못하고, 앞과 뒤가 서로 차례를 지키지 못하면, 행군하는 진영이 반드시 어지러워집니다. 이와 같으면 [아군이] 급히 군대를 출동시켜 그들을 공격함에 있어, 적은 병력으로 많은 적을 공격하더라도 반드시 이길 것입니다."

---

191) 이 부분과 비교해서 읽으면 좋은 구절이 《손자병법》〈행군行軍〉편에서 "새들이 날아오르는 것은 [그 아래에] 복병이 있다는 것이다. 짐승들이 놀라 달아나는 것은 [적군이] 기습해오기 때문이다(鳥起者, 伏也; 獸駭者, 覆也)."가 있다.

武王曰:"何以知之?"

太公曰:"聽其鼓無音,鐸無聲,望其壘上多飛鳥而不驚,上無氛氣,必知敵詐而為偶人也. 敵人卒去不遠,未定而復返者,彼用其士卒太疾也; 太疾則前後不相次,不相次則行陳必亂. 如此者,急出兵擊之,以少擊眾,則必勝矣."

제5권

표도 豹韜

【해설】

5권은 행동이 재빠르고 용맹하며 예측 불가능한 표범[豹]으로 제목을 삼은 것으로, 〈임전林戰〉, 〈돌전突戰〉, 〈적강敵强〉, 〈적무敵武〉, 〈오운산병烏雲山兵〉, 〈오운택병烏雲澤兵〉, 〈소중少衆〉, 〈분험分險〉 등 여덟 편으로 구성되어 있다.

〈임전〉 편은 숲이 우거진 곳에서 적을 만나 전쟁하는 방법을 다루었다. 이어서 〈돌전〉 편은 적들의 생각하지 못한 공격을 대비하는 전술을 다루고 있으며, 〈적강〉 편은 강한 적과 싸울 때 기이한 계책을 통해 아군이 승리하는 법을 다루고 있다. 〈적무〉 편은 적진에서의 용감한 적군 대응법을 다룬 것으로 복병을 통한 탈출 방법을 제시하고 있다.

이 중에서 〈오운산병〉 편은 산지에 진을 칠 때의 진법을 다루고 있는데, 까마귀 떼처럼 하고 구름 모양의 진용을 갖추라고 말한다. 〈오운택병〉 편은 늪이나 진펄에서 적과 싸울 때의 임기응변 전략 등을 다루고 있는데, 질펀한 늪지에서의 전투는 상대를 공략하기가 결코 쉽지 않다는 점을 다루고 있다. 〈소중〉 편에서는 적은 병력으로 많은 적을 대응하는 전술을 다루고 있고, 마지막 편인 〈분험〉에서는 산과 물 등 험지에서의 대응법을 다루고 있다.

이 5권에서도 알 수 있듯이, 군사를 부리는 기본적인 서술 방식은 직면한 상황에 대한 즉각적인 대처가 가능한 실전 전술이 두루 망라되어 있다. 그 내용은 상당히 계획적이고 철저한 대비 방법이므로 병사를 다루는 장수라면 숙지해야 할 내용이 많다.

제43편 임전林戰: 숲속에서의 전투

【해설】

이 편은 나무가 무성하게 우거진 숲에서 기동하며 작전하는 것이 생각보다 어렵다는 것을 인식하고 대응하는 법을 말하고 있다. 숲속에서의 전투 특징을 기술한 후 구체적인 병력의 부서와 배치 전술 등 다양한 사례를 제시하면서 마지막에 '숲속에서 하는 전투의 기강〔林戰之紀〕'을 언급하면서 마무리한다.

숲속에서 하는 전투의 기강

무왕이 태공에게 물었다.

"군대를 이끌고 제후의 땅에 깊숙이 쳐들어가서 큰 숲을 만나 적들과 숲을 [둘로] 나누어 맞서서 버틸 경우, 우리가 지키는 데에는 굳건하고 싸울 때는 이기고자 하면, 이를 어떻게 해야 합니까?"

태공이 대답했다.

"우리의 삼군을 나누어 충진(사무충진)을 만들어서 병사들이 주둔하기에 편하게 하고, 활과 쇠뇌를 쓰는 부대를 바깥쪽에 두고 창과 방패를 쓰는 부대를 안쪽에 두며, 풀과 나무를 베어 없애고 우리의 길을 지극히 넓혀서 싸우기에 편하게 만들고, 깃발을 높이 꽂아 삼군을 삼가 정찰해서 적병으로 하여금 우리의 정황을 알지 못하게 합니다. 이것을 일러 '숲속에서의 전투〔林戰〕'라고 합니다.

숲속에서의 전투법은 자루가 긴 창과 갈라진 창을 잡은 우리 병사들이 서로 대오로 삼고, 숲 사이에서 나무가 성글면 기병 부대를 보좌로 삼고 전차 부대를 앞서게 하여 편리함을 보면 싸우고 편리함을 보지 못하면 그만두어야 하며, 숲속에 가파르고 험한 곳이 많으면 반드시 충진을 두어 앞과 뒤를 대비하고, 삼군이 빠르게 싸우면 적이 아무리 많더라도 저들의 장수는 달아날 것이니, [교전할 때] 번갈아 싸우고 번갈아 쉬더라도 저마다 속한 부서에 따라 [행동해야] 합니다. 이것을 일러 '숲속에서 하는 전투의 기강(林戰之紀)'이라고 하는 것입니다."

武王問太公曰: "引兵深入諸侯之地, 遇大林, 與敵分林相拒, 吾欲以守則固, 以戰則勝, 爲之奈何?"

太公曰: "使吾三軍分爲衝陳, 便兵所處, 弓弩爲表, 戟楯爲裏; 斬除草木, 極廣吾道, 以便戰所; 高置旌旗, 謹敕三軍, 無使敵人知吾之情. 是謂林戰. 林戰之法: 率吾矛戟, 相與爲伍; 林間木疏, 以騎爲輔, 戰車居前, 見便則戰, 不見便則止; 林多險阻, 必置衝陳, 以備前後; 三軍疾戰, 敵人雖衆, 其將可走; 更戰更息, 各按其部. 是謂林戰之紀."

제44편 돌전突戰: 돌격전

【해설】

이 편은 적들이 공격하여 성 아래에 이르렀을 때 그들이 생각하지 못한 곳을 공격하여 승리하는 법을 말한 것으로 두 가지 상황을 다루고 있다. 첫째는 적들이 먼 곳에서 출동하여 길을 달려 깊숙이 쳐들어올 때 아군은 성의 안팎이 호응하여 달빛이 어슴푸레한 어둠을 틈타 공격하면 일거에 적을 이길 수 있다는 것이고, 두 번째는 적들이 일부 군대는 공격하고 주력부대는 후방에 있는 상황에서 아군은 복병으로 저들과 싸우다가 거짓으로 패한 척하여 적들을 성 아래까지 유인해서는 성안의 아군과 연합하여 일거에 소탕한다는 전술을 말하고 있다.

돌병突兵을 선발하라

무왕이 태공에게 물었다.

"적들이 먼 길을 달려 깊숙이 쳐들어와서, 아군의 땅을 침범하고 노략질하여 우리의 소와 말을 몰고 가며, 저들의 삼군이 대대적으로 몰려와서 아군의 성 아래에서 핍박하면, 우리의 병사들이 매우 두려워하고 백성은 적에 의해 포로가 될 텐데, 우리가 지키는 데에는 굳건하고 싸울 때는 이기고자 하면, 이를 어떻게 해야 합니까?"

태공이 대답했다.

"[정황이] 이와 같은 것을 일러 돌병[192]이라고 하니, 그 소와 말을 반드시 잡아서 먹지 못할 것이고 사졸들은 식량이 끊길 것이니, 사납게 공격하여 전진합니다. 아군의 먼 고을의 별도 군대에 정예 병사를 가려 뽑아 적의 후방을 재빨리 공격하게 합니다. 그 [습격하는] 날짜를 잘 살펴서 반드시 [어두운] 야밤에 교전합니다. 삼군이 빠르게 싸우면, 적이 아무리 많더라도 그 장수를 사로잡을 수 있습니다."

武王問太公曰:"敵人深入長驅, 侵掠我地, 驅我牛馬, 其三軍大至, 薄我城下, 吾士卒大恐, 人民係累, 為敵所虜, 吾欲以守則固, 以戰則勝, 為之奈何?"
太公曰:"如此者, 謂之突兵, 其牛馬必不得食, 士卒絕糧, 暴擊而前. 令我遠邑別軍, 選其銳士, 疾擊其後. 審其期日, 必會於晦. 三軍疾戰, 敵人雖眾, 其將可虜."

돌격전으로 승리하라

무왕이 물었다.
"적들이 서너 부대로 나누어 한편으로는 싸우면서 우리의 영토를 침략하고, 다른 한편으로는 주둔해 있으면서 우리의 소와 말을 거두어가며, 적의 대군은 아직 다 도착하지 않았는데 [일부] 적들이 우리의 성 밑으로 다가와 핍박하여 우리 삼군을 두려움에 이르게 한다면, 이를 어떻게 해야 합니까?"
태공이 대답했다.

---

192) 원문의 '돌병突兵'은 갑작스럽게 밀어닥쳐서 순식간에 공격하는 군대를 말한다.

"삼가 살펴서 적군이 미처 모두 이르지 않았으면 방비하며 기다립니다. 성에서 사 리쯤 거리를 두고 보루를 세우고, 징과 북과 깃발을 모두 펼쳐두며, 별도의 부대를 몰래 숨깁니다. 아군의 보루에 강한 쇠뇌를 발사하는 정예 부대를 많이 배치해놓되, 백 걸음마다 하나의 돌문193)을 두고 문에는 행마가 있어 막고 지키며, 전차와 기병은 바깥에 있고 용감한 정예병은 매복하여 주둔하게 합니다.

적들이 만약 이르게 되면 가볍게 무장한 우리 병사에게는 전투를 벌이다가 거짓으로 달아나게 하고, 아군의 성 위에 깃발을 세우고 큰북과 작은북을 치면서 온전하게 지킵니다. 적들은 우리가 성을 지키려 한다고 생각하여 반드시 성 아래로 다가와 핍박할 것입니다. [그러면] 우리의 숨겨둔 병사를 출동하게 하여 한편으로는 적의 안쪽을 치고 다른 한편으로는 바깥쪽을 공격합니다. 삼군이 빠르게 싸워 한편으로는 저들의 선두를 공격하고 다른 한편으로는 저들의 후미를 공격하면, 용감한 자들은 제대로 싸우지 못하고 가볍게 달리는 자도 미처 달아나지 못할 것입니다. 이것을 이름하여 '돌전突戰'이라고 하니, 적이 아무리 많더라도 저들의 장수는 반드시 달아날 것입니다."

무왕이 말했다.

"훌륭하십니다."

武王曰: "敵人分為三四, 或戰而侵掠我地, 或止而收我牛馬, 其大軍未盡至, 而使寇薄我城下, 致吾三軍恐懼, 為之奈何?"

---

193) 원문의 '돌문突門'은 성 밖을 향해 돌출된 문이다. 임시로 설치된 진지인데, 목책으로 막아놓고 군대를 출동시키면서 열고 나가는 문이다.

太公曰："謹候敵人未盡至，則設備而待之。去城四里而為壘，金鼓旌旗，皆列而張，別隊為伏兵。令我壘上多積強弩，百步一突門，門有行馬。車騎居外，勇力銳士隱伏而處。敵人若至，使我輕卒合戰而佯走；令我城上立旌旗，擊鼙鼓，完為守備。敵人以我為守城，必薄我城下。發吾伏兵，以衝其內，或擊其外。三軍疾戰，或擊其前，或擊其後，勇者不得鬥，輕者不及走。名曰突戰，敵人雖眾，其將必走。"

武王曰："善哉。"

제45편 적강敵强: 적이 강하다면

【해설】

이 편은 적의 강함을 맞닥뜨리게 된 경우 어떤 '기이한 계책을 내어〔出奇〕' 그 상황을 벗어나고 아군이 승리를 이끌 수 있는가 하는 문제를 다루었다. 구체적으로 보면, 야밤을 틈타 공격해올 경우라든지, 적군은 많고 아군은 적은 상황에서 어떻게 적을 격파할 것인지 등을 다루었다. 정예병으로 적을 공격하면서 적의 앞뒤를 차단하고 진영을 혼란스럽게 하며 그 틈에 공격하라는 것 등 다양하게 논의하고 있다.

신호는 분명하게, 명령은 자세하게

무왕이 태공에게 물었다.

"군대를 이끌고 제후의 땅에 깊숙이 쳐들어가서 적군인 충군[194]과 서로 맞붙었는데, 적군은 많고 아군은 적고 적군은 강하고 아군은 약하며, [이 상황에서] 적이 밤을 틈타 쳐들어와, 한편으로는 우리의 왼쪽을 공격하고 다른 한편으로는 우리의 오른쪽을 공격하면, 우리 삼군이 놀라서 움직일 것이니, 우리가 싸울 때는 이기고 지키는 데에는 굳건하고자 하면, 이를 어떻게 해야 합니까?"

태공이 대답했다.

"이와 같은 경우를 일러 '놀라서 움직이게 하는 적〔震寇〕'이라고

---

194) 원문의 '충군衝軍'은 일종의 돌격 부대로 보면 된다.

하니, 출병하는 것이 이롭고 [질질 끌며] 지키기만 해서는 안 됩니다. 우리의 뛰어난 병사와 강한 쇠뇌 부대를 선발하고, 전차와 기병 부대를 왼쪽과 오른쪽으로 삼아 적의 앞쪽을 급히 공격하고 적의 뒤쪽을 급히 공격하며, 한편으로는 적의 바깥쪽을 공격하고 다른 한편으로는 적의 안쪽을 공격하면, [이럴 경우] 저들의 병졸은 반드시 어지럽게 되고, 저들의 장수는 반드시 놀라게 될 것입니다."

무왕이 물었다.

"적들이 멀리 와서 우리 앞쪽을 차단하고, 우리의 뒤쪽을 급히 공격하여 우리의 정예병을 막고, 우리의 뛰어난 군대를 끊어버리고, 우리의 안팎이 서로 [소식을] 듣지 못하게 하면, 삼군이 소란스럽고 어지러워 모두 져서 달아날 텐데, 사졸들은 싸울 의지가 없고 장수와 벼슬아치들은 지키려는 마음이 없으면, 이를 어떻게 해야 합니까?"

태공이 대답했다.

"현명하십니다, 왕의 질문이시여! 마땅히 호령을 분명히 하고 자세하게 밝히며, 용감하고 정예로워 위험을 무릅쓰고 적장을 잡을 수 있는 우리의 병사들을 출동시키되, 병사마다 횃불을 잡게 하고 두 사람이 함께 북을 치도록 합니다. 반드시 적들이 있는 곳을 알아내어 한편으로는 적의 바깥을 공격하고, 다른 한편으로는 적의 안쪽을 공격합니다. 암호로 서로 알려서 횃불을 모두 끄도록 명령하고, 북소리를 모두 그치게 하며, 안팎이 서로 호응하여 기약을 모두 타당하게 하고, 삼군이 빠르게 싸우면, 적은 반드시 패배하여 망할 것입니다."

무왕이 말했다.

"훌륭하십니다!"

武王問太公曰:"引兵深入諸侯之地, 與敵人衝軍相當, 敵眾我寡, 敵強我弱, 敵人夜來, 或攻吾左, 或攻吾右, 三軍震動, 吾欲以戰則勝, 以守則固, 為之奈何?"

太公曰:"如此者, 謂之震寇, 利以出戰, 不可以守. 選吾材士強弩, 車騎為之左右, 疾擊其前, 急攻其後, 或擊其表, 或擊其裏, 其卒必亂, 其將必駭."

武王曰:"敵人遠遮我前, 急功我後, 斷我銳兵, 絶我材士, 吾內外不得相聞, 三軍擾亂, 皆散而走, 士卒無鬥志, 將吏無守心, 爲之奈何?"

太公曰:"明哉王之問也! 當明號審令, 出我勇銳冒將之士, 人操炬火, 二人同鼓. 必知敵人所在, 或擊其表, 或擊其裏. 微號相知, 令之滅火, 鼓音皆止, 中外相應, 期約皆當, 三軍疾戰, 敵必敗亡."

武王曰:"善哉!"

제46편 적무敵武: 적이 용감하다면

【해설】

적진에 들어가 용감한 적을 만나게 되면 아군은 놀라서 달아나는 패잔병의 신세인데, 이 편은 이런 상황을 빠져나오는 방법 혹은 대처법을 다루고 있다. 하물며 수도 많고 정예병인 적을 마주하면 아군이 쉽게 대적할 수 없게 되는데, 이 경우에도 복병을 이용하여 싸움에서 지는 형국을 벗어나라고 말하고 있다.

패병敗兵을 다루는 방법은 따로 있다

무왕이 태공에게 물었다.

"군대를 이끌고 제후의 땅에 깊숙이 쳐들어가서 급작스레 적들을 만났는데, 무리가 많고 또 용맹하며 무장한 전차와 날랜 기병이 우리의 왼쪽과 오른쪽을 에워싸면, 우리 삼군이 모두 놀라 달아나는 것을 멈추게 할 수 없을 텐데, 이를 어떻게 해야 합니까?"

태공이 대답했다.

"이와 같은 자를 일러 '패병[195]'이라고 합니다. [군사를 부리는 데] 뛰어난 자는 이기지만 뛰어나지 못한 자는 망합니다."

무왕이 물었다.

---

195) 원문의 '패병敗兵'은 손자도 《손자병법》 〈지형地形〉 편에서 '주병走兵'·'이병弛兵'·'함병陷兵'·'붕병崩兵'·'난병亂兵'·'배병北兵' 등을 '육패병六敗兵'이라고 한 데서 알 수 있듯이, 장수는 병사들을 잘 다루어 스스로 역량을 발휘할 수 있게 하여 '패병'으로 전락하지 않도록 해야 한다.

"그들을 다루려면 어떻게 해야 합니까?"

태공이 대답했다.

"우리의 뛰어난 군사와 강한 쇠뇌 부대와 무장한 전차와 날랜 기병을 몰래 숨겨두어 좌우로 삼되, 늘 앞뒤로 삼 리쯤 거리를 둡니다. 적들이 우리를 추격해오면 우리의 전차와 기병 부대를 출격하여 저들의 왼쪽과 오른쪽을 기습 공격합니다. 이와 같으면 적들은 어수선하고 야단스럽고, 우리의 달아나던 병사들은 스스로 멈추게 될 것입니다."

武王問太公曰: "引兵深入諸侯之地, 卒遇敵人, 甚衆且武, 武車驍騎, 繞我左右, 吾三軍皆震, 走不可止, 為之奈何?"

太公曰: "如此者, 謂之敗兵. 善者以勝, 不善者以亡."

武王曰: "用之奈何?"

太公曰: "伏我材士強弩, 武車驍騎為之左右, 常去前後三里. 敵人逐我, 發我車騎, 衝其左右. 如此, 則敵人擾亂, 吾走者自止."

감당할 수 없는 적을 감당하는 법

무왕이 물었다.

"적들이 우리의 전차와 기병과 서로 맞부딪쳤는데, 적군은 많고 아군은 적고 적군은 강하고 아군은 약하며, 쳐들어오는 저들은 정돈되고 정예로워 우리 진영이 감히 대항하지 못하면, 이를 어떻게 해야 합니까?"

태공이 대답했다.

"우리의 뛰어난 병사와 강한 쇠뇌 부대를 선발하여 왼쪽과 오른쪽에 몰래 숨겨놓고, 전차와 기병 부대가 진영을 굳건하게 하고 주둔해 있습니다. 적들이 우리의 숨겨진 병사가 있는 곳을 지나가면, 강한 쇠뇌 부대는 적의 왼쪽과 오른쪽을 쏘고, 전차와 기병 부대의 정예 병사들은 저들의 군대를 빠르게 공격하는데, 한편으로는 저들의 앞을 공격하고 다른 한편으로는 저들의 뒤를 공격하면, 적이 아무리 많더라도 저들의 장수는 반드시 달아날 것입니다."

무왕이 말했다.

"훌륭하십니다!"

武王曰:"敵人與我車騎相當, 敵眾我少, 敵強我弱, 其來整治精銳, 吾陳不敢當, 為之奈何?"

太公曰:"選我材士強弩, 伏於左右, 車騎堅陳而處. 敵人過我伏兵, 積弩射其左右, 車騎銳兵疾擊其軍, 或擊其前, 或擊其後, 敵人雖眾, 其將必走."

武王曰:"善哉!"

제47편 오운산병烏雲山兵: 산지에서의 오운진법

【해설】

이 편은 산지 작전에서 쉽게 빠지게 되는 곤경을 다루고 있다. 사면이 포위된 상황에서 벗어나는 방법은 마치 까마귀가 흩어지고 구름이 모여드는 것처럼 보이기 마련이다. 이는 군대가 고정된 형태를 취하지 않고 임기응변식으로 대처하여 진형을 펴는 것을 가리키는데, 이 편에서는 오운진법을 활용하는 게 우선이라고 한다. 오합지졸烏合之卒이란 말이 있으니, 까마귀 떼와 같은 병졸은 아무 쓸모가 없다는 것이다. 이 편에서는 전쟁은 변화의 원리를 담고 있기에 장수가 상황을 헤아리고 판단하여 전술을 신축적으로 운용하는 것이 얼마나 중요한지 말해준다. 특히 이 편의 끝부분에서는 '기정奇正', 즉 기습과 정공의 양면 공략의 의미를 되새겨준다. 이 편은 이어지는 〈오운택병烏雲澤兵〉 편과 일종의 자매 편의 성격을 띠고 있다.

적군이 아군의 실정을 알지 못하도록 하라

무왕이 태공에게 물었다.

"군대를 이끌고 제후의 땅에 깊숙이 쳐들어가서 높은 산과 거대한 바위를 마주했는데, 그 위는 평평하고 풀과 나무조차 없고 사방에서 오는 적을 맞이하면, 우리의 삼군이 두려워하고 사졸들은 미혹될 것이니, 우리가 지키는 데에는 굳건하고 싸울 때는 이기고자 하면, 이를 어떻게 해야 합니까?"

태공이 대답했다.

"무릇 삼군이 산의 높은 곳에 머무르면 적에게 [새가] 깃들이는 바가 되고, 산의 아래에 처하면 적에게 갇히게 됩니다. 산에 기대어 머물려고 하면 반드시 오운의 진[196]을 펼쳐야 합니다. 오운의 진은 음과 양이 모두 갖추어져 있어 한편으로는 음지에 처하고 다른 한편으로는 양지에 머뭅니다.

[그래서] 산의 남쪽에 머무르면 산의 북쪽을 대비하고, 산의 북쪽에 머무르면 산의 남쪽을 대비합니다. 산의 왼쪽에 머무르면 산의 오른쪽을 대비하고, 산의 오른쪽에 머무르면 산의 왼쪽을 대비합니다.

적군이 사방으로 통하는 곳에는 병력을 배치해서 바깥쪽을 대비하고, [사방으로 통하는] 큰길과 [사방으로] 뚫린 골짜기[197]에는 무장한 전차로 [통행을] 막아야 하며, 깃발을 높이 세워 삼군을 철저히 단속해서, 적군에게는 아군의 정황을 알지 못하게 해야 합니다. 이것을 일러 '산의 성곽〔山城〕'이라고 합니다.

행군하는 대열이 이미 안정되고, 사졸들도 이미 진을 쳤으며, 법령이 이미 행해져 기습과 정공[의 계책]이 갖추어지고 나면, 저마다 충진을 산의 바깥쪽을 향해 배치하여 병사들이 머무르기에 편하게 하고, 곧 전차 부대와 기병 부대를 나누어 오운의 진을 만들어야 합니다. 삼군이 빠르게 싸우면, 적이 아무리 많더라도 저들의 장수를 가히 사로잡을 수 있습니다."

---

196) 원문의 '조운지진鳥雲之陳'을 번역한 것으로, 판본상 '조운鳥雲'으로 쓰여있으나 '오운烏雲'으로 보아야 한다.

197) 원문의 '구도통곡衢道通谷'을 번역한 것으로, '구도'는 사통팔달 어디로든 뻗어나갈 수 있는 길을 말한다. 《손자병법》〈구변九變〉과 〈구지九地〉 편에서 '구지衢地'라고 한 것과 의미가 통한다.

武王問太公曰:"引兵深入諸侯之地, 遇高山磐石, 其上亭亭, 無有草木, 四面受敵, 吾三軍恐懼, 士卒迷惑, 吾欲以守則固, 以戰則勝, 為之奈何?"

太公曰:"凡三軍處山之高, 則為敵所棲; 處山之下, 則為敵所囚. 既以被山而處, 必為烏雲之陳. 烏雲之陳, 陰陽皆備, 或屯其陰, 或屯其陽. 處山之陽, 備山之陰; 處山之陰, 備山之陽. 處山之左, 備山之右; 處山之右, 備山之左. 其山, 敵所能陵者, 兵備其表; 衢道通谷, 絕以武車; 高置旌旗, 謹敕三軍, 無使敵人知吾之情. 是謂山城. 行列已定, 士卒已陳, 法令已行, 奇正已設, 各置衝陳於山之表, 便兵所處, 乃分車騎為烏雲之陳. 三軍疾戰, 敵人雖眾, 其將可擒."

제48편 오운택병烏雲澤兵: 늪지에서의 오운진법

【해설】

47편과 자매 편이라고 할 이 편은 모두 세 부분으로 나누어 살펴볼 수 있다. 먼저 작전할 때 늪이나 진펄을 만나거나 적과 강물을 마주하고 맞서 버틸 때 아군의 조건이 열악한 상황에서 어떻게 헤쳐나오느냐 하는 것을 다루고 있다. 두 번째는 적들이 우회하여 우리를 포위한 상황에서 빠져나오려면 뇌물을 주는 등의 매수 전술이 필요함을 강조하고 있다. 마지막으로 적들이 이미 우리의 복병 배치를 알고 적은 병력으로 강을 건너와 우리를 공격할 때의 대처법을 다루고 있다. 특히 문장의 맨 마지막에서 '까마귀가 흩어지고〔烏散〕'와 '구름이 모여드는〔雲合〕' 진법을 통해 '변화무궁變化無窮'의 결과를 이끌어내고 있으며, 이를 통해 이 진법의 만만치 않은 실용 가치를 알 수 있다.

열악한 상황에서는 편법과 속임수다

무왕이 태공에게 물었다.

"군대를 이끌고 제후의 땅에 깊숙이 쳐들어가서 적들과 강물을 마주하고 맞서 버티고 있는데, 적군은 〔군수품이〕 넉넉하고 무리도 많은데 아군은 가난하고 병력도 적어, 강물을 건너가 공격하려 해도 나아갈 수 없고, 날짜를 끌어 오래 버티고자 해도 식량이 적으며, 우리가 늪이나 진펄에 머물고 있어 사방에는 고을이 없고, 또 풀과 나무가 없어 삼군이 노략질해서 취해올 것도 없으며, 소와 말을 기를 만한 꼴조차 없으니, 이를 어떻게 해야 합니까?"

태공이 대답했다.

"삼군에 대비가 없고, 소와 말이 먹을거리도 없으며, 사졸들도 식량이 없으니, 이와 같은 상황에서는 편법을 찾아 적을 속여 빨리 벗어나되, 병사들을 후방에 숨겨두어야 합니다."

武王問太公曰:"引兵深入諸侯之地, 與敵人臨水相拒, 敵富而眾, 我貧而寡, 踰水擊之則不能前, 欲久其日則糧食少, 吾居斥鹵之地, 四旁無邑, 又無草木, 三軍無所掠取, 牛馬無所芻牧, 為之奈何?"
太公曰:"三軍無備, 牛馬無食, 士卒無糧, 如此者, 索便詐敵而亟去之, 設伏兵於後."

탈출은 뇌물로 정교하면서도 은밀하게

무왕이 물었다.
"[모략으로] 적을 속이려 해도 속일 수 없고, 우리 사졸들이 혼미하고 미혹되었는데, 적들은 아군의 앞쪽과 뒤쪽으로 넘어와서, 우리 삼군이 패배하여 어지럽게 달아나면, 이를 어떻게 해야 합니까?"
태공이 대답했다.
"길을 찾는 방법은 [뇌물로] 금과 옥을 위주로 해야 합니다. 반드시 적의 사자使者를 통해야 하며, 정교하면서도 은밀하게 하는 것을 보배로 삼아야 합니다."

武王曰:"敵不可得而詐, 吾士卒迷惑, 敵人越我前後, 吾三軍敗亂而走, 為之奈何?"
太公曰:"求途之道, 金玉為主. 必因敵使, 精微為寶."

까마귀가 흩어지고 구름이 모여드는 변화를 추구하라

무왕이 물었다.

"적들이 우리가 군대를 몰래 숨긴 것을 알고, 대대적인 군대로 강을 건너려 하지 않으며, 따로 장수가 부대를 분산시켜 강물을 건너오면, 우리 삼군이 매우 두려워할 것인데, 이를 어떻게 해야 합니까?"

태공이 대답했다.

"이와 같으면 [병력을] 분산시켜 충진을 만들어 병사들이 머물기 편하게 하고, 저들이 다 출전하기를 기다렸다가 우리의 숨겨놓은 병사를 출동시켜 저들의 뒤쪽을 빨리 공격하고, 강한 쇠뇌를 가진 병사들이 양쪽에서 저들의 왼쪽과 오른쪽으로 쇠뇌를 쏘아댑니다. 전차와 기병들은 나누어 오운의 진을 펼쳐 앞과 뒤를 대비하고 삼군이 빠르게 싸우도록 합니다. 적들은 우리가 교전하는 것을 보면 그들의 큰 병력이 반드시 강물을 건너게 될 것이므로, 우리의 숨겨둔 병사들을 출동시켜 저들의 뒤쪽을 빨리 공격하고, 전차와 기병들이 저들의 왼쪽과 오른쪽을 쳐부수면, 적이 아무리 많더라도 저들의 장수는 달아날 것입니다.

무릇 군사를 부리는 큰 요지는 적을 맞아 싸움에 임함에 반드시 충진을 펼쳐 병사들이 주둔하기에 편하게 해야 하며, 그러고 난 다음 전차와 기병 부대를 나누어 오운의 진을 펼쳐야 하니, 이는 군사를 부리는 것의 기이함입니다. 이른바 '오운의 진'은 까마귀가 흩어지고 구름이 모여드는 것처럼 변화가 다함이 없습니다."

무왕이 말했다.

"훌륭하십니다!"

武王曰:"敵人知我伏兵, 大軍不肯濟, 別將分隊以踰於水, 吾三軍大恐, 為之奈何?"

太公曰:"如此者, 分為衝陳, 便兵所處, 須其畢出, 發我伏兵, 疾擊其後, 強弩兩旁, 射其左右. 車騎分為烏雲之陳, 備其前後, 三軍疾戰. 敵人見我戰合, 其大軍必濟水而來, 發我伏兵, 疾擊其後, 車騎衝其左右, 敵人雖眾, 其將可走. 凡用兵之大要, 當敵臨戰, 必置衝陣, 便兵所處, 然後以車騎分為烏雲之陳, 此用兵之奇也. 所謂烏雲者, 烏散而雲合, 變化無窮者也."

武王曰:"善哉!"

제49편 소중少眾: 적은 군사로 많은 적과 싸우다

【해설】

이 편은 적은 군사로 많은 적과 대적하는 방법과 약한 군사로 강한 적을 대적하는 방법을 다루는데, 군사를 부리고 외교를 펼치는 양면 전술이 필요함을 말하고 있다. 군사를 부리는 측면에서는 기습을 통해 예측 불가능한 공격을 하여 승리를 취하는 것이며, 외교적인 면에서는 우리가 약세의 상황에서 큰 나라의 참여와 이웃 나라의 도움이 중요하다는 점을 강조하고 있다. 특히 전쟁할 때 '사유詐誘', 즉 속임수와 꾐 등 기만적인 전술은 춘추전국시대에 얼마나 국가의 생존 문제가 절실했는지를 보여 주는 사례가 된다.

큰 나라의 참여, 이웃 나라의 도움이 필수

무왕이 태공에게 물었다.
"내가 적은 군사로 많은 적을 공격하고, 약한 군사로 강한 적을 공격하고자 하니[198], 이를 어떻게 해야 합니까?"
태공이 대답했다.

---

198) 이 말의 의미는 전투에서 그만큼 다수의 위력이 강함을 의미한다. 항우가 최후를 맞이하게 한 맹장 한신韓信이 "장군은 병사를 얼마나 잘 다룰 수 있습니까?"라는 고조 유방劉邦의 질문에 "많으면 많을수록 좋습니다."라는 의미의 '다다익선多多益善'이라고 한 것도 같은 맥락이다. 여기서 강조하고자 하는 것은 병력 수의 많음이 아니라 그런 병력을 잘 다스릴 수 있는 장수의 역량이 중요하다는 데에 있다.

"적은 군사로 많은 적을 공격하려면 반드시 날이 저물 때 깊은 풀숲에 [병력을] 몰래 숨겨두고 좁은 길에서 공격해야 합니다. 약한 군사로 강한 적을 공격하려면 반드시 큰 나라의 참여와 이웃 나라의 도움을 얻어야 합니다."

武王問太公曰: "吾欲以少擊衆, 以弱擊彊, 爲之柰何?"
太公曰: "以少擊衆者, 必以日之暮, 伏於深草, 要之隘路; 以弱擊彊者, 必得大國之與, 鄰國之助."

이웃 나라를 예우해야 도움을 받는다

무왕이 물었다.
"아군은 깊은 풀숲이 없고 또한 좁은 길도 없으며, 적들은 이미 이르러서 [몰래 칠 수 있는] 날 저문 틈도 만나지 못하고, 우리에게 큰 나라의 참여도 없고 또 이웃 나라의 도움도 없으니, 이를 어떻게 해야 합니까?"
태공이 말했다.
"속이고 과장하며 꾀어 저들의 장수를 미혹시켜서 길을 우회하여[199] [저들로] 하여금 깊은 풀숲을 지나가게 하고, 그 길을 멀리 돌아가서 [저들로] 하여금 해 질 녘에 만나게 해서, 선두가 미처 물을 건너지 못하게 하고 후미가 미처 막사에서 나아가지 못하게 하여, 아군의 숨겨둔 병사를 출동시켜 저들의 왼쪽과 오른쪽을 빠르게 공격하고, 전차와 기병 부대가 저들의 앞뒤를 마구 헤집어놓으면, 적이 아무리 많더라도 저들의 장수는 달아날 것입니다.

큰 나라의 군주를 섬기고, 이웃 나라의 선비에게 몸을 낮추며, 그 폐백을 후하게 보내고, 말을 낮추어야 하니, 이와 같이 하면 큰 나라의 참여와 이웃 나라의 도움을 얻게 될 것입니다!"

무왕이 말했다.

"훌륭하십니다!"

武王曰: "我無深草, 又無隘路, 敵人已至, 不適日暮; 我無大國之與, 又無鄰國之助, 為之奈何?"

太公曰: "妄張詐誘, 以熒惑其將; 迂其道, 令過深草; 遠其路, 令會日暮; 前行未渡水, 後行未及舍, 發我伏兵, 疾擊其左右, 車騎擾亂其前後, 敵人雖眾, 其將可走。事大國之君, 下鄰國之士, 厚其幣, 卑其辭, 如此, 則得大國之與, 鄰國之助矣!"

武王曰: "善哉!"

---

199) 이러한 우회의 전략은 적이 예측한 방향과 정반대 방향으로 기동하는 것을 말한다. 상대가 보기에도 어렵고 힘든 것처럼 보이는 기동을 택하는 것이 결과적으로는 전쟁에서 이길 수 있기 때문이다. 바로 이 부분은 손자가 《손자병법》 〈군쟁軍爭〉 편 첫머리에서 한 발언을 떠올리게 한다. "군쟁 중에서 어려운 점은 먼 길로 돌아가면서도 곧바로 가는 것처럼 하고, 근심거리를 [오히려] 이로움으로 삼는 것이다. 그러므로 그 길을 구불구불 가는 것처럼 하여 적을 미끼로 유인하면 나중에 출발한 군대가 먼저 도착하는 것이니, 이를 '먼 길로 돌아가면서도 곧바로 가는 것처럼' 하는 계책을 안다고 하는 것이다(軍爭之難者, 以迂爲直, 以患爲利. 故迂其途而誘之以利, 後人發, 先人至, 此知迂直之計者也)."

제50편 분험分險: 험지에서의 분산

【해설】

이 편은 산과 강물 등 험지에서 적을 만나게 되면 어떻게 방어하고 싸울 것인가 하는 책략을 다루고 있다. 우선 엄밀하고 견고한 방어술이 필요하니, 산의 왼쪽에서는 오히려 산의 오른쪽을 대비하라는 전술을 논하는데, 항상 예측하지 못하는 곳에 위험이 도사리고 있다는 점을 지적한 것이다. 그다음으로 추격하는 전술을 말하는데, 무충전차를 앞세우고 싸움과 쉼을 번갈아 하는 '갱전갱식更戰更息'의 전술을 강조한다.

험지에서 싸워 이기려면 어떻게 해야 하는가

무왕이 태공에게 물었다.

"군대를 이끌고 제후의 땅에 깊숙이 쳐들어가서 험준하고[200] 좁은 가운데서 적과 서로 마주쳤는데, 아군의 왼쪽에는 산이 있고 오른쪽에는 물이 있으며, 적군의 오른쪽에는 산이 있고 왼쪽에는 강물이 있어서, 아군과 험한 곳을 나누어 맞서고 있을 경우, 우리가 지키는 데에는 굳건하고 싸울 때는 이기고자 하면, 이를 어떻게 해야 합니까?"

태공이 대답했다.

---

200) 원문의 '험험'은 지형이 험한 곳으로 빼앗기보다는 먼저 점령해야 할 곳이다. 적이 먼저 처리해버리는 상황으로 뒤바뀌면 재빨리 빠져나와야 하는 위험한 땅이다.

"산의 왼쪽에 처해 있으면 산의 오른쪽을 급하게 대비하고, 산의 오른쪽에 주둔해 있으면 산의 왼쪽을 급하게 대비합니다. 험한 지역에 큰 강물이 있는데도 상앗대가 없을 경우에는 거룻배로 우리 삼군을 건너게 합니다. 이미 건너간 병사들은 급히 우리의 통로를 넓혀 싸우기에 편하게 합니다. 무충전차로서 앞과 뒤에 진영을 만들며, 강한 쇠뇌 부대를 진열하여 진영을 다 굳건하게 하고, 큰길과 골짜기 입구에는 무충전차로 [적군의] 길을 끊고 깃발을 높이 두어야 하니, 이것을 일러 군성[201]이라고 합니다.

무릇 험지의 전투 방법은 무충전차를 선두로 삼고, 커다란 방패로 보위하며, 뛰어난 병사와 강한 쇠뇌의 부대로 아군의 왼쪽과 오른쪽의 날개로 합니다. 삼천 명을 한 진영[202]으로 삼아 반드시 충진을 두어 병사들이 주둔하는 데에 편하게 합니다. [우리의] 왼쪽 군대는 [적의] 왼쪽을 맡고 오른쪽 군대는 오른쪽을 맡으며 중군은 중군을 맡아 나란히 공격하면서 나아가되, 싸우고 난 병사는 주둔한 곳으로 돌아와서 번갈아 싸우거나 번갈아 쉬도록 하면 반드시 승리로 끝맺게 됩니다."

무왕이 말했다.

"훌륭하십니다!"

武王問太公曰: "引兵深入諸侯之地, 與敵人相遇於險阨之中, 吾左山而右水, 敵右山而左水, 與我分險相拒, 吾欲以守則固, 以戰則勝, 為

---

201) '거성車城'으로 되어있는 판본도 있으나, 여기서는 '군성軍城'으로 교감했다. 임시로 전차를 이어 만든 보루나 진지를 가리킨다.
202) 원문의 '둔屯'을 번역한 것으로, 한곳에 주둔한 진陣의 규모를 말한다.

之奈何?"

太公曰:"處山之左, 急備山之右; 處山之右, 急備山之左. 險有大水無舟楫者, 以天潢濟吾三軍. 已濟者亟廣吾道, 以便戰所. 以武衝為前後, 列其強弩, 令行陳皆固, 衢道谷口, 以武衝絕之, 高置旌旗, 是謂軍城. 凡險戰之法, 以武衝為前, 大櫓為衛, 材士強弩翼吾左右; 三千人為屯, 必置衝陳, 便兵所處; 左軍以左, 右軍以右, 中軍以中, 並攻而前; 已戰者, 還歸屯所, 更戰更息, 必勝乃已."

武王曰:"善哉!"

제6권

견도 犬韜

【해설】

　영리하면서도 인간에게 가장 충직한 동물인 개[犬]를 편명으로 삼은 마지막 6권은 〈분합分合〉, 〈무봉武鋒〉, 〈연사練士〉, 〈교전敎戰〉, 〈균병均兵〉, 〈무거사武車士〉, 〈무기사武騎士〉, 〈전차戰車〉, 〈전기戰騎〉, 〈전보戰步〉 등 열 편으로 구성되어 있다.
　여기서는 주로 군대의 편성과 훈련 방법을 비롯하여 전차병·기병·보병 등 삼대 병종에 대한 특징을 위주로 그 구체적인 편성 방법과 운용 방법을 다루고 있다.
　좀 더 구체적으로 살펴보면 〈분합〉 편은 평소에는 흩어져 있다가 전시에 모여 전쟁하는 방법을 다루고 있는데, 상벌의 중요성을 강조한 부분이 인상적이다. 〈무봉〉 편은 군의 선봉에 서는 날랜 병사를 통해 적을 제압하는 열네 가지 방법을 제시한다. 열한 가지 방법으로 용맹한 정예병 선발을 다룬 〈연사〉 편은 단순히 용사를 선발하는 것이 아니라, 본인의 사사로운 복수심과 심지어 부귀를 꿈꾸는 자들도 선발할 필요성을 다루고 있으며, 죄수들도 능력이 있으면 선발하라는 파격적인 내용을 담고 있다.
　〈교전〉 편은 작전 부대를 훈련하는 내용으로 징과 북 그리고 깃발 등 다양한 도구의 활용법을 설명한다. 〈균병〉 편에서는 전차병과 기병과 보병의 작전 원칙들을 다루고 있는데, 평지와 험지 등을 나누어 구체적인 숫자도 제시하면서 다룬다. 〈무거사〉 편은 용맹한 전차병을 선발하는 방법을 다루고 있으며, 〈무기사〉 편은 용맹한 기마병을 선발하는 방법을 다루어 자매 편으로 불린다. 그리고 〈전차〉, 〈전기〉, 〈전보〉로 이어지는 마지막 세 편에서는 전차전과 기마전 그리고 보병전을 다루고 있다.
　이 밖에도 장수의 명령을 이행하고 무기를 다루는 방법, 제식훈련, 전차전과 보병전의 구체적인 전술도 다루고 있다.

제51편 분합分合: 분산과 집중

【해설】

이 편은 군대가 평상시에는 나누어져 각지에 주둔해 있다가 전시에는 모여들어 전쟁하는 것을 다루고 있다. 즉, 분산과 집중을 변화무쌍하게 구사해야 하는데, 특히 시간과 장소, 문서 전달의 방법 등을 엄격하게 정할 필요가 있다고 한다. 그러므로 이 편에서는 제시간에 오지 않고 늦으면 가차 없이 목을 벨 정도의 엄한 상벌 규정을 시행하여 시간개념이 군대의 기강 확립에 얼마나 중요한 것인지 다루고 있다.

약속한 기한보다 늦은 자는 목을 벤다

무왕이 태공에게 물었다.

"왕 노릇 하는 자가 군사를 거느리고 출정함에, 삼군을 분산시켜 여러 곳에 주둔시켰다가, 장수가 싸울 기일을 정해 모여 [병사들에게] 상과 벌을 약조하고 서약하게 하려면, 이를 어떻게 해야 합니까?"

태공이 대답했다.

"무릇 군사를 부리는 방법은 삼군의 무리를 분산하고 집중시키는 변화가 꼭 있어야 합니다. 대장이 먼저 싸울 곳과 싸울 날을 정하고서 격문을 보내 모든 장수와 벼슬아치와 약조해야 하며, 성을 공격하고 고을을 포위함에 있어 저마다 그 장소에 모이도록 하고, 싸울 날을 분명히 알리며, 시각을 정하여 제때 모이게 합니다.

대장은 병영을 설치하여 진지를 구축하며 원문[203]에 표시하고는 길을 깨끗이 하고서 기다리게 합니다. 모든 장수와 벼슬아치 가운데 도착한 자들을 그 앞뒤를 비교하여 약속한 기한보다 먼저 도착한 자는 상을 주고 늦게 이르게 된 자는 목을 벱니다.[204]

이와 같으면 멀고 가까이 있는 자들이 분주하게 모여들어 삼군은 모두 이르러 힘을 합쳐서 싸우게 될 것입니다."

武王問太公曰: "王者帥師, 三軍分爲數處, 將欲期會合戰, 約誓賞罰, 爲之奈何?"

太公曰: "凡用兵之法, 三軍之衆, 必有分合之變. 其大將先定戰地, 戰日, 然後移檄書與諸將吏, 期攻城圍邑, 各會其所; 明告戰日, 漏刻有時. 大將設營而陳, 立表轅門, 淸道而待. 諸將吏至者, 校其先後, 先期至者賞, 後期至者斬. 如此, 則遠近奔集, 三軍俱至, 并力合戰."

---

203) 원문의 '원문轅門'의 '원'은 말이 끄는 수레 앞쪽에 말과 수레 사이를 연결하는 양쪽의 긴 끌채를 뜻한다. 그래서 수레로 만든 진영을 말하는데, 이를 '군문軍門' 또는 '영문營門'이라고도 한다.

204) 이와 관련된 구체적인 내용이 《사기》〈사마양저열전司馬穰苴列傳〉에 나오는데, 사마양저가 당시 장고莊賈와 "정오에 군문軍門에서 만납시다."라고 약속했다. 그런데 그것을 어긴 장고가 송별연을 하느라 늦었다고 변명하자, 사마양저는 군정軍正(군대의 법무관)을 불러 "군법에는 약속 시간에 대지 못하면 어떻게 하도록 되어있소?"라고 묻는다. 군정이 "마땅히 베어야 합니다."라고 하자, 당시 왕인 제나라 경공이 사면을 요청했음에도 불구하고 목을 베어 전군에 본보기를 삼은 장면이 있다.

제52편 무봉武鋒: 무용이 있는 선봉

【해설】

이 편은 무용이 있는 선발된 병사라는 의미인데, 이들을 잘 선발하여 기회를 틈타 적을 공격하여 승리한다는 내용을 다룬다. 적을 타격하는 열네 가지 변화무쌍한 방법을 말하고 있는데, 밥 먹기 전에 공격하고, 하늘이나 땅의 형세를 이용하여 공격하는 등 여러 방법이 나온다. 또 경계가 느슨하거나 피로해 보이거나 장수와 사졸 간의 거리가 있거나 심리적으로 두려워하고 있을 때 공격하라는 등 평이한 듯하면서도 의표를 찌르는 내용이 많다. 이 모두가 상황을 고려한 작전 요령으로 그 방법이 구체적으로 적시되어 있다.

공격의 핵심은 열네 가지 변화에 달려있다

무왕이 태공에게 물었다.

"무릇 군사를 부리는 요체는 반드시 무장한 전차와 날랜 기병과 적진으로 치닫는 용사[205]와 선발된 정예 병사[206]가 있어 가능성이 보이면 그들을 공격하는 것입니다. 어떻게 하면 공격할 수 있습니까?"

---

205) 원문의 '치진馳陳'을 번역한 것으로, 진지 사이사이 분주하게 오가며 부대 간, 또는 진영 안에서 교섭이나 응원을 하는 기병 부대를 말한다. '진陳'은 '진陣'과 같다.
206) 원문의 '선봉選鋒'을 번역한 것으로, 무예가 뛰어나고 용맹하여 선발된 병사를 말한다.

태공이 대답했다.

"대저 공격하려는 자는 적의 열네 가지 변화를 면밀하게 살펴야 하는데, 변화가 보일 때 그들을 공격하면 적들은 반드시 패배할 것입니다."

武王問太公曰: "凡用兵之要, 必有武車驍騎, 馳陳選鋒, 見可則擊之. 如何則可擊?"

太公曰: "夫欲擊者, 當審察敵人十四變, 變見則擊之, 敵人必敗."

열네 가지 공격 시점을 살펴라

무왕이 물었다.

"[그러면] 열네 가지 변화를 들려주실 수 있습니까?"

태공이 대답했다.

"적들이 바야흐로 막 집결했으면 공격할 수 있고, 사람과 말이 미처 [밥을] 먹지 않았으면 공격할 수 있으며, 하늘의 때가 순탄하지 않으면 공격할 수 있고, 땅의 형세가 얻어지지 못했으면 공격할 수 있으며, 도망치듯 달아나면 공격할 수 있고, 경계하지 않으면 공격할 수 있으며, 피곤하고 힘겨워하면 공격할 수 있고, 장수가 사졸들과 떨어져 있으면 공격할 수 있으며, 먼 길을 걸어왔으면 공격할 수 있고, 물을 건너왔으면 공격할 수 있으며, 쉴 틈이 없었다면 공격할 수 있고, 험난하고 좁은 길이면 공격할 수 있으며, 행군을 어지럽게 하면 공격할 수 있고, 마음으로 두려워하고 있으면 공격할 수 있습니다."

武王曰: "十四變可得聞乎?"

太公曰: "敵人新集可擊, 人馬未食可擊, 天時不順可擊, 地形未得可擊, 奔走可擊, 不戒可擊, 疲勞可擊, 將離士卒可擊, 涉長路可擊, 濟水可擊, 不暇可擊, 阻難狹路可擊, 亂行可擊, 心怖可擊."

제53편 연사練士: 병사를 선발하다

【해설】

제목에서 '연練' 자는 '가려내다'라는 뜻의 '간揀' 자와 통하니 '병사를 선발하다'라는 의미다. 즉, 재주 있고 용감무쌍한 병사를 선발하는 방법을 다룬 이 편은 기질이나 신체 조건, 출신과 사회적 지위 및 능력 등 다양한 특징을 잘 살펴 열 종류의 병사를 선발하라는 것이다. 구체적으로 살펴보면 '모인지사冒刃之士'를 비롯하여 '함진지사陷陣之士', '용예지사勇銳之士', '필사지사必死之士', '행용지사倖用之士', '대명지사待命之士' 등 저마다의 개성과 특징이 있으며, 능력에 맞는 맞춤형 선발 방식으로 이런 병사를 선발하여 전쟁을 승리로 이끌 수 있다고 본다.

병사를 훈련시키는 방법

무왕이 태공에게 물었다.
"병사를 선발하는 방법은 어떠해야 합니까?"
태공이 대답했다.
"군졸 가운데 크게 용맹하고 죽음에 과감하며 부상을 즐거워하는 자들을 모아서 한 졸[207]을 삼아야 하니, 이를 이름하여 '칼날을 무릅쓰는 병사〔冒刃之士〕'라고 합니다.
날카로운 기운이 있어서 건장하고 용감하고 강하고 사나운 자들

---

207) 원문의 '일졸一卒'을 번역한 것으로, 여기서 '졸'은 군대의 편제를 말하는 단위로 대체로 100명 내외다.

을 모아서 한 줄을 삼아야 하니, 이를 이름하여 '적진을 함락시키는 병사(陷陳之士)'라고 합니다.

기괴한 겉모습과 긴 칼을 차고서 발걸음을 이어 나가고[208] 행렬을 가지런히 하는 자들을 모아서 한 줄을 삼아야 하니, 이를 이름하여 '용감하고 날랜 병사(勇銳之士)'라고 합니다.

[다리 힘으로] 높이 뛰고 쇠갈고리를 곧게 펼치며 굳세고 괴력이 있어 적의 징과 북을 부수고 적의 깃발을 찢어 없애는 자들을 모아서 한 줄을 삼아야 하니, 이를 이름하여 '용맹하고 힘이 있는 병사(勇力之士)'라고 합니다.

높은 데를 뛰어넘고 먼 길을 한걸음에 달려가며 발을 가볍게 하여 달리기를 잘하는 자들을 모아서 한 줄을 삼아야 하니, 이를 이름하여 '사납고 날랜 병사(寇兵之士)'라고 합니다.

왕의 신하 중에 권세를 잃었다가 다시 공적을 보여주고자 하는 자들을 모아서 한 줄을 삼아야 하니, 이를 이름하여 '죽음으로 싸우려는 병사(死鬥之士)'라고 합니다.

죽은 장수의 자제로서 적장에게 원수를 갚으려는 자들을 모아서 한 줄을 삼아야 하니, 이를 이름하여 '죽음으로 분을 품는 병사(敢死之士)'라고 합니다.

남의 데릴사위[209]가 되거나 포로가 되어 치욕스러운 발자취를 가리고 이름을 날리고자 하는 자들을 모아서 한 줄을 삼아야 하니, 이

---

208) 원문의 '접무接武'를 번역한 것으로 '종무踵武'와 유사한 개념인데, 발꿈치를 이어 나간다는 의미로 보면 무방하다.
209) 원문의 '췌서贅壻'를 번역한 것으로, 남자가 혼인하여 여자 집에 들어가 사는 자를 말하며 수치스러운 일로 치부되었다.

를 이름하여 '둔한 성품을 단련하는 병사(勵鈍之士)'라고 합니다.

가난하고 곤궁하며 분통함과 노여움이 있어 자기 뜻을 통쾌하게 이루고자 하는 자들을 모아서 한 졸을 삼아야 하니, 이를 이름하여 '기필코 죽으려 하는 병사(必死之士)'라고 합니다.

죄를 지었으나 사면받은[210] 사람으로 자신의 치욕을 씻고자 하는 자들을 모아서 한 졸을 삼아야 하니, 이를 이름하여 '다행히 치욕을 씻고자 하는 병사(倖用之士)'라고 합니다.

재주와 기예가 남보다 뛰어나고 무거운 짐을 지고 멀리 갈 수 있는 자들을 모아서 한 졸을 삼아야 하니, 이를 이름하여 '명령을 기다리는 병사(待命之士)'라고 합니다.

이러한 것들은 익히 알려진 습관들로서, 살피지 않을 수 없습니다."

武王問太公曰:"練士之道奈何?"

太公曰:"軍中有大勇敢死樂傷者, 聚爲一卒, 名曰冒刃之士; 有銳氣壯勇彊暴者, 聚爲一卒, 名曰陷陳之士; 有奇表長劍接武齊列者, 聚爲一卒, 名曰勇銳之士; 有拔距伸鉤, 彊梁多力, 潰破金鼓, 絶滅旌旗者, 聚爲一卒, 名曰勇力之士; 有踰高絶遠, 輕足善走者, 聚爲一卒, 名曰寇兵之士; 有王臣失勢欲復見功者, 聚爲一卒, 名曰死鬪之士; 有死將之人子弟欲與其將報仇者, 聚爲一卒, 名曰敢死之士; 有贅壻人虜欲掩跡揚名者, 聚爲一卒, 名曰勵鈍之士; 有貧窮憤怒欲快其心者, 聚爲一卒, 名曰必死之士; 有胥靡免罪之人欲逃其恥者, 聚爲一卒, 名曰倖用

---

210) 원문의 '서미胥靡'를 번역한 것으로, 죄를 범하여 부역에 징발되어서 강제 노동 첫값을 치르는 형도刑徒를 가리킨다.

之士; 有材技兼人能負重致遠者, 聚爲一卒, 名曰待命之士. 此軍之服
習²¹¹⁾, 不可不察也."

---

211) '복습服習'이란 말은 '습관習慣'이란 단어와 같으며, '연사練士'로 되어있는
    판본도 있으나 여기서는 취하지 않는다.

제54편 교전教戰: 전술을 가르쳐라

【해설】

아주 짧은 편폭으로 이루어진 이 편은 작전 부대를 훈련하는 것을 다루고 있는데, 병사들을 훈련시켜 복종하게 하는 방법을 말하고 있다. 병사들이 앉거나 일어나고, 모이거나 해산하는 방법 등을 가르치는 것을 말하기도 한다. 또한 징과 북을 절도 있게 활용하는 군대 정돈법이나 훈련의 내용 면에서 보면 사졸을 훈련하고 그들에게 깃발의 변화 등 구체적인 상황이나 각종 전투 동작의 변화 등을 통해 위엄있는 군대를 만들 것을 말하고 있다.

싸우는 법을 가르쳐 천하에 위엄을 세워라

무왕이 태공에게 물었다.

"삼군의 무리를 모이게 하여 사졸들에게 싸움의 방법을 가르쳐 익히게 하려면 어떻게 해야 합니까?"

태공이 대답했다.

"무릇 삼군을 거느리려고 할 때 [퇴각하게 하는] 징과 [진격하게 하는] 북의 절도[212]가 있는 것은 병사들을 정돈하고 가지런하게 하기 위해서입니다. 장수는 반드시 먼저 벼슬아치와 병사들에게 명확하게

---

212) 원문의 '절節'을 번역한 것인데, 손자는 "[독수리나 매처럼] 사나운 새가 빠르게 날아와 다른 새의 목뼈를 부러뜨리고 날개를 꺾는 것은 '절도〔節〕' 때문이다〔鷙鳥之疾, 至於毀折者, 節也〕."《손자병법》〈세勢〉 편)라고 개념을 규정했으니 참조해서 읽어볼 만하다.

알려주고 거듭 세 번씩 명하여 무기를 잡고 일어나고 앉는 것과 깃발로 지휘하는 변화하는 방법을 가르쳐야 합니다.

그러므로 벼슬아치와 병사들을 가르쳐서 한 사람으로 하여금 전투를 배우도록 하여 가르침이 이루어지면 모아서 열 명으로 하고, 열 사람이 전투를 배우도록 하여 가르침이 이루어지면 모아서 백 명으로 하며, 백 명이 전투를 배우도록 하여 가르침이 이루어지면 모아서 천 명으로 하고, 천 명이 전투를 배우도록 하여 가르침이 이루어지면 모아서 만 명으로 하며, 만 명이 전투하는 방법을 배우도록 하여 가르침이 이루어지면 모아서 삼군의 병사로 하고, 크게 싸우는 법을 가르쳐 가르침이 이루어지면 모아서 백만으로 합니다. 그러므로 강대한 군대를 이룰 수 있어, 위엄을 천하에 세우게 되는 것입니다."

무왕이 말했다.

"훌륭하십니다!"

武王問太公曰:"合三軍之衆, 欲令士卒服習[213], 敎戰之道奈何?"

太公曰:"凡領三軍, 有金鼓之節, 所以整齊士衆者也. 將必先明告吏士, 申之以三令, 以敎操兵起居, 旌旗指麾之變法. 故敎吏士, 使一人學戰, 敎成, 合之十人; 十人學戰, 敎成, 合之百人; 百人學戰, 敎成, 合之千人; 千人學戰, 敎成, 合之萬人; 萬人學戰, 敎成, 合之三軍之衆, 大戰之法敎成, 合之百萬之衆. 故能成其大兵, 立威於天下."

武王曰:"善哉!"

---

213) 통행본 판본에는 '연사練士'로 쓰여있으나 '복습服習'으로 교감하는 것이 더 타당하다고 본다.

제55편 균병均兵: 병력을 고르게 배치하라

【해설】

이 편은 전차병과 기병 그리고 보병 등을 배치할 때 지형의 험난함과 평탄함을 살피면서 병력을 고르게 배치해야 한다고 말하고 있다. 아울러 상황별 작전 원칙도 다루고 있는데, 주로 병종의 차이에 따른 전투력의 대비 관계를 주도면밀하게 예의 주시하여 진지를 구축하는 방법과 함께 군대 조직을 치밀하고 일사불란하게 대응해 나갈 것을 강조하고 있다. 아울러 평지에서의 작전 요령과 험지에서의 작전 요령 등도 다루고 있는데, 구체적인 숫자 제시를 통한 세밀한 담론이 인상적이다.

전차 부대와 기병 부대 등의 배치법

무왕이 태공에게 물었다.

"전차로 보병과 싸우면 [아군] 전차 한 대로 보병 몇 명을 감당합니까? 보병 몇 명으로 [아군] 전차 한 대를 감당합니까? 기병으로 보병과 싸우면 [아군의] 기병 한 명으로 적의 보병 몇 명을 감당합니까? [적의] 보병 몇 명으로 [아군] 기병 한 명을 감당합니까? 전차로 기병과 싸우면 [아군] 전차 한 대로 기병 몇 명을 감당합니까? 적의 기병 몇 명으로 우리의 전차 한 대를 감당합니까?"

태공이 대답했다.

"전차란 군대의 깃과 날개[214]이니, 견고한 진영을 무너뜨리고 강한 적을 쳐부수며 달아나는 적을 막아냅니다. 기병은 적군을 엿보고 살피며[215] 달아나는 적을 뒤쫓고 군량 길을 끊어버리며 재빠른 적군[216]을 공격합니다.

그러므로 전차와 기병이 적수가 안 되는데도 싸우게 되면, 기병 한 명이 보병 한 명을 감당하지 못합니다. 삼군의 무리가 진을 이루고 서로 싸우면, 평지에서 전투하는 방법은 이렇습니다. 전차 한 대가 보병 팔십 명을 감당하고 보병 팔십 명이 전차 한 대를 감당하며, 기병 한 명이 보병 여덟 명을 감당하고 보병 여덟 명이 기병 한 명을 감당하며, 전차 한 대가 기병 열 명을 감당하고 기병 열 명이 전차 한 대를 감당합니다.

험준한 곳에서 싸우는 방법은 이렇습니다. 전차 한 대가 보병 사십 명을 감당하고 보병 사십 명이 전차 한 대를 감당하며, 기병 한 명이 보병 네 명을 감당하고 보병 네 명이 기병 한 명을 감당하며, 전차 한 대가 기병 여섯 명을 감당하고 기병 여섯 명이 전차 한 대를 감당합니다.

대저 전차와 기병은 군대의 무장한 군대이므로, [전차] 열 대가 [보병] 천 명을 패배시키고 [전차] 백 대가 [보병] 만 명을 패배시키며, 기병 열 명이 [보병] 백 명을 패배시키고, [기병] 백 명이 보병 천 명을 패배시키니, 이것이 그 개략적인 숫자입니다."

武王問太公曰:"以車與步卒戰, 一車當幾步卒? 幾步卒當一車? 以騎

---

214) 원문의 '우익羽翼'을 번역한 것으로, 새의 깃과 날개는 날아오르게 만드는 기능이 있다. 적을 공격하기도 하고 막으면서 보호하는 역할도 하며 빠른 기동력을 발휘한다.

215) 원문의 '사후伺候'를 번역한 것으로, 적군의 상황을 엿보고 기회를 보아 빈틈을 포착해서 목표물을 향해 강력하게 공격하는 것이다.

216) 원문의 '편구便寇'를 번역한 것으로, 아군의 빈틈을 살펴서 재빠르게 몰래 공격하는 기병 부대를 말한다.

與步卒戰, 一騎當幾步卒? 幾步卒當一騎? 以車與騎戰, 一車當幾騎? 幾騎當一車?"

太公曰: "車者, 軍之羽翼也, 所以陷堅陳, 要彊敵, 遮走北也. 騎者, 軍之伺候也, 所以踵敗軍, 絕糧道, 擊便寇也. 故車騎不敵戰, 則一騎不能當步卒一人. 三軍之衆, 成陳而相當, 則易戰之法: 一車當步卒八十人, 八十人當一車; 一騎當步卒八人, 八人當一騎; 一車當十騎, 十騎當一車. 險戰之法: 一車當步卒四十人, 四十人當一車; 一騎當步卒四人, 四人當一騎; 一車當六騎, 六騎當一車. 夫車騎者, 軍之武兵也, 十乘敗千人, 百乘敗萬人, 十騎敗百人, 百騎走千人, 此其大數也."

전차 부대와 기병 부대의 진 치는 방법

무왕이 물었다.

"전차 부대와 기병 부대의 벼슬아치 숫자와 진지를 구축하는 방법은 어떠해야 합니까?"

태공이 대답했다.

"전차 부대에 두어야 하는 벼슬아치의 숫자는 이렇습니다. 전차 다섯 대에 우두머리(長) 한 명을 두고, 전차 열 대에 벼슬아치(吏) 한 명을 두고, 전차 쉰 대에 장교(率) 한 명을 두고, 전차 백 대에 장수(將) 한 명을 둡니다.[217]

평평한 땅에서 전투하는 방법은 이렇습니다. 전차 다섯 대를 일

---

[217] 원문의 '장長', '이吏', '솔率', '장將'은 지휘관인 장교의 계급을 지칭하는 것으로 보인다.(유동환 설).

열로 만들어 서로 간의 거리가 사십 걸음 떨어지게 하고, 왼쪽과 오른쪽은 열 걸음 두고, 부대 사이는 육십 걸음을 둡니다. 험준한 곳에서 전투하는 방법은 이렇습니다. 전차는 반드시 길을 따라 전차 열 대를 취聚로 만들고, 전차 스무 대를 둔屯[218]으로 만들며, 앞과 뒤의 거리가 서로 스무 걸음으로 하고, 좌우의 사이가 여섯 걸음으로 하며, 부대 사이가 서른여섯 걸음으로 하니, 전차 다섯 대에 우두머리 한 명이 종횡으로 이 리 떨어져서 저마다 옛길로 돌아가게 해야 합니다.

기병 부대에 배치하는 벼슬아치의 숫자는 이렇습니다. 기병 다섯 명에 우두머리 한 명, 기병 열 명에 벼슬아치 한 명, 기병 백 명에 장교 한 명, 기병 이백 명에 장수 한 명을 둡니다.

평지에서 전투하는 방법은 이렇습니다. 기병 다섯 명을 일 열로 만들어 앞뒤 거리를 서로 스무 걸음 거리를 두고, 좌우의 간격이 네 걸음 거리를 두고, 부대 사이가 쉰 걸음 되게 합니다. 험지에서 전투하는 방법은 이렇습니다. 앞뒤를 열 걸음 거리를 두고, 좌우의 간격은 두 걸음 거리를 두고 부대 사이는 스물다섯 걸음 거리를 둡니다. 서른 명의 기병을 일 둔屯으로 만들고, 예순 명의 기병을 한 배輩로 만드는데, 기병 열 명에 벼슬아치 한 명을 두어 가로세로로 서로 백 걸음 떨어져서 두루 돌아 각각 원래의 위치로 돌아갑니다."

무왕이 말했다.

"훌륭하십니다!"

---

218) 여기서 취聚나 둔屯은 전차나 기병의 단위를 가리키는 것이다.

武王曰:"車騎之吏數,陳法奈何?"

太公曰:"置車之吏數:五車一長,十車一吏,五十車一率,百車一將.易戰之法:五車為列,相去四十步,左右十步,隊間六十步.險戰之法:車必循道,十車為聚,二十車為屯;前後相去二十步,左右六步,隊間三十六步,五車一長;縱橫相去二里,各返故道.置騎之吏數:五騎一長,十騎一吏,百騎一率,二百騎一將.易戰之法:五騎為列,前後相去二十步,左右四步,隊間五十步.險戰者:前後相去十步,左右二步,隊間二十五步;三十騎為一屯,六十騎為一輩,十騎一吏;縱橫相去百步,周環各復故處."

武王曰:"善哉!"

제56편 무거사武車士: 용맹한 전차 병사

【해설】

전체에서 가장 짧은 편폭 중 하나인 이 편은 재능과 기예가 있는 병사를 선발하여 전차병으로 활용하는 방법을 다루고 있다. 나이와 신체 조건과 용맹함과 재능 여부 등 당시 전차 병사가 군대에서 가장 용맹한 병사 중 하나로서 전투력이 뛰어나 상당한 위상을 확보하고 있음을 알 수 있다. 그러므로 그들에 대한 예우도 상당했음을 보여주는데, 이어지는 57편 〈무기사武騎士〉 편과 자매 편으로 연계된다.

용맹한 전차병을 선발하라

무왕이 태공에게 물었다.
"전차 병사를 선발하려면 어떻게 해야 합니까?"
태공이 대답했다.
"전차 병사를 선발하는 방법은 나이는 마흔 살 이하로서 키는 일곱 자 다섯 치[219] 이상으로 달리기는 능히 달아나는 말을 쫓아가고, 치달리는 말에 올라타서 앞과 뒤, 왼쪽과 오른쪽으로 오르내리고 두루 돌기도 하며, [적의] 깃발을 묶기도 하고, 여덟 석[220]이나 되는

---

219) 원문의 '칠척오촌七尺五寸'은 오늘날의 치수와는 다르니 주나라 제도상으로 말하면 일 척이 여섯 치 반에서 일곱 치 사이로 보면 된다.
220) 원문의 '팔석八石'으로 960근斤이다. 한 석은 120근인데 주나라 단위로 계산한 결과다. 이 역시 중량 단위로 오늘날의 그것과 다르니, 주나라 단위로 한 근은 오늘날의 2분의 1근 수준이다.

쇠뇌를 당길 수 있어서 앞과 뒤, 왼쪽과 오른쪽으로 활을 쏨에 모두 [몸에] 숙련된[221] 자를 선발하여야 합니다. 이를 이름하여 '용맹한 전차병(武車之士)'이라고 하니, 두텁게 대우하지 않을 수 없습니다.

武王問太公曰:"選車士奈何?"

太公曰:"選車士之法, 取年四十已下, 長七尺五寸已上, 走能逐奔馬, 及馳而乘之, 前後, 左右, 上下周旋, 能縛束旌旗, 力能彀八石弩, 射前後左右皆便習者. 名曰武車之士, 不可不厚也."

---

221) 원문의 '편습便習'을 번역한 것으로 '숙련熟練'이란 단어의 의미다.

제57편 무기사武騎士: 용맹한 기마 병사

【해설】

이 편도 앞 편에 이어 기마 병사를 선발하는 방법을 다루고 있는데, 구체적인 나이와 신체 조건 및 말을 탈 줄 알고 달리면서 활도 당겨 쏠 줄 알아야 하며, 말 위에서의 마술馬術도 가지고 있는 자를 선발한다는 내용 등을 구체적으로 다루고 있다. 기마병도 전차병과 마찬가지로 용맹무쌍하고 재능이 출중하여 상당한 대우를 받았으니, 군대에서 이들의 위상도 상당했음을 알 수 있다.

용맹한 기마 병사 선발법

무왕이 태공에게 물었다.
"기마 병사를 선발하려면 어떻게 해야 합니까?"
태공이 대답했다.
"기마 병사를 선발하는 방법은 나이는 마흔 살 이하로서 키는 일곱 자 다섯 치 이상이고, 건장하고 걸음이 같은 부류[222]를 훨씬 뛰어넘으며, 말을 타고 달리면서 활을 당겨서 쏠 줄 알고, 앞뒤와 왼쪽 오른쪽을 두루 돌기도 하면서 나아가고 물러나며, 구덩이를 뛰어넘고 언덕도 올라가고, 가파르고 험한 곳을 무릅쓰고 큰 못을 가로지르며, 강한 적에게 달려가고 많은 군대를 어지럽힐 수 있는 자

---

222) 원문의 '윤등倫等'을 번역한 것으로 '동류同類'와 같은 말이다.

들을 선발합니다. 이를 이름하여 '용맹한 기병(武騎之士)'이라고 하니, 두텁게 대우하지 않을 수 없습니다."

武王問太公曰:"選騎士奈何?"
太公曰:"選騎士之法, 取年四十已下, 長七尺五寸已上, 壯健捷疾, 超絶倫等, 能馳騎轂射, 前後左右周旋進退, 越溝塹, 登丘陵, 冒險阻, 絶大澤, 馳強敵, 亂大衆者. 名曰武騎之士, 不可不厚也."

제58편 전차戰車: 전차전

【해설】

전차전은 땅의 형세에 의지하여 전쟁하는 것으로, 주로 이로운 지형을 잘 활용해야 전차의 공격력을 확보할 수 있으며, 불리한 지형에서는 전차가 '절경絶境'으로 빠질 수 있다고 한다. 여기서 죽음에 이르는 땅 열 곳과 이길 수 있는 땅 여덟 곳을 구체적으로 설명하면서 전차전에서 가장 기본적인 전술 요건에 대해 강조한다. 또한 지형의 조건과 작전의 유기적인 관계를 피력하면서 만일 이런 점을 숙지하지 못하면 실전에서 치명적인 장애 요인이 생기게 된다는 점을 아울러 지적하고 있다.

명칭은 같으나 쓰임새가 다르다

무왕이 태공에게 물었다.
"전차전을 어떻게 해야 합니까?"
태공이 대답했다.
"보병은 바뀌어 달라짐을 아는 것을 귀하게 여기고, 전차[부대]는 땅의 형세를 아는 것을 귀하게 여기며, 기병은 지름길과 샛길을 아는 것을 귀하게 여기니, [이들] 세 군대는 명칭을 함께하지만 쓰임을 달리합니다. 무릇 전차전에는 죽음에 이르는 땅 열 곳이 있고, 이길 수 있는 땅 여덟 곳이 있습니다.

武王問太公曰: "戰車奈何?"
太公曰: "步貴知變動, 車貴知地形, 騎貴知別徑奇道: 三軍同名而異用也. 凡車之死地有十, 其勝地有八."

죽음에 이르는 땅 열 곳

무왕이 물었다.
"죽음에 이르는 땅 열 곳은 어떻습니까?"
태공이 대답했다.
"나아갈 수 있어도 돌아올 수 없는 곳은 전차[부대]가 죽는 땅입니다. 가파르고 험한 곳을 넘어가 추격하다가 적이 멀리 가기만 하는 곳은 전차가 힘이 다한 땅입니다. 앞쪽은 평이하나 뒷쪽은 가파르고 험한 곳은 전차가 곤란해지는 땅입니다. 험준하고 막힌 곳에 빠져서 나오기 어려운 곳은 전차가 빠져나오기 힘든 땅입니다. 무너져 내려 점점 질척거리고 검은 흙에 찰진 곳은 전차가 힘만 드는 땅입니다. 왼쪽은 험하고 오른쪽은 평탄하며 위로는 구릉으로 산비탈을 올려다보는 곳은 전차가 거슬러 올라가야 하는 땅입니다. 무성한 풀이 밭이랑으로 이리저리 있고 깊은 못을 침범하는 곳은 전차가 [진격하기 힘든] 어긋난 땅입니다.
전차가 적고 지형은 평이하여 보병과 대적할 수 없는 곳은 전차가 패하는 땅입니다. 뒤로는 도랑이 있고 왼쪽으로는 깊은 물이 있으며 오른쪽으로는 험준한 산비탈이 있는 곳은 전차가 파괴되는 땅입니다. 장맛비가 밤낮으로 열흘이 돼도 그치지 않으니 길은 무너지고 꺼져 앞으로 나아가지 못하고 뒤로도 벗어날 수 없는 곳은 전차가 빠지게 되는 땅입니다.
이 열 곳은 전차가 죽는 땅이므로, 어설픈 장수는 사로잡히게 되는 까닭이고, 현명한 장수라면 능히 피해야 하는 까닭입니다."

武王曰:"十死之地奈何?"
太公曰:"往而無以還者, 車之死地也; 越絕險阻, 乘敵遠行者, 車之竭地也; 前易後險者, 車之困地也; 陷之險阻而難出者, 車之絕地也; 圮下漸澤, 黑土黏埴者, 車之勞地也; 左險右易, 上陵仰阪者, 車之逆地也; 殷草橫畝, 犯歷深澤者, 車之拂地也; 車少地易, 與步不敵者, 車之敗地也; 後有溝瀆, 左有深水, 右有峻阪者, 車之壞地也; 日夜霖雨, 旬日不止, 道路潰陷, 前不能進, 後不能解者, 車之陷地也. 此十者, 車之死地也; 故拙將之所以見擒, 明將之所以能避也."

이길 수 있는 땅 여덟 곳

무왕이 물었다.
"이길 수 있는 땅 여덟 곳은 어떻습니까?"
태공이 대답했다.
"적의 앞과 뒤의 행렬과 진영이 안정되지 않으면 곧장 쳐부숴야 하고, 깃발이 어지럽고 사람과 말이 자주 놀라서 움직이면 곧장 쳐부숴야 하며, 사졸들이 한편으로는 앞에 있고 다른 한편으로는 뒤에 있으며 한편으로는 왼쪽에 있고 다른 한편으로는 오른쪽에 있으면 곧장 쳐부숴야 하고, 진영이 견고하지 못하고 사졸들이 앞과 뒤에서 서로 돌아보면 즉시 쳐부숴야 하며, 앞으로는 가면서도 의심하고 뒤로 가서는 두려워하고 겁먹으면 곧장 쳐부숴야 하고, 삼군이 갑자기 놀라서 모두 다급하게 일어나면 곧장 쳐부숴야 하며,

평탄한 땅에서 전투하면서 저녁에도 [갑옷을] 벗지 못하면 곧장 쳐부숴야 하고, 멀리 행군하여 저녁에 막사에 있으면서 삼군이 두려워하면 곧장 처부숴야 합니다. 이 여덟 가지는 전차가 이기게 되는 땅입니다.

장수가 되어 열 가지 해로운 곳과 여덟 가지 이길 수 있는 곳에 밝으면, 적이 비록 천 대의 전차와 만 필의 기마로 주위를 에워싼다고 해도, 앞으로 몰고 옆에서 치달려 만 번 싸워도 반드시 이길 것입니다.”

무왕이 말했다.

“훌륭하십니다!”

武王曰:"八勝之地奈何?"

太公曰:"敵之前後, 行陳未定, 即陷之; 旌旗擾亂, 人馬數動, 即陷之; 士卒或前或後, 或左或右, 即陷之; 陳不堅固, 士卒前後相顧, 即陷之; 前往而疑, 後恐而怯, 即陷之; 三軍卒驚, 皆薄而起, 即陷之; 戰於易地, 暮不能解, 即陷之; 遠行而暮舍, 三軍恐懼, 即陷之. 此八者, 車之勝地也. 將明於十害, 八勝, 敵雖圍周, 千乘萬騎, 前驅旁馳, 萬戰必勝."

武王曰:"善哉!"

제59편 전기戰騎: 기병전

【해설】

 이 편은 기병으로 적과 전투하는 전술을 다룬 것으로, 전차전과 마찬가지로 기병전도 승리하기 위해서는 그 기동성과 전투력의 특장점을 잘 활용하고 단점을 숨겨서 적들을 제압할 것을 요청하고 있다. 구체적으로 열 가지 승리법과 아홉 가지 패배 상황이 있음을 지적한다. 특히 전쟁의 복잡한 상황에서 내건 이런 전투법은 실제 전투 상황을 염두에 두고 제시한 것이다.

두 종류의 기병전

 무왕이 태공에게 물었다.
 "기병전을 어떻게 해야 합니까?"
 태공이 대답했다.
 "기병전에는 열 가지 승리[223]와 아홉 가지 패배가 있습니다."

 武王問太公曰: "戰騎奈何?"
 太公曰: "騎有十勝, 九敗."

---

[223] 태공은 승리하는 기병전의 전술이 열 가지라고 했는데 서술한 것을 살펴보면 실제로는 여덟 가지밖에 없다. 왜 두 가지가 누락되었는지에 관해서는 본문이 중간에 빠져버렸다는 설도 있고, 그렇지 않다는 설도 있는 등 의견이 분분하다.

열 가지 승리

무왕이 물었다.
"열 가지 승리는 어떤 것입니까?"
태공이 대답했다.
"적들이 막 도착하여 행렬과 진영이 미처 안정되지 못하고 앞과 뒤가 [제대로] 이어지지 못하면 저들의 앞쪽 기병들을 무찌르고 저들의 왼쪽과 오른쪽을 공격하면 적들은 반드시 달아날 것이요, 적들의 행렬과 진영이 정돈되고 견고하며 사졸들이 싸우려고 하면 우리 기병이 왼쪽과 오른쪽에 있어 떠나지 않으면서 한편으로는 달려가고 다른 한편으로는 달려오되 그 빠르기는 폭풍과 같고 그 맹렬함은 우레와 같아 대낮에도 [먼지가 일어나] 어두운 듯하며 [병력이 많은 듯] 자주 깃발을 바꾸고 의복을 갈아입으면 저들의 군대를 이길 수 있을 것이요, 적들의 행렬과 진영이 견고하지 못하여 사졸들이 싸우지 못하면 저들의 앞뒤를 압박하고 저들의 왼쪽과 오른쪽을 사냥하듯 하여 날개를 펼치면서 공격하면 적들은 반드시 두려워할 것이요, 적들이 저물녘에 막사로 돌아가고자 할 때 삼군이 두렵고 놀라워하면 왼쪽과 오른쪽 두 옆을 날개처럼 펼치고 저들의 뒤를 재빨리 공격하고 저들의 보루 입구를 압박하여 [저들로] 하여금 [진영으로] 들어가지 못하게 하면 적들은 반드시 패할 것이요, 적들의 [지형이] 가파르고 험해서 견고하게 수비할 곳이 없으면 오래도록 달려 깊숙이 쳐들어가 저들의 군량 길을 끊어버리면 적이 반드시 굶주릴 것이요, [적진의] 지형이 평탄하고 쉬워서 사방에서 적진이 보일 때 전차와 기병으로 무찌르면 적들이 반드시 어지러워질 것이요, 적들이 빠르게 달아나고 사졸들이 흩어져 어지러우면 한편으로는 그 양옆을 날개처럼 펼치고[공격하고] 다른 한편으로는 저들의 앞과 뒤를 몰래 치면 저들의 장수를 사로잡을 수 있을 것이요, 적들이 저물녘에 돌아갈 때 저들의 병력이 매우 많으면 저들의 행렬과 진영이 반드시 어지러울 것이니, [그럴 경우] 우리 기병 열 명을 한 부대로 삼고 백 명을 한 둔屯으로 삼으며 전차 다섯 대를 한 취聚로 삼고 열 대를 한 군群으로 삼아서 깃발을 많이 꽂아놓고 강한 궁노 부대를 섞어 배치해서 한편으로는 저들의 양옆을 날개처럼 펼치고 다른 한편으로는 저들의 앞뒤를 끊어버리면 적의 장수를 사로잡을 수 있을 것입니다.

이것이 기병의 열 가지 승리입니다."

武王曰: "十勝奈何?"

太公曰: "敵人始至, 行陳未定, 前後不屬, 陷其前騎, 擊其左右, 敵人必走; 敵人行陳整齊堅固, 士卒欲鬪, 吾騎翼而勿去, 或馳而往, 或馳而來, 其疾如風, 其暴如雷, 白晝而昏, 數更旌旗, 變易衣服, 其軍可克; 敵人行陳不固, 士卒不鬪. 薄其前後, 獵其左右, 翼而擊之, 敵人必懼; 敵人暮欲歸舍, 三軍恐駭, 翼其兩旁, 疾擊其後, 薄其壘口, 無使得入, 敵人必敗; 敵人無險阻保固, 深入長驅, 絕其糧路, 敵人必饑; 地平而易, 四面見敵, 車騎陷之, 敵人必亂; 敵人奔走, 士卒散亂, 或翼其兩旁, 或掩其前後, 其將可擒; 敵人暮返, 其兵甚衆, 其行陳必亂. 令我騎十而為隊, 百而為屯, 車五而為聚, 十而為群; 多設旌旗, 雜以強弩, 或擊其兩旁, 或絕其前後, 敵將可虜. 此騎之十勝也."

아홉 가지 패배

무왕이 물었다.

"아홉 가지 패배는 어떤 것입니까?"

태공이 대답했다.

"무릇 기병으로 적을 무찌르다가 진영을 깨트리지 못하는데 적이 거짓으로 달아나다가 전차와 기병으로 우리의 뒤를 공격하면 이는 기병이 패배하는 땅이요, 도망하는 적을 뒤쫓아가 험한 곳을 지나가고 깊이 몰고 가 멈추지도 못하는데 적들이 우리의 양쪽에 몰래 숨어있다가 우리의 뒤쪽을 끊어버리면 이는 기병이 포위되는 땅이요, 나아가기만 하고 돌아올 길은 없고 들어가기만 하고 나올 길은 없으니 이것을 일러 '하늘 우물[224]'에 굴러떨어지고 땅 구멍에 주둔하다〔陷於天井, 頓於地穴〕'라고 하니 이는 기병이 죽는 땅이요, 쫓아서 들어가는 곳은 좁고 쫓아서 나오는 곳은 멀어서 저들의 약한 군대가 우리의 강한 군대를 공격할 수 있고 저들의 적은 병력으로 우리의 많은 병력을 공격할 수 있으니 이는 기병이 몰살당하는 땅이요, 큰 계곡물과 깊은 골짜기와 무성하게 우거진 숲이면 이는 기병이 힘을 다하게 되는 땅이요, 왼쪽과 오른쪽에는 물이 있고 앞에는 큰 언덕이 있으며 뒤로는 높은 산이 있어 [우리] 삼군은 두 물 사이에서 싸우고 적은 안팎으로 있으면 이는 기병이 어려움을 겪는 땅이요, 적들이 우리의 군량 길을 끊어 나갈 수는 있어도 돌아올 수

---

[224] 원문의 '천정天井'을 번역한 것으로, 높은 언덕으로 이루어진 사방의 한복판에 땅이 꺼져서 물이 고여 낮은 습지로 된 계곡으로, 우물 모양의 지형을 뜻한다. 《손자병법》〈행군〉편의 '천함天陷'이란 단어를 염두에 두면 된다.

없으면 이것은 기병이 곤궁해지는 땅이요, 낮은 지형으로 늪이고 못인 진펄이라 나아감과 물러남에 있어 흠뻑 젖게 된다면 이것은 기병이 걱정해야 하는 땅이요, 왼쪽에는 깊은 도랑이 있고 오른쪽에는 높은 언덕이 있어 높은 곳에서 내려다볼 때는 평평한 땅과 같아서 나아감과 물러남에 [적이] 쳐들어오도록 유인하면 이것은 기병이 함정에 빠지는 땅입니다.

이 아홉 가지는 기병이 죽음에 이르는 땅이니, 현명한 장수는 멀리하고 피하지만, 어리석은 장수는 빠져들어 [싸우다가] 패배하는 것입니다."

武王曰:"九敗奈何?"

太公曰:"凡以騎陷敵而不能破陳, 敵人佯走, 以車騎返擊我後, 此騎之敗地也; 追北踰險, 長驅不止, 敵人伏我兩旁, 又絶我後, 此騎之圍地也; 往而無以返, 入而無以出, 是謂陷於天井, 頓於地穴, 此騎之死地也; 所從入者隘, 所從出者遠, 彼弱可以擊我強, 彼寡可以擊我衆, 此騎之沒地也; 大澗深谷, 翳薉林木, 此騎之竭地也; 左右有水, 前有大阜, 後有高山, 三軍戰於兩水之間, 敵居表裏, 此騎之艱地也; 敵人絶我糧道, 往而無以返, 此騎之困地也; 汙下沮澤, 進退漸洳, 此騎之患地也; 左有深溝, 右有坑阜, 高下如平地, 進退誘敵, 此騎之陷地也. 此九者, 騎之死地也, 明將之所以遠避, 闇將之所以陷敗也."

제60편 전보戰步: 보병전

【해설】

이 편은 보병이 어떤 방식으로 대응하여 싸울 것인가를 다루고 있는데, 불리한 상황이더라도 두려워하지 말고 합리적인 군대의 배치와 각종 병기를 활용하여 대응하라고 제시한다. 지리적으로 열세인 상황에서도 행마와 나무 마름쇠 등 기계 등을 활용하면 얼마든지 승리할 수 있다는 점을 말하고 있으니, 이 편에서도 장점을 잘 살리고 상대의 단점을 공략하는 방식을 취하라고 강조한다.

보병이 전차나 기병과 싸우려면

무왕이 태공에게 물었다.

"보병이 전차나 기병과 싸울 때 어떻게 해야 합니까?"

태공이 대답했다.

"보병이 전차나 기병과 싸울 때 반드시 언덕이나 가파르고 험한 곳에 기대서, 긴 병기와 강한 쇠뇌로 [무장한 부대를] 앞에 두고, 짧은 병기와 약한 쇠뇌로 [무장한 부대를] 뒷면에 두어, 번갈아 출동하고 번갈아 멈춰야 합니다. 적의 전차와 기병이 아무리 많이 오더라도 진영을 굳건하게 하고 빠르게 싸우며, 용감무쌍한 병사와 강한 쇠뇌로써 우리의 뒤를 대비해야 합니다."

武王問太公曰:"步兵車騎戰奈何?"

太公曰:"步兵與車騎戰者, 必依丘陵險阻, 長兵强弩居前, 短兵弱弩居後, 更發更止. 敵之車騎, 雖衆而至, 堅陣疾戰, 材士強弩, 以備我後."

불리한 상황에서 두려움에 떨지 않고 방어하는 법

무왕이 물었다.

"우리에게는 언덕이 없고 게다가 가파르고 험한 곳도 없는데, 몰려온 적은 이미 병력이 많고 게다가 용맹하며, 전차와 기병이 우리 양옆을 날개처럼 하여 [공격하고] 우리의 앞뒤를 사냥하면, 우리의 삼군은 두려움에 떨면서 어지럽게 달아날 것이니, 이를 어떻게 해야 합니까?"

태공이 대답했다.

"우리의 사졸에게는 [목책인] 행마와 나무 마름쇠를 만들고 소나 말의 대오를 갖추어두며 네 개의 사무충진을 만들게 합니다. 적의 전차와 기병이 쳐들어오는 것이 보이면 마름쇠를 두루 펼쳐놓고 땅을 둘러 파놓되 넓이와 깊이를 다섯 자로 하여야 하니, 이를 이름하여 '목숨 지키는 대그릇〔命籠〕'이라고 합니다.

병사들이 행마를 잡고 앞으로 나아가 전차를 보루 삼아 막고서 밀어 나아가거나 물러나게 하고 세워 머물게 될 진영을 만듭니다. 용감하고 무예가 뛰어난 병사와 강한 쇠뇌로 우리의 왼쪽과 오른쪽을 대비하게 하고, 그다음에 우리 삼군에게는 모두 빠르게 싸우게 하고 느슨해지지 않도록 합니다."

무왕이 말했다.

"훌륭하십니다!"

武王曰："吾無丘陵，又無險阻，敵人之至，既眾且武，車騎翼我兩旁，獵我前後，吾三軍恐怖，亂敗而走，為之奈何？"

太公曰："令我士卒為行馬，木蒺藜，置牛馬隊伍，為四武衝陣．望敵車騎將來，均置蒺藜，掘地匝後，廣深五尺，名曰'命籠'．人操行馬進退；闌車以為壘，推而前後，立而為屯；材士強弩，備我左右，然後令我三軍，皆疾戰而不解．"

武王曰："善哉！"

삼략三略

상략 上略

【해설】

〈상략上略〉에는 주로 《군참軍讖》의 말을 인용하여 나라를 다스리고 군대를 통솔하는 것 위주로 논하고 있는데, 특히 예의를 닦고 민의를 중시하며 상벌을 분명히 하고 간사함을 멀리하라는 네 가지 원칙에 초점을 맞추고 있다.

첫머리부터 사람이 자신의 의지를 실현하기 위해 무엇보다 중요한 것이 황로 용병의 요체이기도 한 '유도柔道', 즉 '부드러운 도'를 기본으로 삼아야 함을 강조하고 있다. 심원한 노자老子의 사상에 바탕을 둔 정치와 군사의 문제를 다루고 있는데, 사물의 변화에 따른 상황 변화에 민감하게 대응하라는 조언이 두 번째 장에서도 펼쳐진다.

저자는 정치의 근본은 사람에게 있으므로 인재를 얻는 것을 우선시해야 한다는 것을 필두로, 노자의 사상을 수용하여 부드러움과 약함이 단단함과 강함을 제압할 수 있다고 말한다. 이어서 군대와 국가의 요체가 뭇사람의 마음을 살피는 데 있다고 말한다. 그러고는 선비가 나라의 영웅임을 강조하고, 장수는 모든 일을 사졸들과 함께하라고 하면서 마음을 얻어야 한다고 말한다. 상벌의 중요성을 여러 차례 강조하고, 군주가 장수의 일에 관여하지 말고 믿으라는 충고는 오늘날도 유효하다. 그러고는 장수에게 필요한 자질은 무엇이며, 또 모략에서 비밀 유지가 왜 중요한지를 명쾌하게 다룬다.

나라의 창고가 비거나 백성이 가난해져서는 안 된다는 것을 강조하고, 망할 조짐이 있는 나라 환란의 원천은 무엇인지, 등용과 물러남의 원칙은 무엇인지 등등 국가의 흥망과 성쇠의 근간에 대해 구체적으로 말한다. 나라의 존엄과 장수의 근본이 무엇인지, 방대한 내용을 다루고 있는데 서양의 군사 전략가인 카를 폰 클라우제비츠Carl von Clausewitz가 "전쟁은 정치의 연속이다."라고 한 말을 떠올리게 하는 문장도 많다.

문장을 읽다 보면 용인과 모사 등의 상황에서 대립하거나 변화무쌍한 것에 대한 대책을 강조하는 부분이 특히 인상적이다. 반고班固가 지은 《한서漢書》〈예문지藝文志〉'병서략兵書略'의 분류에 의하면, 병서를 권모·

형세·음양·기교 등으로 나누는데, 이《삼략三略》도 권모류에 속하며 〈상략上略〉 역시 〈중략中略〉과 더불어 권모의 다양한 문제를 다루고 있다. 구체적이면서 중심적인 부분은 전반부에서 밝히고 있는 뛰어난 장수나 우두머리에 대한 요청 사안, 후반부에서 간사한 자나 소인배를 물리치라고 하는 부분도 유의하며 읽어볼 만하다. 이 모든 것은 단순한 병법의 문제가 아니라 인간 사회의 여러 문제에 적용할 만한 귀중한 내용이어서 고달픈 삶을 살아가는데도 적지 않은 도움이 된다.

1. 모든 일은 인재 얻는 것이 먼저다

대저 주재하고 통수하는[1] 법도는 영웅의 마음을 사로잡아[2] 공을 세운 사람에게 상과 녹봉을 내리고, 뭇사람에게 뜻을 통하게 하는 것이다. 그러므로 뭇사람과 좋아하는 것을 함께하면 이루어지지 못함이 없고, 뭇사람과 나쁜 일을 함께하면 기울어지지 않음이 없다.

나라를 다스리고 집안[3]을 평안하게 하는 것은 인재를 얻었기 때문이고, 나라를 망치고 집안을 깨뜨리는 것은 인재를 잃었기 때문이니, 기를 품고[4] 있는 부류가 그 뜻을 얻기를 모두 원하게 된다.

夫主將之法, 務攬英雄[5]之心, 賞祿有功, 通志於眾. 故與眾同好, 靡[6]不成; 與眾同惡, 靡不傾. 治國安家, 得人也; 亡國破家, 失人也, 含氣之類, 咸願得其志.

---

1) 원문의 '주장主將'을 번역한 것으로 보충 설명이 필요하다. 장수의 의미보다는 군주의 의미와 장수의 의미를 동시에 갖는 개념으로, 여기서는 군주도 포함하여 포괄적으로 봐야 한다는 견해도 적지 않다. 원문의 '주主'는 "주재하고 관장하는 것이다. 국가의 편안함과 위태로움을 주재하고 삼군의 사명을 주재하는 것이다〔宰也掌也. 主國家之安危, 將三軍之司命〕."《신간증보삼략新刊增補三略》라는 주석을 보면 '주재하고 통수하는' 것으로 풀이하는 것도 문제가 없다고 본다.
2) 원문의 '람攬'은 '움켜쥐다'라는 뜻으로 '손에 넣다'라는 의미다.
3) 원문의 '가家'는 사회 구성단위의 하나로 사회·국가·천하의 핵심이자 천하 국가의 성패를 가늠하는 요인이다.
4) 원문의 '함기含氣'는 '기운을 머금다'라는 의미로서 기본적으로 목숨이나 기운이 붙어있는 생명체를 포괄적으로 지칭하는 말이다.
5) 풀의 정수가 '영英'이고, 짐승의 무리를 거느리는 것을 '웅雄'이라고 한다.
6) 원문의 '미靡'는 '무無'의 의미다.

2. 부드러움과 약함의 힘이 제왕의 스승이 갖춰야 할 덕목이다

《군참軍識》[7]에서 말한다.

"부드러움은 굳셈[8]을 제압할 수 있고, 약함은 강함을 제압할 수 있다."[9]

부드러움은 덕망이요, 굳셈은 도적이다. 약한 자는 사람들이 도와주는 바요, 강한 자는 원망이 공격하는 바다. 부드러움은 베푸는 바가 있고, 굳셈은 보충할 바가 있으며, 약함은 쓰는 바가 있고, 강함은 더해야 할 바가 있으니, 이 네 가지를 겸비해야 그 마땅함을 이룰 것이다.

[일의] 실마리와 끝[10]이 보이지 않으면 사람들은 아무도 [그 일을] 알지 못하고, 하늘과 땅은 신비하고 밝아[11] 만물에 따라 변화하니, [이처럼] 변화하여 움직임에 일정함이 없고 적의 굴러가는 변화에

---

7) 전쟁의 승패와 길흉화복을 예언한 책으로 지금은 남아있지 않다. 여기서 '참讖' 자는 장래를 예언하는 문자라는 의미다.
8) 《신간증보삼략》에서 "《周易》에 '하늘에 있는 도道를 음陰과 양陽이라 하고, 땅에 있는 도道를 유柔와 강剛이라 한다.'라고 했다(易曰: '在天之道曰陰與陽也, 在地之道曰柔與剛也.')."라는 말을 염두에 둘 만하다.
9) 《노자 도덕경老子道德經》 36장의 "부드럽고 약한 것이 굳세고 강한 것을 이긴다(柔弱勝剛强)."라는 말을 참조해서 읽을 만하다.
10) 원문의 '단말端末'을 번역한 것이다. 일은 단端에서 비롯되고 말末에서 끝마치니 '수미首尾'와 같은 말로서 '전체'나 '모두'라는 의미다.
11) 원문의 '신명神明'의 개념은 다음과 같은 주석을 염두에 둘 만하다. "방향도 없고 형체도 없어 신묘하여 헤아릴 수 없는 것을 '신神'이라고 하고, 눈으로 보는 바가 보이지 못하는 바가 없는 것을 '명明'이라 하니, 헤아리기 어려운 것은 '신'보다 더한 것이 아무것도 없고, 하늘에 있는 것은 해와 달보다 밝은 것이 아무것도 없다(無方無體, 妙之莫測, 曰神, 目之所睹, 無所不見, 曰明, 難測者莫過於神, 在天者莫明於日月).."《신간증보삼략》)

따라야 하며[12], [남들보다] 일을 먼저 하지 않고 [적이] 움직이면 곧장 따라 한다. 그러므로 도모하고 제어함에 있어서 끝이 없으며, 천자의 위엄을 도와서 이루게 한다. [천자는] 지극히 먼 곳[13]을 바로잡아 바르게 하고 아홉 오랑캐[14]를 평정하는[15] 것이다. 이와 같이 도모하는 자[16]는 제왕의 스승이 된다.

그러므로 말한다.

"강함을 탐하지 않는 자가 없으나, 미세함[17]을 지킬 수 있는 자는 적다. 만약 미세함을 잘 지키면 이윽고 그 삶을 보존할 수 있다."

성인[18]은 그것을 파악하여 사물의 미묘한 변화에 응수한다. 그것

---

12) 원문의 '변화變化'라는 개념은 "'변變'은 권변權變이고 '화化'는 조화造化로, 있음[有]으로부터 없음[無]에 이르는 것을 일러 '변'이라고 하고, 없음[無]으로부터 있음[有]에 이르는 것을 일러 '화'라고 한다. '변'은 '화'의 점진이요, '화'는 '변'의 완성이다[變權變也, 化造化也, 自有而無, 謂之變, 自無而有, 謂之化, 變者, 化之漸, 化者, 變之成]."(《신증증보삼략》)라고 주석한 것을 참조할 만하다.

13) 원문의 '팔극八極'을 번역한 것으로, 사방四方인 동東(진震)·서西(태兌)·남南(리離)·북北(감坎)을 말하고 사유四維인 서북西北(건乾)·동북東北(간艮)·동남東南(손巽)·서남西南(곤坤)을 합친 것을 말하므로 지극히 먼 곳이라는 의미다.

14) 원문의 '구이九夷'를 번역한 것인데, '구이'란 견이畎夷·우이于夷·방이方夷·황이黃夷·백이白夷·적이赤夷·원이元夷·풍이風夷·양이陽夷를 말한다. 당시 비교적 세력이 강성했을 것으로 추론된다.

15) 원문의 '밀密'은 '정정'과 같은 뜻이다.

16) 원문의 '여차모자如此謀者'를 번역한 것으로, '여如'가 어떤 판본에는 '지知'로 쓰여있는 경우도 있으나 취하지 않는다.

17) 원문의 '미微'는 '세사細事', 즉 '미세한 일' 정도의 의미로서 '가을 터럭의 끝[秋毫之末]'처럼 아주 얇지만 자세히 보면 보이는 정도이며, 이것이 큰일이 된다는 뜻이다. '미微'는 '아니다, 없다'라는 뜻이지만, 아예 없는 것이 아니라 겉으로는 보이지 않으나 속에는 기미가 이미 있어서 아주 미세한 것일지라도 시작되는 의미를 함축하고 있다.

18) 원문의 '성인聖人'은 유가적 개념이라기보다는 좀 더 포괄적으로 '통치자' 혹은 '위정자'를 가리킨다.

을 펼치면 사해에 가득하고[19], 그것을 거두면 뜻을 채우지도[20] 못하며, 그것을 보관함에 방과 집을 쓰지 않고, 그것을 지킴에 성곽[21]을 쓰지 않으며, 그것을 가슴속[22]에 감추어두면[23] 적국이 복속되는 것이다.

《군참》에서 말한다.

"부드러울 수 있고 굳셀 수 있으면 그 나라는 더욱 빛난다.[24] 약할 수 있고 강할 수 있으면 그 나라가 더욱 드러난다. 순진하게 부드럽고 순진하게 약하기만 하면 그 나라의 영토가 반드시 줄어들게 된다. 순진하게 굳세고 순진하게 강하기만 하면 그 나라는 반드시 멸망한다."

《軍讖》曰: "柔能制剛, 弱能制強." 柔者, 德也; 剛者, 賊也. 弱者人之所助; 強者怨之所攻. 柔有所設, 剛有所施, 弱有所用, 強有所加: 兼此

---

19) 원문의 '미彌'를 번역한 것으로 '가득함[滿]'의 의미와 통한다.
20) 원문의 '영盈'의 사전적 의미는 '채우다'이다.
21) 원문의 '성곽城郭'에서 성은 내성內城이요, 곽은 외성外城이다.
22) 원문의 '흉억胸臆'을 번역한 것이다.
23) 원문의 '장藏'을 번역한 것으로 "마음이 가슴속에 있어 몸의 주체가 되니, 뭇 이치를 신묘하게 하고 만물을 주재한다[心在胸臆而爲身之主, 妙衆理而宰萬物]."라고 했는데, 《신간증보삼략》에 "묘妙'는 자연이 하나로 합하여 운용하고 헤아릴 수 없는 뜻이 있다[妙有自然合一運用不測之意]."라고 풀이한 것을 염두에 둘 만하다.
24) 《맹자孟子》〈양혜왕梁惠王 하下〉에 있는 "문왕께서는 한 번 노여워하여 천하의 백성을 편안하게 했습니다[文王一怒而安天下之民]."라는 글을 염두에 둘 만하다. 이 말은 《시경》에 이르기를, '왕께서 불끈 노여워하시자 이에 그 군대를 정비하여 거莒나라를 치러 가는 무리를 막고는 주周나라의 복을 두터이 하여 천하에 보답했네.'라고 했으니, 이것은 문왕의 용기입니다[詩云, '王赫斯怒, 爰整其旅, 以遏徂莒, 以篤周祜, 以對于天下.' 此文王之勇也]."라는 맹자의 발언 다음에 이어지는 구절이다.

四者而制其宜. 端末未見, 人莫能知, 天地神明, 與物推移, 變動無常, 因敵轉化, 不爲事先, 動而輒隨. 故能圖制無疆, 扶成天威. 匡正八極, 密定九夷. 如此謀者, 爲帝王師. 故曰: "莫不貪强, 鮮能守微. 若能守微, 乃保其生. 聖人存之, 動應事機." 舒之彌四海, 卷之不盈懷, 居之不以室宅, 守之不以城郭, 藏之胸臆, 而敵國服.《軍識》曰: "能柔能剛, 其國彌光. 能弱能强, 其國彌彰. 純柔純弱, 其國必削. 純剛純强, 其國必亡."

3. 현명한 사람과 백성에게 기대고 정성을 다하라

대저 나라를 다스리는 길은 현명한 사람과 백성에게 기대는 것이니, 현명한 사람을 신뢰하는 것을 마치 복심腹心처럼 하고, 백성을 부리는 것을 마치 팔다리처럼 하면 계책을 세워도 잃어버리는 일이 없게 된다. 가는 곳마다 팔다리와 몸이 서로 따르고 뼈와 마디가 서로 도와주니, 하늘의 도리처럼 자연스러워 그 교묘함에 틈이 없게 된다.

군대와 나라의 요체는 뭇사람의 마음을 살펴서 온갖 사무를 베푸는 것이니, 위태로운 자를 편안히 해주고, 두려워하는 자를 기쁘게 해주며, 배반하는 자를 돌아오게 하고, 원망하는 자를 용서하며, 하소연하는 자를 [사실 여부를] 살펴주고, 비천한 자를 귀하게 해주며, 강한 자를 억눌러주고, 대적하는 자를 쇠잔하게 만들며, 탐욕을 부리는 자를 풍요롭게 해주고, [의욕을 갖고] 하고자 하는 자를 부리며, 두려워하는 자를 숨겨주고, 꾀가 있는 자를 가까이하며, 참소하는 자를 뒤집어버리고, 방해하는 자를 보복하며, 반역하는 자를 못쓰게 만들고, 횡포를 부리는 자를 꺾어버리고, 가득한 자를 덜어주며, 귀의하려는 자를 불러들이고, 복종하는 자를 살려주며, 항복하는 자를 [죽음에서] 벗어나게 해야 한다.

견고한 곳을 얻었으면 지키고, 험준한 요새를 얻었으면 막으며, 어려운 곳을 얻었으면 주둔시키고[25], 성을 얻었으면 떼어주며, 토지를 얻었으면 나누어주고, 재화를 얻었으면 흩뜨리며, 적이 움직이면 살피고, 적이 가까이하면 대비하며, 적이 강하면 낮추고, 적이 안일하면 벗어나며, 적이 업신여기면 [때를] 기다리고, 적이 사나우면 편안하게 하며, 적이 패악을 부리면 의롭게 하고, 적이 화목하면 이간시키며[26], 순응하여 일을 일으키면 [적을] 꺾을 수 있고, 형세를 따르면 [적을] 깨뜨릴 수 있으니, 말을 내뱉으면 귀양 보내고, [어진 이를] 사방으로 그물을 펼치듯이 불러들여야 한다.

[재물을] 얻으면 지니고 있지 말고, 점거하면 지키려만 하지 말며, 공략할 때는 질질 끌지 말고, 군주를 세우면 취하지 말아야 한다. [일을] 도모하는 자는 자신이지만, [공을] 갖는 자는 사졸들이니, 어찌 [이러한] 이로움이 있는 바를 알겠으며, 그가 제후가 되었으면 나는 천자가 되어 [각자의] 성읍으로 하여금 스스로 지키게 하고, 선비로 하여금 스스로 편안히 거하게 해야 한다.

夫爲國之道, 恃賢與民, 信賢如腹心, 使民如四肢, 則策無遺. 所適如肢體相隨, 骨節相救, 天道自然, 其巧無間. 軍國之要, 察眾心, 施百

---

25) 원문의 '둔屯'은 병사를 무장시켜 지킨다는 의미다.
26) 원문의 '휴携'를 번역한 것으로 '휴攜'와 같으나 여기서는 '이離'의 뜻으로 쓰여 '이간하다', '떼놓다'의 의미로 보아야 한다.

務, 危者安之, 懼者歡之, 叛者還之, 冤者原之, 訴者察之, 卑者貴之,
強者抑之, 敵者殘之, 貪者豐之, 欲者使之, 畏者隱之, 謀者近之, 讒者
覆之, 毀者復之, 反者廢之, 橫者挫之, 滿者損之, 歸者招之, 服者活
之, 降者脫之. 獲固守之, 獲陋塞之, 獲難屯之, 獲城割之, 獲地裂之,
獲財散之, 敵動伺之, 敵近備之, 敵強下之, 敵佚去之, 敵陵待之, 敵暴
綏之, 敵悖義之, 敵睦攜之, 順擧挫之, 因勢破之, 放言過之, 四網羅
之. 得而勿有, 居而勿守, 拔而勿久, 立而勿取. 為者則己, 有者則士,
焉知利之所在, 彼為諸侯, 己為天子, 使城自保, 令士自處.

4. 나라의 영웅은 선비다

현재의 군주[27]는 조상을 조상으로 삼을 수 있으나[28] 아랫사람에게 낮출 수 있는 일은 드무니, 조상을 조상으로 삼는 것은 친밀함 때문에 하는 것이요, 아랫사람에게 낮추는 것은 군주의 직책 때문에 하는 것이다.

아랫사람에게 낮춘다는 것은 밭 갈고 뽕나무 가꾸는 것을 힘쓰게 하고, 그들의 농사철을 빼앗지 않으며[29], 세금을 적게 거두

---

27) 원문의 '세世'를 번역한 것인데, 여기서는 '현재의 군주'라는 개념으로 해석해야 한다.

28) 원문의 '조조祖祖'에서 앞의 '조'는 동사로 쓰인 것이고 뒤의 '조'는 목적어로 쓰인 것이다.

29) 원문의 '불탈기시不奪其時'를 의역한 것으로 '농시農時'를 피해 군대를 동원하라는 의미로서 《맹자》〈양혜왕 상〉에도 '불不'이 '물勿'로 한 글자만 바뀌고 똑같이 나온다.

어[30] 그들의 재물을 사라지게 하지 않고, 요역[31]을 드물게 하여 백성의 수고로움을 일삼지 않는 것으로, [그러면] 나라는 부유해지고 집안은 즐거워하니, 그러고 난 뒤에 선비를 선발하여 백성을 맡아 기르게[32] 해야 한다.

대저 이른바 '선비'는 영웅이다. 그러므로 "그 영웅을 그물 펼치듯[33] 불러들이면 적국이 곤궁해진다."라고 말하는 것이다.

영웅은 나라의 기둥이요, 서민[34]은 나라의 근본이니, 그 기둥을 얻고 그 근본을 거두면 정사가 시행되고 원망은 없어진다.

世能祖祖, 鮮能下下, 祖祖爲親, 下下爲君. 下下者, 務耕桑, 不奪其時, 薄賦斂, 不匱其財, 罕徭役, 不使其勞, 則國富而家娛, 然後選士以司牧之. 夫所謂士者, 英雄也. 故曰: "羅其英雄, 則敵國窮." 英雄者, 國之幹; 庶民者, 國之本, 得其幹, 收其本, 則政行而無怨.

---

30) 원문의 '박부렴薄賦斂'을 번역한 것으로, 토지에서 [농작물을] 생산하여 가을이면 윗사람에게 바치는 것을 '부賦'라고 하고, 봄이면 아랫사람에게서 거두어들이는 것을 '렴斂'이라고 한다.

31) 원문의 '요역徭役'에서 '요徭'는 '부리는(使)' 것으로, 집마다 부과하는 것을 '요'라고 하고, 몸에 부과하는 것을 '역役'이라고 한다.

32) 원문의 '사목司牧'을 번역한 것으로 백성을 맡아 기르는 것을 의미한다. 군주를 뜻하기도 하는데, 여기서는 지방의 우두머리를 지칭하는 것으로 보면 무방하다.

33) 원문의 '라羅'를 번역한 것으로, '그물로 새를 잡는 것(以網取鳥)'이란 의미다.

34) 원문의 '서민庶民'은 평상시에는 농사일하다가 전쟁이 나면 동원되는 백성을 가리킨다.

5. 군사를 부리는 요체와 인재 등용의 방도

대저 군사를 부리는 요체는 예의를 숭상하고 녹봉을 무겁게 하는 데에 있다. 예의를 숭상하면 지혜로운 선비가 이르고, 녹봉을 무겁게 하면 의로운 선비가 죽음을 하찮게 여긴다. 그러므로 현명한 이에게 녹봉을 주는 데 있어서 재물을 아끼지 않고, 공로가 있는 이에게 상을 주는 데 있어서 때를 넘기지 않으면, 아랫사람들이 힘을 합하여 적국의 영토가 줄어드는 것이다.

대저 인재를 등용하는 길은 작위로써 존중하고 재물로써 넉넉하게[35] 하면 선비들이 스스로 오고, 예의[36]로써 대접하고 도의로써 격려하면[37] 선비들이 죽을힘을 다한다.

夫用兵之要, 在崇禮而重祿. 禮崇則智士至, 祿重則義士輕死. 故祿賢不愛財, 賞功不踰時, 則下力幷, 敵國削. 夫用人之道, 尊以爵, 贍以財, 則士自來; 接以禮, 勵以義, 則士死之.

6. 장수는 사졸들과 모든 일을 함께하라

대저 장수는 반드시 사졸들과 자양분 있는 음식을 함께하고 편안함과 위태로움을 함께해야 적을 비로소 능가할[38] 수 있다. 그러

---

35) 원문의 '섬瞻'을 번역한 것으로 '넉넉하다(足)'의 의미다.
36) 원문의 '예禮'는 '공손하게 공경하며 겸손하게 사양함(恭敬遜辭)'을 뜻한다.
37) 원문의 '려勵'를 번역한 것으로 '힘쓰도록 격려하다(勉)'의 의미다.

므로 [우리] 군대에는 온전한 승리가 있고, 적에게는 온전한 멸망[39]이 있는 것이다.

옛날에 훌륭한 장군이 군사를 부릴 적에, 대나무 그릇에 술을 선물한[40] 자가 있었는데, 그것을 강물에 던지게 하고 사졸들과 흐르는 물을 함께 마셨다. 한 대나무 그릇의 술이 한 물을 맛있게 하지 못했으나, 삼군의 병사들이 죽음을 바칠 것을 생각했던 것은 자양분 있는 음식이 자기에게 미쳤기 때문이다.

《군참》에서 말한다.

"군대의 우물을 파는데 물이 나오지 않았다면 장수는 목마름을 말하지 않고, 군대의 막사가 갖추어지지 않았으면 장수는 피곤함을 말하지 않으며, 군대의 부엌[41]에서 아직 밥을 짓지 못했으면 장수는 배고픔을 말하지 않고, 겨울에는 갖옷을 입지 않고 여름에는 부채를 잡지 않으며, 비가 내려도 우산을 펴지 않으니, 이것을 일러 '예의를 지키는 장수'라고 한다."

병사들과 더불어 편안하고 병사들과 더불어 위태로우므로, 그 무리를 모을 수는 있으나 흩어지게 할 수는 없고, 쓸 수는 있으나 피곤하게 할 수는 없으니, 평소에 그 은혜[42]가 쌓이고 평소에 계책이 들어맞았기 때문이다. 그러므로 말하기를 "은혜 쌓기를 게을리하지

---

38) 원문의 '加'를 번역한 것으로 '능가하다'라는 의미다.
39) 원문의 '因'을 번역한 것으로, 이 글자는 '湮'의 오자로서 '滅'의 뜻과 같다. 여기서는 '멸망'의 개념으로 보면 무난하다.
40) 원문의 '궤단료饋簞醪'를 번역한 것으로, 높은 사람에게 음식을 올리는 것을 '궤饋'라고 하고 또 '향餉'이라고도 한다. '단簞'은 밥과 음식을 담는 그릇으로, 둥근 것을 '단'이라고 하고 네모난 것을 '사笥'라고 한다. '료醪'는 찌꺼기가 있는 술이다. '단'은 대나무로 만든 술잔이고, '료'는 탁주로 보면 무난하다.
41) 원문의 '군조軍灶'를 번역한 것으로 군영 안의 부엌을 말한다.

않으면 한 명으로 만 명을 취한다."라고 하는 것이다.

夫將帥者, 必與士卒同滋味而共安危, 敵乃可加. 故兵有全勝, 敵有全因. 昔者良將之用兵, 有饋簞醪者, 使投諸河, 與士卒同流而飮. 夫一簞之醪, 不能味一河之水, 而三軍之士思爲致死者, 以滋味之及己也. 《軍讖》曰: "軍井未達, 將不言渴; 軍幕未辦, 將不言倦; 軍竈未炊, 將不言飢. 冬不服裘, 夏不操扇, 雨不張蓋, 是謂將禮." 與之安, 與之危, 故其衆可合而不可離, 可用而不可疲, 以其恩素蓄謀素合也. 故曰: "蓄恩不倦, 以一取萬."

7. 장수가 위엄으로 삼는 것과 온전한 승리의 비결

《군참》에서 말한다.

"장수가 권위를 수립할 수 있는 것은 호령號令 때문이다. 전투에서 온전한 승리[43]를 할 수 있는 것은 [올바른] 군사행정[44] 때문이요, 사졸들이 죽음을 가벼운 마음으로 여기는 이유는 [장수의] 명령에

---

42) 《신간증보삼략》에서 "'은恩'은 덕德에서 비롯되고, '혜惠'는 인仁에서 비롯된다(恩始於德, 惠始於仁)."라고 주석한 것을 참조할 만하다.

43) 원문의 '전승全勝'을 번역한 것으로, 적을 온전한 상태로 보존하면서 이기는 것이다. 이 말의 의미는 손자가 《손자병법孫子兵法》〈모공謀攻〉 편 첫머리의 결론 부분에서 말한 "그러므로 백 번 싸워 백 번 이기는 것이 잘된 것 중의 잘된 용병이 아니며, 싸우지 않고 적을 굴복시키는 용병이 잘된 것 중의 잘된 용병이다(是故百戰百勝, 非善之善者也; 不戰而屈人之兵, 善之善者也)."라는 문장과 함께 읽어볼 만하다.

44) 원문의 '군정軍政'을 번역한 것으로 '군사행정'을 뜻한다.

복종하기 때문이다."

그러므로 장수는 명령을 되돌리는 일이 없고 상 주고 벌줌에 있어 반드시 믿음을 주어야 하며, 하늘처럼 [처리]하고 땅처럼[45] [처리]해야만 비로소 사람을 거느릴 수 있고, 사졸들이 명령에 복종해야 비로소 [적군의] 국경을 넘을 수 있다.

《軍讖》曰:"將之所以為威者, 號令也. 戰之所以全勝者, 軍政也; 士之所以輕死者, 用命也." 故將無還令, 賞罰必信; 如天如地, 乃可御人; 士卒用命, 乃可越境.

8. 지친 군대란

대저 군대를 통솔하고 권세를 지닌 이는 장수이고, [적을] 제압하고 승리하여 적을 파멸시키는 이는 병사들이다. 그러므로 '난장'[46]으로 군대를 보호하게 해서는 안 되고, [위아래가] 어그러진 병사들[47]로 남[적]을 정벌하게 해서도 안 된다.

---

45) 원문의 '천天'과 '지地' 그리고 '장수'를 뜻하는 '장將'에 관한 손자의 개념 규정을 한번 비교해볼 필요가 있다. "천이란 음양, 추위와 더위, 사계절의 변화다. 지란 [땅의] 멀고 가까움, 험준함과 평탄함, 넓음과 좁음, 살 곳과 죽을 곳이다. 장이란 [장수의] 지혜[智], 믿음[信], 어짊[仁], 용기[勇], 엄격함[嚴]이다(天者, 陰陽寒暑時制也. 地者, 遠近險易廣狹死生也. 將者, 智信仁勇嚴也)."(《손자병법》〈計〉 편)

46) 원문의 '난장亂將'을 번역한 것으로, 군대를 다루는 것이 엄격하지 못하고 호령이 불명확하며 지휘하는데 법을 준수하지 않으니, 줏대도 없는 장수이고 "법을 어그러뜨리는 장수이다(亂法之將)."라는 의미다. 일설에는 호령이 분명하지 않은 장수를 뜻하기도 한다(조강환 설).

성을 공략해도 함락시키지 못하고 고을[48]을 포위해도 없애버리지 못하니, 두 가지를 성공하지 못하면 병사들은 힘들고 지치고 쇠약해진다. 병사들이 힘들고 피폐해지면 장수는 고립되고 병사들도 거스르니[49], [그들을 동원해서] 지키려 해도 견고하지 못하고, [그들을 동원해서] 싸운다고 해도 패하여 달아날 것이니, 이것을 일러 '노병[50]'이라고 하는 것이다.

군대가 쓸모없게 되면[51] 장수의 위엄이 행해지지 못하고, 장수가 위엄이 없으면 사졸들이 형벌을 하찮게 여기며, 사졸들이 형벌을 하찮게 여기면 군대가 대오를 잃게 되고, 군대가 대오를 잃게 되면 사졸들이 달아나며, 사졸들이 달아나면 적이 이로운 기회를 타고, 적이 이로운 기회를 타면 군대는 반드시 잃게 된다.

夫統軍持勢者, 將也; 制勝破敵者, 眾也. 故亂將不可使保軍, 乖眾不可使伐人. 攻城則不拔, 圍邑則不廢, 二者無功, 則士力疲弊. 士力疲

---

47) 원문의 '괴중乖眾'을 번역한 것으로, 위아래가 조화롭지 못해 멋대로 행동하는 병사를 뜻한다. 또는 윗사람의 명령에 복종하지 않는 병사를 뜻하기도 한다. '어긋나고 떠나는 무리[乖離之眾]'라는 의미로 보기도 한다. 모두 일리 있는 말이다.

48) 원문의 '읍邑'은 '작은 성城'의 의미를 함축한 단어다. 바로 앞에 '성城'이란 단어와 대비되어 '성'은 비교적 큰 성을 가리키고, '읍'은 작은 성을 가리키는 것으로 보면 무방하다.

49) 원문의 '패悖'를 번역한 것으로 '패역悖逆'이란 의미다. "외롭고 단출하다[孤單]."라는 의미가 있다고도 하는데, 역자는 취하지 않는다. 한편, 어떤 판본에는 '특特'으로 되어있다.

50) 원문의 '노병老兵'은 늙은 병사이니, 군대에서 아무 쓸모가 없는 병사를 가리킨다.

51) 원문의 '병노兵老'를 번역한 것으로, 군대가 노쇠해져 쓸모없게 된 것을 가리킨다.

弊, 則將孤眾悖, 以守則不固, 以戰則奔北, 是謂老兵. 兵老則將威不行, 將無威則士卒輕刑, 士卒輕刑則軍失伍, 軍失伍則士卒逃亡, 士卒逃亡則敵乘利, 敵乘利則軍必喪.

9. 상과 벌에 엄격하라

《군참》에서 말한다.
"뛰어난 장수가 군대를 통솔할 때는 자신을 헤아려 배려하는 마음[52]으로 남을 다스리니, 은덕을 널리 베풀어 사졸들의 전력이 날로 새로워져서, 작전하는 것이 마치 바람을 일으키듯이 하고, 공격하는 것은 강물을 터놓은 듯이 한다."
그러므로 그 군대를 [적들은] 바라볼 수는 있으나 당해낼 수는 없고, 낮출 수는 있으나[53] 이기게 할 수는 없는 것이다. [장수는] 자신이 사람들보다 앞장서서 먼저 하기에 그의 병사들이 천하의 영웅 노릇을 하는 것이다.

《軍讖》曰:"良將之統軍也, 恕己而治人, 推惠施恩, 士力日新, 戰如風發, 攻如河決." 故其眾可望而不可當, 可下而不可勝. 以身先人, 故其兵為天下雄.

---

52) 원문의 '서恕'를 번역한 것으로 '헤아려 배려하는 마음'이란 의미다.
53) 원문의 '하下'를 번역한 것으로 '낮추다'라는 의미다.

10. 상벌을 타당하게 하라

《군참》에서 말한다.
"군대는 상을 겉으로 삼고, 벌을 속으로 삼는다."
상벌이 분명하면 장수의 권위가 시행되고[54], 사람들에게 벼슬 내리는 것이 들어맞으면 사졸들은 [마음으로] 복종하며, 임용된 사람이 현명하면 적국이 떨게 된다.

《軍讖》曰: "軍以賞爲表, 以罰爲裡." 賞罰明, 則將威行; 官人得, 則士卒服; 所任賢, 則敵國震.

11. 군주는 장수를 믿어야 한다

《군참》에서 말한다.
"현명한 자가 가는 곳에는 그 앞에 적이 없다."
그러므로 [군주가] 부장副將[55]에게 낮출 수 있어야지 교만해서는 안 되며, 장수에게 [신임 받는다는] 즐거움을 주어야지 [신임 못 받는다

---

54) 이 문장에서 상벌의 문제와 위엄과 복종의 상관관계는 매우 중요한 문제인데, 손자도 이렇게 말하고 있다. "병사들이 [장수와] 아직 친해지거나 기대려고 하지도 않는데 그들에게 벌을 주면 복종하지 않게 된다. 복종하지 않으면 다루기가 어렵다. 병사들과 이미 친해졌다고 해서 벌을 행하지 않으면 다룰 수 없게 된다(卒未親附而罰之, 則不服, 不服則難用也. 卒已親附而罰不行, 則不可用也)."(《손자병법》〈행군行軍〉편)
55) 원문의 '사士'인데, 여기서는 부장副將의 의미다. '장수'로 번역하는 경우도 있다.

고] 걱정하게 해서는 안 되며, 모략은 깊이가 있어야 의심을 품고 해서는 안 되는 것이다.[56]

[군주가] 부장에게 뽐내고 건방지면 아랫사람들이 따르지 않고, 장수를 걱정하게 하면 안팎[57]이 서로 신뢰하지 않으며, 모략이 의심스러우면 적국이 떨쳐 일어난다. 이런 군대로 [적을] 공격하고 정벌하면 환란이 닥치게 된다.

대저 장수는 국가의 운명이니, 장수가 제어하여 승리할 수 있으면 국가가 편안하고 안정된다.

《軍讖》曰:"賢者所適, 其前無敵." 故士可下而不可驕, 將可樂而不可憂, 謀可深而不可疑. 士驕則下不順, 將憂則內外不相信, 謀疑則敵國奮. 以此攻伐則致亂. 夫將者, 國之命也. 將能制勝, 則國家安定.

12. 장수가 갖춰야 할 자질

《군참》에서 말한다.

"장수는 마땅히 청렴하고, 마땅히 냉정하며, 마땅히 공평하고, 마땅히 [군기를] 정돈하며, 마땅히 간언을 받아들이고, 마땅히 송사를

---

56) 이 구절의 핵심어는 '모謀'로서 이는 모략을 잘 구사하라는 의미다. 사방이 제후국에 둘러싸인 상태에서 튼튼한 연맹을 맺거나, 때로는 상대국을 이기려면 모략을 통해 위협하고 때로는 이간질하고 때로는 유혹하는 등 주저 없이 다양한 수단을 동원해야 한다는 의미다.
57) 원문의 '내외內外'는, 군주는 궁궐 안을 다스리고 장수는 궁궐 밖의 일을 다스리는 것을 말하며, 여기서 '내'는 군주이고 '외'는 장수를 가리킨다.

들어야 하며⁵⁸⁾, 마땅히 인재를 받아들이고, 마땅히 [남의] 충언을 채택하며, 마땅히 나라의 풍속을 알고, 마땅히 산천[의 형세]을 잘 그리며, 마땅히 험하고 막힌 곳을 표시하고, 마땅히 군대의 권력을 제어해야 한다."

그러므로 말하기를 "어진 자와 현명한 자의 지혜, 성스럽고 밝은 자의 생각, 땔나무하는 자⁵⁹⁾의 발언, 궁전 신하들⁶⁰⁾의 대답, 흥성과 쇠락의 일 등을 장수는 마땅히 들어야 하는 바다. 장수가 선비 생각하기를 목마른 것처럼 하면 책략은 따라오게 된다. 대저 장수가 간언을 거부하면 영웅은 흩어지게 되고, 책략을 따르지 않으면 지모 있는 선비들이 배반하게 되며, 선한 자와 악한 자를 똑같이 대하면⁶¹⁾ 공을 세운 신하들은 게으르게 되고, 자기만을 오로지 하면 아랫사람들이 허물을 [장수에게] 돌리게 되며, 스스로를 자랑하면 아랫사람들은 공을 적게 세우고, 참언을 믿으면 뭇사람은 마음을 멀리하며, 재물을 탐하면 간사한 사람을 금하지 못하고, 집 안의 아녀자만 살펴보면⁶²⁾ 사졸들이 음탕하게⁶³⁾ 된다. 장수가 [이 가운데] 한 가

---

58) 원문의 '청송聽訟'에서 '청'은 들으려는 의도를 가지고 듣는 것이고, '송'은 '송사'이다. 그래서 '청송'은 송사를 들어서 판단한다는 의미다. 《논어論語》 〈안연顏淵〉 편에 "공자께서 말씀하시길, '송사를 들어서 판결함에, 나는 다른 사람과 같으나, 반드시 [백성으로 하여금] 송사가 없게 할진저!'〔子曰: '聽訟, 吾猶人也, 必也使無訟乎!'〕"라는 말이 있는데, 이 말은 나라를 잘 다스려서 시비 판결의 송사가 처음부터 생기지 않도록 하겠다는 다짐의 말이다.

59) 원문의 '부신지언負薪之言'을 번역한 것으로, '지언之言'이 생략된 판본도 있다. '부신'은 '땔나무하는 자〔採樵者〕'를 말한다.

60) 원문의 '낭묘廊廟'를 번역한 것으로, '낭'은 궁전의 행랑〔廡〕이고 '묘'는 종묘宗廟이다. 옛날에는 국가에 큰일이 있으면 반드시 낭묘에서 먼저 도모했다.

61) 원문의 '동同'은 '뇌동雷同'과 의미가 통한다. 다른 사람의 말을 듣고 부화附和하는 것을 '뇌동'이라고 하는데 같은 맥락이다. 이는 마치 우레가 소리를 일으키면 온갖 사물이 모두 호응하는 것과 같은 이치다.

지라도 가지고 있으면 무리가 [속으로] 복종하지 않고, 두 가지를 가지고 있으면 군대가 법식으로 삼을 것이 없으며, 세 가지를 가지고 있으면 아랫사람들이 패배하여 달아나고, 네 가지를 가지고 있으면 재앙이 나라에 미친다."라고 하는 것이다.

《軍讖》曰: "將能淸, 能靜, 能平, 能整, 能受諫, 能聽訟, 能納人, 能採言, 能知國俗, 能圖山川, 能表險難, 能制軍權." 故曰: "仁賢之智, 聖明之慮, 負薪之言, 廊廟之語, 興衰之事, 將所宜聞. 將者能思士如渴, 則策從焉. 夫將拒諫, 則英雄散; 策不從, 則謀士叛; 善惡同, 則功臣倦; 專己, 則下歸咎; 自伐, 則下少功; 信讒, 則衆離心; 貪財, 則姦不禁; 內顧, 則士卒淫. 將有一, 則衆不服. 有二, 則軍無式; 有三, 則下奔北; 有四, 則禍及國."

13. 장수의 모략은 비밀이 최우선

《군참》에서 말한다.

"장수의 모략은 비밀스러워야 하고, 모든 병사는 한마음이어야 하며, 적을 공격하는 것은 빨라야 한다."

장수의 모략이 비밀스러우면 간사한 마음이 닫히고, 모든 병사가 한마음이면 병사들의 마음이 단결되며, 적을 빠르게 공격하면 대비

---

62) 원문의 '내고內顧'를 번역한 것으로, "처와 첩을 사사로이 하는 것이다(私妻妾也)."라고 한 주석도 있음을 흥미롭게 염두에 둘 만하다.

63) 원문의 '음淫'을 번역한 것으로 '여색을 탐하다(貪色)'라는 뜻이다.

가 미처 갖춰지지 못한다. 군대에 이 세 가지가 있으면 계책을 [남에게] 빼앗기지 않는다.

장수의 모략이 새어나가면 군대는 기세가 없어지고, 밖에서 안을 엿보면[64] 화가 통제되지 않으며, [부정한] 재물이 병영으로 들어오면 모든 간사함이 모여든다. 장수에게 이 세 가지가 있으면 군대는 반드시 패한다.

《軍讖》曰:"將謀欲密, 士衆欲一, 攻敵欲疾." 將謀密, 則姦心閉; 士衆一, 則軍心結; 攻敵疾, 則備不及設. 軍有此三者, 則計不奪. 將謀泄, 則軍無勢; 外窺內, 則禍不制; 財入營, 則衆姦會. 將有此三者, 軍必敗.

14. 장수가 삼가는 네 가지

장수가 깊은 생각이 없으면 지모 있는 선비들이 떠나고, 장수가 용기가 없으면 벼슬아치와 병사들이 두려워하며, 장수가 망령되게 행동하면 병사들이 진중하지 못하고, 장수가 노여움을 [다른 사람에게] 옮기면 모든 군대가 두려워한다.

《군참》에서 말한다.

"깊이 생각하는 것과 용기 있는 것은 장수가 중요하게 여기는 바다. 행동하는 것과 노여워하는 것은 장수가 사용하는 바다."

이 네 가지는 장수가 분명하게 경계하는 것이다.

---

64) 원문의 '規窺'를 번역한 것으로 '規覵' 자와 같으며 '조금만 보는 것(小視)'이다.

將無慮, 則謀士去; 將無勇, 則吏士恐; 將妄動, 則軍不重; 將遷怒, 則一軍懼.《軍讖》曰:"慮也, 勇也, 將之所重. 動也, 怒也, 將之所用." 此四者, 將之明誡也.

15. 선비와 사졸을 부리거나 충성을 다하게 하는 법

《군참》에서 말한다.

"군대에 재물이 없으면 사졸들이 [다투어] 오지 않고, 군대에서 포상이 없으면 사졸들이 가지 않는다."

《군참》에서 말한다.

"향기로운 미끼 아래에는 반드시 낚시에 걸린 [죽어가는] 물고기가 있고, 무거운 포상 아래에는 반드시 목숨 바치는 [용맹한] 사내가 있다."

그러므로 예는 선비들이 귀의하는 바이고, 포상은 사졸들이 목숨을 바치는 바다. 그 귀의하는 바를 부르고 그 목숨을 바치는 것을 보여주면 구하고자 하는 자들이 이르게 된다. 그러므로 [먼저] 예로써 우대하고 나중에 후회하는 자에게는 선비들이 머물지 않고, 상을 주고 나서 나중에 후회하면 사졸들은 부려지지 않는다. 예와 상을 게을리하지 않으면 사졸들은 죽음을 무릅쓰고 다투게 된다.

《軍讖》曰:"軍無財, 士不來; 軍無賞, 士不往."《軍讖》曰:"香餌之下, 必有懸魚; 重賞之下, 必有死夫." 故禮者, 士之所歸; 賞者, 士之所死. 招其所歸, 示其所死, 則所求者至. 故禮而後悔者, 士不止; 賞而後悔者, 士不使. 禮賞不倦, 則士爭死.

16. 은혜와 백성이 갖는 힘

《군참》에서 말한다.

"군사를 일으키고자 하는 나라는 먼저 은혜를 융숭하게 하는 데 힘써야 하고, [적을] 공격하고 취하고자 하는 나라는 먼저 백성을 기르는 데 힘써야 한다."

적은 수로 많은 적을 이기는 것은 은혜이고, 약한 군대로 강한 적을 이기는 것은 백성이다. 그러므로 뛰어난 장수는 사졸을 기름에 있어 자기에게 하는 것과 바꾸어 하지 않으므로, 능히 삼군을 한마음이 되게 하면 곧 그 승리를 온전히 할 수 있는 것이다.

《軍讖》曰: "興師之國, 務先隆恩; 攻取之國, 務先養民." 以寡勝衆者, 恩也; 以弱勝強者, 民也. 故良將之養士, 不易于身, 故能使三軍如一心, 則其勝可全.

17. 나라가 비고 백성이 가난해지면 안 되는 이유

《군참》에서 말한다.

"군사를 부리는 요체는 반드시 먼저 적의 사정을 살피는 데 있으니, 그 창고를 지켜보아 그들의 양식을 헤아리고, 그들의 강함과 약함을 점치며, 그들의 하늘과 땅을 살피고, 그들의 빈틈을 엿보아야 한다."

그러므로 나라에 군대의 환란이 없는데도 양식을 옮겨가는 것은 [창고가] 비어있는 것이요, 백성이 [굶주려] 얼굴에 푸성귀의 기색이 있는 것은 궁색하기 때문이다. 천 리 멀리 양식을 옮겨가면 병사들이 굶주린 기색이 있고, 나무를 하고 풀을 벤 뒤에 밥을 지어서 먹으면 백성들이 오랫동안 배부르지 못하다.

대저 양식을 천 리[65] 운반하면 일 년 동안의 식량이 없게 되고, 이천 리 운반하면 이 년 동안의 식량이 없게 되며, 삼천 리 운반하면 삼 년 동안의 식량이 없게 되니, 이것을 일러 '나라가 비었다〔國虛〕'라고 하는 것이다.

나라가 비면 백성이 가난하고, 백성이 가난하면 윗사람[66]과 아랫사람이 가까워지지 못한다. 적이 그 바깥을 공격하고 백성은 그 안을 도둑질하니, 이것을 일러 '반드시 붕괴된다〔必潰〕'라고 하는 것이다.

《軍讖》曰: "用兵之要, 必先察敵情: 視其倉庫, 度其糧食, 卜其強弱, 察其天地, 伺其空隙." 故國無軍旅之難而運糧者, 虛也; 民菜色者, 窮也. 千里饋糧, 民有飢色; 樵蘇後爨, 師不宿飽. 夫運糧千里, 無一年之食; 二千里, 無二年之食; 三千里, 無三年之食, 是謂國虛. 國虛則民貧; 民貧則上下不親. 敵攻其外, 民盜其內, 是謂必潰.

---

65) 원문의 '천리千里'와 바로 이어지는 '이천리二千里', '삼천리三千里'가 원래의 판본에는 '백리百里', '이백리二百里', '삼백리三百里'로 되어있으나, 당시의 상황을 헤아려보면 불합리하다고 보아 《무경칠서회해武經七書匯解》에 의거 본문처럼 수정했다.

66) 원문의 '상上'을 번역한 것으로, 이 글자를 '윗사람'으로 번역해야 하는 경우가 《논어》에도 나온다. 예를 들어 "공자께서 말씀하셨다. 윗자리에 있으면서 너그럽지 않고, 예를 행하면서 공경하지 않고, 상을 당하여 슬퍼하지 않는다면, 내가 무엇으로써 그런 사람을 관찰할 수 있겠는가〔子曰: 居上不寬, 爲禮不敬, 臨喪不哀, 吾何以觀之哉〕?"(〈팔일八佾〉 편)

18. 망하는 나라의 개념

《군참》에서 말한다.

"윗사람[군주]이 잔혹함을 행하면 아랫사람[신하]은 다급하고 각박해지며, 부역이 무겁고 [세금을] 자주 거두며 형벌이 끝이 없으면 백성이 서로 해치니, 이것을 일러 '망하는 나라(亡國)'라고 한다."

《軍讖》曰: "上行虐則下急刻, 賦斂重數, 刑罰無極, 民相殘賊, 是謂亡國."

19. 도적질의 실마리

《군참》에서 말한다.

"안으로는 탐하면서 밖으로는 염결한 척하고, 거짓으로 칭찬을 꾸며서 명성을 취하며, 공공의 것을 훔쳐 은혜를 베풀어, 윗사람과 아랫사람들로 하여금 어리숙하게 만든다. 몸을 꾸미고 얼굴빛을 바른 체하여 높은 벼슬을 얻는 것을 일러 '도적질의 실마리(盜端)'라고 한다."

《軍讖》曰: "內貪外廉, 詐譽取名, 竊公為恩, 令上下昏. 飾躬正顏, 以獲高官, 是謂盜端."

20. 환란의 원천

《군참》에서 말한다.

"벼슬아치 무리가 붕당[67]을 만들고 저마다 가까이하는 사람을 [벼슬에] 나아가게 한다. 간사하여 부정한 사람을 불러 추천하고, 어진 자와 현명한 자를 억압하고 꺾으며, 공정함을 배반하고 사사로움을 세운다. 같은 지위이면서도 서로 헐뜯는 것을 일러 '환란의 원천〔亂源〕'이라고 한다."

《軍讖》曰: "群吏朋黨, 各進所親. 招擧姦枉, 抑挫仁賢, 背公立私. 同位相訕, 是謂亂源."

21. 어지러움의 뿌리

《군참》에서 말한다.

"강성한 종족[68]이 모여 간사함을 일삼고, 지위가 없으면서도 존중받으며, 위세를 떨치지 않음이 없고, 칡넝쿨과 등나무 넝쿨처럼 얽혀 연결되어 있으며, [사사로운] 덕을 심고 [사사로운] 은혜를 세우

---

67) 여기서 '붕당朋黨'은 작은 집단이며 작은 종파의 개념을 함축하고 있다. 한편, 송대의 구양수歐陽修는 〈붕당론朋黨論〉에서 이런 말을 남겼다. "무릇 군자는 군자와 더불어 도를 같이하여 붕당을 이룬다〔大凡君子與君子, 以同道爲朋〕."
68) 원문의 '강종强宗'을 번역한 것으로, 세력이 방대한 대가족 형태로 사회에서 영향력을 행사하는 종족을 말한다. 이들은 종종 조정朝廷과의 갈등 요인이 될 정도로 힘이 있었다.

고, 지위가 있는 자의 권세를 빼앗으며, 하층 백성을 침해하고 업신여긴다. 나라 안에서는 시끄럽게 떠들지만, 군신들은 은폐하고 말하지 않는 것을 일러 '환란의 뿌리〔亂根〕'라고 한다."

《軍讖》曰: "强宗聚姦, 無位而尊, 威無不震. 葛藟相連, 種德立恩, 奪在位權, 侵侮下民. 國內譁誼, 臣蔽不言, 是謂亂根."

22. 나라의 간적이란

《군참》에서 말한다.

"대대손손 간사함을 일삼고, 군주[69]를 침탈하고 도적질하며, 나아가고 물러남에 자기 멋대로 하고, 부정하게 왜곡해서 조문條文을 장난질하며, 그 군주를 위태롭게 하는 것을 일러 '나라의 간적〔國姦〕'이라고 한다."

《軍讖》曰: "世世作姦, 侵盜縣官, 進退求便, 委曲弄文, 以危其君, 是謂國姦."

---

69) 원문의 '현관縣官'을 번역한 것으로 본래는 '관가官家'를 가리키니, 군현의 현령이나 낮은 벼슬아치를 말한다. 그런데 이 문장에서는 '천자' 혹은 '군주'의 의미로 보아야 마땅하다.

23. 나라의 폐해가 되는 경우

《군참》에서 말한다.

"벼슬아치는 많고 백성은 적으며, 높은 자와 비천한 자가 서로 같으며, 강한 자와 약한 자가 서로 노략질하는데도[70], 아무도 때맞춰 금지하거나 막지 못하여 [화근이] 군자들에게까지 뻗어 미치면, 나라는 그 폐해를 입는다."

《軍讖》曰: "吏多民寡, 尊卑相若, 強弱相虜, 莫適禁禦, 延及君子, 國受其咎."

24. 등용과 물러남의 원칙

《군참》에서 말한다.

"선한 이를 좋게 여기면서도 나아가게 하지 못하고, 악한 이를 미워하면서도 물러나지 못하게 해서, 현명한 자가 숨어서 가려지고 어리석은 자가 자리에 있으면, 나라가 그 해를 입는다."

《軍讖》曰: "善善不進, 惡惡不退, 賢者隱蔽, 不肖在位, 國受其害."

---

70) 원문의 '노로(虜)'를 번역한 것으로 '능멸하다(陵)'라는 의미다.

25. 나라의 패망을 초래하는 길

《군참》에서 말한다.

"[종실의] 가지와 잎[71]이 강하고 커서 결탁하여 권세를 차지하며, [지위가] 낮고 천한 사람이 귀한 사람을 업신여긴 것이 오래되어 더욱 커지는데도 윗사람[군주]이 차마 그만두게 하지 못하면, 나라는 그 패망을 입는다."

《軍讖》曰: "枝葉強大, 比周居勢, 卑賤陵貴, 久而益大; 上不忍廢, 國受其敗."

26. 간사하고 아첨하는 신하를 등용해서 벌어지는 일

《군참》에서 말한다.

"아첨하는 신하가 윗자리에 있으면 온 군대가 소송하듯 하니, 권세를 끌어다가 스스로에게 부여하고, 행위는 뭇사람[의 이익]과 어긋나며, 나아감도 [원칙이] 없고 물러남도 [원칙이] 없고, 구차스럽게 용납됨을 취하며, 오로지 자신에게 맡겨 모든 일에 [자신의] 공로를 치켜세우며, 훌륭한 덕이 있는 사람을 헐뜯고, 힘쓰는 사람을 속이고 꾸며대며, 선함도 없고 악함도 없고, 모두 자기[의 이익]와 함께하며, 행하는 일을 꾸물거리고, 명령이 소통되지 않으며, 가혹한 정사

---

71) 원문의 '지엽枝葉'은 종실의 방계를 비유적으로 표현한 것이다.

를 조작하여 만들고, 옛 법을 변질시키고 상규常規를 바꾸며, 만약 [군주가] 이와 같은 아첨하는 사람을 등용하면 반드시 재난과 재앙을 입는다."

《軍讖》曰: "佞臣在上, 一軍皆訟, 引威自與, 動違于眾, 無進無退, 苟然取容, 專任自己, 舉措伐功, 誹謗盛德, 誣述庸庸; 無善無惡, 皆與己同, 稽留行事, 命令不通, 造作苟政, 變古易常, 若用佞人, 必受禍殃."

27. 군주의 눈과 귀를 막고 가리는 자를 경계하라

《군참》에서 말한다.

"간사한 영웅들이 서로를 칭찬하여 군주의 눈을 가리고 막고, 헐뜯음과 기리는 말이 함께 일어나서 군주의 귀를 가리고 막으며, 저마다 사사로운 사람을 편들어 군주로 하여금 충심[72]을 잃게 한다."

그러므로 군주는 이상한 말을 살펴야 곧 그 [사안의] 싹을 볼 수 있고, 군주가 유학에 정통하고 행적이 바른 현명한 사람[73]을 초빙해야 간사한 영웅들이 비로소 숨게 되며, 군주가 노련하면서 덕 있는 이[74]에게 맡기면 모든 일이 비로소 다스려지고, 군주가 바위

---

72) 원문의 '충忠'을 번역한 것으로, 본래 '충'은 '중中', '충沖' 등의 글자와 관련이 있다. 어떤 일을 꾀함에 있어 진실하고 성실한 마음으로 임해야 하며, 다른 사람을 절대 속여서는 안 된다는 뜻이다.

73) 원문의 '유현儒賢'을 번역한 것으로 유학에 정통하고 행적이 바르며 학문이나 현명함과 덕망을 갖춘 사람을 의미한다.

굴⁷⁵⁾에 사는 인사를 초빙해야 선비들이 비로소 실질[공적]을 얻을 수 있으며, 모략이 땔나무하는 자에게까지 미쳐야 공적을 비로소 기술할 수 있고, 사람의 마음을 잃지 않아야 덕이 비로소 가득 차서 넘쳐나는 것이다.

《軍讖》曰: "姦雄相稱, 障蔽主明; 毁譽並興, 壅塞主聰; 各阿所私, 令主失忠." 故主察異言, 乃觀其萌; 主聘儒賢, 姦雄乃遜; 主任舊齒, 萬事乃理; 主聘巖穴, 士乃得實; 謀及負薪, 功乃可述; 不失人心, 德乃洋溢.

---

74) 원문의 '구치舊齒'를 번역한 것으로, 나이는 들어 노련하면서도 덕이 있는 장자長者라는 의미다.
75) 원문의 '암혈巖穴'을 번역한 것으로, 《사기史記》〈백이열전伯夷列傳〉맨 마지막 부분에 "바위 굴에 숨어 사는 선비들은 일정한 때를 보아 나아가고 물러난다. 그러나 이러한 사람들의 명성이 묻혀 세상에 알려지지 않는 것은 정말로 슬픈 일이다〔巖穴之士, 趣舍有時若此. 類名堙滅而不稱, 悲夫〕!"라고 나온다.

중략中略

【해설】

〈상략〉에 이어 우선 '제자帝者'・'왕자王者'・'패자霸者' 등 삼황三皇, 오제五帝, 삼왕三王, 오패五霸 등을 화두로 제시하면서 서로 다른 역사적 특징을 가진 특징적 면모를 통해 권모술수가 어떻게 세상의 변화와 더불어 그 작용을 획득했는지 서술한다. 또한 군주의 덕목과 권도를 함께 언급하면서 통치술을 강조한다.

이어서 장수의 일에 군주가 관여하지 말라는 내용과 군대의 미묘한 권도를 다섯 가지로 분류하여 다루는 부분이 앞부분에 펼쳐진다. 장수가 군대를 지휘함에 있어서 군주의 신뢰 속에서 이루어져야 함을 피력하면서도 '미묘한 권도'로 불리는 다섯 가지도 충분히 숙지해야 함을 언급한다. 아울러 병사들의 심리적인 문제도 볼 수 있는 통찰력이 요구된다고 지적한다.

군대에 무당과 축원하는 자를 들이지 말라는 경고도 있고, 선비를 선비답게 다루라는 충고도 있는가 하면, 임기응변과 속임수와 기이한 계책이 군사를 부리는 데 있어 중요하다는 점을 강조한 부분을 보면, 장수는 전쟁할 때 정공만 고집하지 말고 기습과 권모술수 등 다양한 작전과 전술에도 능수능란해야 한다는 상식을 다시 일깨워준다. 그러고는 맨 마지막 부분에서 《삼략》을 지은 취지를 요약하면서 〈중략〉을 읽어야 할 이유를 논리적으로 잘 설명하고 있다.

이 편에 나와 있듯이, "성함과 쇠함을 통찰하고 얻음과 잃음을 헤아려 제도를 만든다〔觀盛衰, 度得失, 而為之制〕."라는 원칙이 어질고 덕이 뛰어난 왕의 통치 방향이라는 점이다. 민심의 향방은 결국 군주나 장수의 자질에 달려있고, 그것은 통치력과 전투 역량과 연결된다.

장수든 군주든 권모에도 정통한 다음에 비로소 "장수를 제어하고 대중을 통제할 수 있다〔어장통중御將統眾〕."라는 것이고, 남의 신하 된 자들로 하여금 "공을 온전히 하면서 몸을 보전할 수 있다〔전공보신全功保身〕."라는 것이다. 이 여덟 글자를 통해 이 편이 왜 인구에 회자되는지 그 이유를 충분히 알 수 있을 것이다.

1. 역할에 따라 다른 통치 방식

대저 삼황[76]은 말씀도 없이 천하를 교화하여 흘러 미치게 했으므로, 천하 사람들도 공로를 돌려야 할 바를 몰랐던 것이다.

오제[77]는 하늘을 체득하고 땅을 법도로 하여 말씀이 있고 명령이 있어서 천하가 태평했다. 군주와 신하가 공로를 양보하여, 천하에 교화가 행해졌으나, 백성은 그것이 그렇게 된 까닭을 알지 못했다. 그러므로 신하를 부림에 있어서 공로를 세운 사람을 예우하거나 상 주는 것을 기다리지 않아도, 공로는 아름답고 해로움이 없었던 것이다.

삼왕[78]은 도의로써 사람들을 제어하여 마음을 낮추어 뜻을 굴복하게 했고, 규범을 만들어 쇠미할 때를 대비했기에, 천하[에 있는 제후들]와 회동해도 왕의 직위는 없어지지 않았다. 비록 갑옷과 병기가 있더라도 싸워야 하는 걱정거리가 없어, 군주는 신하를 의심하지 않고 신하도 군주를 의심하지 않아서, 나라는 안정되고 군주도 편안하며, 신하가 의리로써 물러났으니, 또한 아름답고 해로움이 없었던 것이다.

오패[79]는 선비를 권도[80]로 제어했고, 선비와 신의로 교유했으며,

---

76) 원문의 '삼황三皇'은 전설 속의 제왕으로 설이 분분한데, 사마천은 천황天皇·지황地皇·태황泰皇을 지칭한다고 하고, 복희伏羲·신농神農·축융祝融을 지칭한다는 설도 있으며, 축융 대신에 여와女媧가 들어가야 한다는 설도 있다.

77) 원문의 '제帝'는 전설 속의 '오제五帝'를 지칭한다고 본다. 즉, 황제黃帝·전욱顓頊·제곡帝嚳·당요唐堯·우순虞舜 등 다섯 명을 가리킨다.

78) 원문의 '왕자王者'은 '삼왕三王'을 지칭한다. 즉, 하나라의 우禹임금, 은나라의 탕왕湯王, 주나라의 문왕文王을 가리킨다.

선비를 포상으로 부렸으니, 신의가 쇠미해지면 선비가 멀어지고, 포상이 부족하면 선비는 명을 따르지 않았던 것이다.

夫三皇無言而化流四海, 故天下無所歸功. 帝者, 體天則地, 有言有令, 而天下太平. 君臣讓功, 四海化行, 百姓不知其所以然. 故使臣不待禮賞, 有功, 美而無害. 王者, 制人以道, 降心服志, 設矩備衰, 四海會同, 王職不廢. 雖有甲兵之備, 而無鬪戰之患. 君無疑於臣, 臣無疑於主, 國定主安, 臣以義退, 亦能美而無害. 霸者, 制士以權, 結士以信, 使士以賞, 信衰則士疏, 賞虧則士不用命.

2. 장수의 일에 군주는 관여하지 마라

《군세軍勢》에서 말한다.

---

79) 원문의 '패패'는 '오패五霸'를 지칭하는데, 춘추시대 패권을 장악한 다섯 명의 제후로서 제환공齊桓公·진문공晉文公·송양공宋襄公·진목공秦穆公·초장왕楚莊王을 가리킨다. 여기서 송양공과 진목공 대신에 오왕吳王 합려闔閭와 월왕越王 구천句踐을 넣기도 한다.

80) 원문의 '권도權道'는 '임시변통의 방법'을 말하며, 물에 빠진 형수를 구해줘야 한다는 맹자와 순우곤의 흥미로운 대화록을 참조할 만하다. "순우곤이 물었다. '남녀 사이에는 주고받는 것을 직접 하지 않는 것이 예입니까?' 맹자께서 대답하셨다. '예이다.' [순우곤이] 물었다. '형수가 우물에 빠지면 [직접] 손으로 구해야 합니까?' [맹자께서] 대답하셨다. '형수가 물에 빠졌는데도 구하지 않는다면 이는 승냥이와 같다. 남녀 사이에 주고받는 것을 직접적으로 하지 않는 것은 예이고, 형수가 물에 빠졌는데 손으로써 구하는 것은 임시변통의 방법(권도)이다.'(淳于髡曰: '男女授受不親, 禮與?' 孟子曰, '禮也.' 曰: '嫂溺, 則援之以手乎?' 曰: '嫂溺不援, 是豺狼也. 男女授受不親, 禮也, 嫂溺, 援之以手者, 權也.'"(《맹자》〈이루離婁 상上〉) 물론 맹자가 말한 의도는 천하를 구원하는 것은 권도가 아닌 정도로 해야 함을 비유한 것이긴 하다.

"군대를 출동시키고 군대를 행군함에 있어 장수는 스스로 오로지 하니, 나아가고 물러나는 것을 [궁궐] 안에서 [군주가] 제어하면[81] 공은 어렵게 이루어진다."[82]

《軍勢》曰: "出軍行師, 將在自專, 進退內御, 則功難成."

3. 군대의 미묘한 다섯 가지 권도

《군세》에서 말한다.

"지혜로운 사람을 부리고, 용맹한 사람을 부리며, 탐욕스러운 사람을 부리고, 어리석은 사람을 부린다."

지혜로운 자는 자기 공을 세우는 것을 즐거워하고, 용감한 자는 자기 뜻을 행하는 것을 좋아하며, 탐욕스러운 자는 자신의 이익을 위해 달려가는 것을 좋아하고, 어리석은 자는 자기 죽음을 돌아보지 않으니, 자신의 지극한 정에 따라 사용하는 것은 군대의 미묘한 권도다.

---

81) 군주의 관여가 전쟁에 악영향을 미치는 점에 대해 손자는 이렇게 분석한다. "삼군(三軍, 모든 군대를 의미함)의 사정을 알지 못하면서 삼군 군정에 간섭하면 군사들은 미혹된다[不知三軍之事, 而同三軍之政, 則軍士惑矣]."《손자병법》〈모공〉편)

82) 군주와 장수의 철저한 역할 분담이 공을 이룬 사례는 분명하다. 즉, 옛날의 훌륭한 군주는 장수를 싸움터로 보낼 때 꿇어앉아 수레바퀴를 밀어주면서 "궁궐 안의 일은 내가 처리할 테니, 궁궐 밖의 일은 장군이 처리하시오[閫以內者, 寡人制之; 閫以外者, 將軍制之]."《사기》〈장석지풍당열전張釋之馮唐列傳〉)라고 하며, 군공과 작위와 포상은 모두 궁궐 밖에서 결정하고 돌아와서 보고하도록 했다.

《軍勢》曰: "使智使勇使貪使愚." 智者樂立其功, 勇者好行其志, 貪者邀趨其利, 愚者不顧其死, 因其至情而用之, 此軍之微權也.

4. 대중을 미혹시키거나 아랫사람을 가까이하지 못하게 하라

《군세》에서 말한다.

"말 잘하는 인사로 하여금 적의 좋은 점을 말하지 못하게 하는 것은 그 대중을 미혹하기 때문이요, 인자한 자로 하여금 재물을 주관하게 하지 않는 것은 그가 많이 베풀어서 아랫사람에게 영합하려 하기 때문이다."

《軍勢》曰: "無使辯士談說敵美, 為其惑眾; 勿使仁者主財, 為其多施而附於下."

5. 무당과 축원하는 자를 들이지 마라

《군세》에서 말한다.

"[군대에서는] 무당과 축원하는 자[83]를 금하여 벼슬아치와 사졸들로 하여금 군사상의 길함과 흉함을 점쳐서 묻지 못하게 해야 한다."

---

83) 원문의 '무축巫祝'을 번역한 것으로, '무'는 신을 섬기는 자이고, '축'은 신에게 기도하고 축원하는 자를 말한다.

《軍勢》曰:"禁巫祝, 不得爲吏士卜問軍之吉凶."

6. 의로운 선비를 재물로써 부리려 하지 마라

《군세》에서 말한다.

"의로운 선비를 부릴 때에 재물로써 하지 않는다. 그러므로 의로운 자는 인자하지 않은 자를 위하여 죽지 않고, 지혜로운 자는 어리석은 군주를 위하여 모략을 짜지 않는다."

《軍勢》曰:"使義士不以財. 故義者不爲不仁者死; 智者不爲暗主謀."

7. 군주와 신하 모두 덕이 우선이다

군주가 덕이 없어서는 가당치 않으니, 덕이 없으면 신하가 배반하게 되고, 위엄이 없어서는 가당치 않으니, 위엄이 없으면 권세를 잃게 된다.[84] 신하는 덕이 없어서는 가당치 않으니, 덕이 없으면 군주를 섬길 수 없고, 위엄이 없어서는 가당치 않으니, 위엄이 없으면 나라가 쇠약해지며, 위엄이 많으면 몸이 자빠지게[85] 된다.

---

84) 원문의 '실권失權'을 번역한 것으로, '권'은 저울의 추를 말한다. 사물의 가볍고 무거움을 저울질하여 그 평평함을 얻는 것이다. 여기서는 일을 처리하는 임기응변의 의미도 내포하고 있다.

85) 원문의 '궐蹶'을 번역한 것으로 '나라를 잃다', '정권을 잃다' 등의 의미를 지니고 있다.

主不可以無德, 無德則臣叛; 不可以無威, 無威則失權. 臣不可以無德, 無德則無以事君; 不可以無威, 無威則國弱, 威多則身蹶.

8. 임기응변과 속임수와 기이한 계책이 최우선

그러므로 어질고 덕이 뛰어난 왕은 세상을 다스릴 때는 성함과 쇠함을 관망하고, [권력의] 얻음과 잃음을 헤아려 제도를 만든다. 그러므로 제후는 이사[86]를 거느리고, 방백[87]은 삼사를 거느리며, 천자는 육사六師를 거느린다. 세상이 혼란스러우면 모반이 생기며, 왕의 은택이 마르면 맹서[88]하여 서로 죽이고 정벌한다.

덕이 같고 세력이 대적할 만하여 서로 [나라를] 기울어지게 할 수 없으면, 비로소 영웅의 마음을 사로잡아서 뭇사람과 좋아함과 싫어함을 함께하게 해야 하니, 그러고 난 다음에야 더하여 임기응변[89]할 수 있다. 그러므로 계책이 아니면 의심을 결단할 수 없고, 속임수와 기이한 계책이 아니면 간사함을 깨뜨려 도적들을 그만두게 할 수 없으며, 은밀한 모략이 아니면 공업을 이룰 수 없다.

---

86) 일사一師가 1만 2,500명이니, 이사二師는 2만 5,000명이다. 이군二軍이라고도 한다.
87) 원문의 '방백方伯'은 한 지역을 다스리는 제후를 감독하는 제후를 의미한다.
88) 고대 사람들은 피를 입술에 묻히거나 마셔 맹서(맹세)했는데, 제왕들은 소와 말의 피를 사용했고, 제후들은 돼지와 개의 피를 썼으며, 대부 이하는 닭의 피를 썼다.
89) 원문의 '권변權變'을 번역한 것으로 '임기응변의 계책'을 말한다.

故聖王御世, 觀盛衰, 度得失, 而為之制. 故諸侯二師, 方伯三師, 天子六師. 世亂則叛逆生, 王澤竭, 則盟誓相誅伐. 德同勢敵, 無以相傾, 乃攬英雄之心, 與眾同好惡, 然後加之以權變. 故非計策無以決嫌定疑, 非譎奇無以破姦息寇, 非陰謀無以成功.

9. 《삼략》의 요지와 군주가 《삼략》을 꼭 알아야 하는 이유

성인은 하늘을 체득하고, 현명한 사람은 땅을 본받으며, 지혜로운 사람은 옛것을 스승으로 삼는다. 이런 이유로 《삼략》은 쇠미해지는 세상을 위해 지은 것이다.

〈상략〉은 예의와 포상하는 것을 다루고, 간사한 영웅을 분별하며, 성공과 실패를 드러냈다. 〈중략〉은 덕행을 구분하고 임기응변을 살폈다. 〈하략〉은 도덕을 다루고, 편안함과 위태로움을 살피며, 현자의 허물을 밝혔다.

그러므로 다른 사람의 군주 된 자가 〈상략〉을 깊이 터득하게 되면 어진 사람에게 맡겨 적을 사로잡을 수 있다. 〈중략〉을 깊이 터득하게 되면 장수를 제어하고 대중을 통제할 수 있다. 〈하략〉을 깊이 터득하게 되면 성공과 쇠락의 근원을 밝게 알고, 나라를 다스리는 벼리를 살필 수 있는 것이다.

남의 신하 된 자가 〈중략〉을 깊이 알게 되면 공을 온전히 하면서 몸을 보전할 수 있다. 대저 높이 나는 새가 죽으면 좋은 활은 감춰지고, 적국이 멸망하면 모략을 꾀한 신하는 망한다.[90] 망한다는 것은 그 몸만 잃는 것이 아니며, 자신의 위엄을 빼앗기고 자신의 권세를 잃는다는 것을 말한 것이다.

조정에서 봉하여 남의 신하 된 자의 자리를 지극히 해서 공로를 드러낸다. 중원[91]의 훌륭한 나라로 그 집안을 잘살게 하며, 아름다운 여색과 진귀한 보배로 그 마음을 기쁘게 한다.

대저 많은 병사가 일단 모이면 갑자기 흩어지게 할 수 없고, 위세와 권력을 한번 주면 갑자기 옮길 수 없으니, 군사를 돌아가게 하고 군대를 쉬게 하는 것은 [나라의] 존망의 단계인 것이다.

그러므로 [상 주거나 작위 준 것을] 약화하려면 [군주의] 위세로써 하고, [분봉한 것을] 빼앗으려면 영토로써 해야 하니, 이것을 일러 '패왕 노릇 하는 자의 모략(霸者之略)'이라고 한다. 그러므로 패왕 노릇 하는 자의 행동은 그 논의하는 것이 뒤섞이고 어긋난[92] 것이다. 사직을 보존하고 영웅을 끌어들이는 것이 〈중략〉의 권세이니, 그러므로 권세는 비밀스러워야 하는 것이다.

聖人體天, 賢者法地, 智者師古. 是故《三略》爲衰世作. 〈上略〉設禮賞, 別姦雄, 著成敗. 〈中略〉差德行, 審權變. 〈下略〉陳道德, 察安危, 明賊賢之咎. 故人主深曉〈上略〉, 則能任賢擒敵. 深曉〈中略〉, 則能御將統衆. 深曉〈下略〉, 則能明盛衰之源, 審治國之紀. 人臣深曉〈中略〉,

---

90) '토사구팽兎死狗烹' 고사는 바로 《사기》〈회음후열전淮陰侯列傳〉에서 한신이 모반죄에 연루되어 잡히면서 한 자조를 참조할 만하다. "교활한 토끼가 죽으면 훌륭한 사냥개를 삶아 죽이고, 높이 나는 새가 없어지면 좋은 활은 감춰진다. 적을 깨뜨리고 나면 지모 있는 신하는 죽게 된다(狡兎死, 良狗烹, 高鳥盡, 良弓藏. 敵國破, 謀臣亡)."라고 말하고는, 이어서 천하가 이미 평정되었으니 자신이 삶겨 죽는 것은 당연하다고 한탄했다.

91) 원문의 '중주中州'를 번역한 것으로 '중토中土'와 같은 의미이니, 중원의 좋은 땅을 분봉받은 나라를 가리키는 개념이다.

92) 원문의 '잡박雜駁'을 번역한 것으로 뒤섞여 어지럽고 심지어 난잡하다는 의미다.

則能全功保身. 夫高鳥死, 良弓藏, 敵國滅, 謀臣亡. 亡者, 非喪其身也, 謂奪其威廢其權也. 封之於朝, 極人臣之位, 以顯其功. 中州善國, 以富其家, 美色珍玩, 以說其心. 夫人眾一合而不可卒離, 威權一與而不可卒移, 還師罷軍, 存亡之階. 故弱之以位, 奪之以國, 是謂霸者之略. 故霸者之作, 其論駁也. 存社稷, 羅英雄者, 〈中略〉之勢也; 故勢主秘焉.

하략下略

【해설】

앞의 〈중략〉 편이 전략가의 말에 근접한 내용이 많다면, 이 〈하략〉의 내용은 비교적 도덕적 울타리, 즉 군자의 향기를 두른 내용이 많다.
나라의 안위를 확보하기 위한 규범이 무엇인지 유가와 황로 사상의 중간 지점을 오가면서 인덕仁德으로 나라를 다스리는 방법과 백성과 더불어 해야 한다는 논지, 부국강병의 관건은 인정仁政을 펼치고 민심을 얻으며, 현명한 자를 추천하고 사악한 자들을 제거해야 한다는 논의를 중심으로 전개한다.
그런 면에서 기본적인 단락의 구분과 구성 방식은 앞의 〈중략〉 편과는 차별점이 있다. 군주의 통치력은 "도·덕·인·의·예, 다섯 가지는 한 몸이다〔道德仁義禮五者一體也〕."라는 규범을 바탕으로 정사를 원만히 이끌어가고 백성을 다스려야 한다는 점을 강조하는 대목도 인상적이다. 덕으로 인재를 다스리고 인재를 널리 초빙하라는 권고와 음악도 혼자 즐기지 말고 남과 같이 즐기라고 하면서 통치자의 정치 동기는 백성과 함께하는 데에 있음을 강조한다.
물론 후반부에서 왕명〔命〕·명령〔令〕·정치〔政〕의 삼위일체를 강조한 부분도 있고, 병기는 상서롭지 못하지만 어쩔 수 없을 때 써야 한다는 현실론도 있다. 그러고는 군주는 군주이고 신하는 신하라는 상하 구분의 원칙도 강조하고, 맨 마지막에는 이롭게 하든 해롭게 하든 한 사람이 문제임을 강조하면서 정치를 하는 데 군주의 역할이 얼마나 소중한지 그 중요성을 강조하기도 한다.
군주가 권력을 쥐고 있으면서 뛰어난 인재를 두루 초빙하여 백성을 다스려야만 백성은 따르게 되고 이상적인 정치 목표에 도달한다는 것은 이 편에서 일관되게 강조하는 내용이다.

1. 덕으로 다스리고 인재를 불러들여라

대저 천하의 위태로움을 도와줄 수 있는 자는 천하의 편안함을 차지하고, 천하의 걱정거리를 없앨 수 있는 자는 천하의 즐거움을 누리며, 천하의 재앙을 구제할 수 있는 자는 천하의 복을 얻는다. 그러므로 은택이 백성에게 미치면 곧 현명한 사람이 귀의하고, 은택이 곤충에게까지 미치면 성인이 귀의하는 것이다. 현명한 사람이 귀의하는 곳은 그 나라가 강성해지고, 성인이 돌아오는 곳에는 육합[93]이 동행한다. 현명한 사람을 구하려면 인덕으로써 하고, 성인을 이르게 하려면 도의로써 한다. 현명한 사람이 떠나면 나라는 쇠미해지고, 성스러운 사람이 떠나면 나라가 어그러진다. 쇠미해진다는 것은 위기의 단계이고, 어그러진다는 것은 망하는 징조다.

> 夫能扶天下之危者, 則據天下之安; 能除天下之憂者, 則享天下之樂; 能救天下之禍者, 則獲天下之福. 故澤及於民, 則賢人歸之; 澤及昆蟲, 則聖人歸之. 賢人所歸, 則其國強; 聖人所歸, 則六合同. 求賢以德, 致聖以道. 賢去則國微, 聖去則國乖. 微者危之階, 乖者亡之徵.

2. 덕이 있는 군주가 되어 남을 즐겁게 하라

현명한 사람의 정치는 남에게 복종하는 것을 몸으로써 하고, 성

---

93) 원문의 '육합六合'은 하늘과 땅, 동서남북을 말하며, 온 세상이라는 의미다.

스러운 사람의 정치는 남에게 복종하는 것을 마음으로써 한다. 몸으로 복종하면 [일] 처음부터 꾀할 수 있고, 마음으로 복종하면 [일의] 끝을 온전히 할 수 있다. 몸으로 복종하는 것은 예로써 하고, 마음으로 복종하는 것은 음악[의 즐거움]으로써 한다.

이른바 음악이라는 것은 쇠와 돌, 실, 대나무가 아니다. 사람들이 자신의 집을 즐거워하는 것을 이르고, 사람들이 자신의 종족을 즐거워하는 것을 이르며, 사람들이 자신의 생업을 즐거워하는 것을 이르고, 사람들이 자신의 고을을 즐거워하는 것을 이른다. 사람들이 자신의 정치와 명령을 즐거워하는 것을 이르고, 사람들이 자신의 도덕을 즐거워함을 이르니, 이와 같으면 남의 군주 노릇 하는 자는 비로소 음악을 만들어 그들이 절제하도록[94] 하고 [그들로] 하여금 그 조화로움[95]을 잃지 않게 하는 것이다.

그러므로 덕이 있는 군주는 음악으로써 남을 즐겁게 한다. 덕이 없는 군주는 음악으로써 자신만을 즐겁게 한다.[96] 남을 즐겁게 하는 자는 오래되어도 성장하지만, 자신을 즐겁게 하는 자는 오래가지 않아 망한다.

---

94) 원문의 '절節'은 조절하고 제어하는 것이다. 음악은 사람의 마음에서 나와서 관현으로 펼쳐진다는 의미도 내포한다.

95) 원문의 '화和'의 자의적 의미는 희로애락이라는 감정이 피어났지만 모두 절도에 들어맞는 것이다. 그러므로 이 '화'는 '용庸(떳떳함)'과도 그 기본적인 의미가 같다.

96) 《맹자》〈양혜왕 하〉에 나오는 "[맹자께서] 말씀하셨다. '혼자 음악을 즐기시는 것과 다른 사람과 음악을 즐기시는 것 중에 어느 것이 [더] 즐겁습니까?' [왕이] 말씀했다. '다른 사람과 함께하는 것만 못합니다.'〔曰: '獨樂樂, 與人樂樂, 孰樂?' 曰: '不若與人.'〕"라는 구절을 함께 보면 의미가 통한다.

賢人之政, 降人以體, 聖人之政, 降人以心. 體降可以圖始, 心降可以保終. 降體以禮, 降心以樂. 所謂樂者, 非金石絲竹也. 謂人樂其家, 謂人樂其族, 謂人樂其業, 謂人樂其都邑, 謂人樂其政令, 謂人樂其道德. 如此, 君人者乃作樂以節之, 使不失其和. 故有德之君, 以樂樂人. 無德之君, 以樂樂身. 樂人者, 久而長; 樂身者, 不久而亡.

3. 편안한 정사로 원만히 이끌어라

가까운 일을 내던지고 먼일을 도모하는 자는 수고롭기만 하고 공이 없다. 먼일을 내던지고 가까운 일을 도모하는 자는 편안하면서도 끝맺음이 있다. 편안하게 하는 정치에는 충성하는 신하가 많고, 수고스럽게 하는 정치에는 원망하는 백성이 많다.

그러므로 말한다.

"땅을 넓히는데 힘쓰는 자는 황폐해지고, 덕을 넓히는데 힘쓰는 자는 강성해진다. 자신이 가지고 있는 것을 간직하려는 자는 편안하지만, 남이 가지고 있는 것을 탐하려는 자는 해치게 된다. 남을 해치려는 정치는 대대로 근심을 받는다. 조작질하고 제재를 지나치게 하면 비록 성공하더라도 반드시 패망한다."

釋近謀遠者, 勞而無功. 釋遠謀近者, 佚而有終. 佚政多忠臣, 勞政多怨民. 故曰: "務廣地者荒, 務廣德者強. 能有其有者安, 貪人之有者殘. 殘滅之政, 累世受患. 造作過制, 雖成必敗."

4. 도·덕·인·의·예, 다섯 가지는 한 몸이다

자신을 버리고 남을 가르치려는 자는 거스르는 것이고, 자신을 바르게 하고 남을 교화하려는 자는 순탄한 것이다. 거스름은 혼란을 불러오고, 순탄함은 다스림의 요인이 된다.[97] 도·덕·인·의·예, 다섯 가지는 한 몸이다. 도는 사람이 밟아야 하는 바이고, 덕은 사람이 얻어야 하는 바이며, 인은 사람이 친하게 여기는 바이고, 의는 사람이 마땅히 해야 하는 바이며, 예는 사람이 본받아야 하는 바이니, 하나도 없어서는 안 된다.

그러므로 일찌감치 일어나고[98] 밤늦게 자는 것은 예의 통제다. 잔적을 토벌하고 원수를 갚음은 의의 결단이다. 측은해하는 마음[99]

---

97) "'도道'를 업業으로 여겨 다른 사람을 가르치는 것을 '교教'라 이른다. 몸소 윗자리에서 행하여 아래까지 풍화하여 움직이게 하는 것을 '화化'라고 말한다〔以道業誨人, 謂之教. 躬行於上, 風動於下, 謂之化〕."《신간증보삼략》에 있는 주석을 참조할 만하다.

98) 원문의 '숙흥夙興'을 번역한 것으로 '숙'은 '일찍이'란 의미이고, '흥'은 '일어나다'라는 뜻이다.

99) 원문의 '측은지심惻隱之心'을 번역한 것으로, '측'은 주희의 주석대로 '상심이 간절한 것〔傷之切〕'이고, '은'은 '애통함이 깊은 것〔痛之深〕'이다. 이 말은《맹자》에 나온다. "사람들이 모두 남을 차마 해치지 못하는 마음을 가지고 있다고 말하는 까닭은, 지금 사람들이 느닷없이 어린아이가 우물로 들어가려는 것을 보고는 모두 깜짝 놀라 측은해하는 마음을 가지는 것이다. 이는 어린아이의 부모와 교분을 맺으려고 해서도 아니고, 향당과 친구들에게 명예를 구해서도 아니며, 그 소리 듣는 것을 싫어해서 그러는 것도 아니다. 이로 말미암아 본다면 측은해하는 마음이 없으면 사람이 아니며, 부끄러워하고 미워하는 마음이 없으면 사람이 아니며, 사양하는 마음이 없으면 사람이 아니며, 옳고 그름을 따지는 마음이 없으면 사람이 아니다〔所謂人皆有不忍人之心者, 今人乍見孺子將入於井, 皆有怵惕惻隱之心. 非所以內交於孺子之父母也, 非所以要譽於鄕黨朋友也, 非惡其聲而然也. 由是觀之, 無惻隱之心, 非人也. 無羞惡之心, 非人也, 無辭讓之心, 非人也, 無是非之心, 非人也〕." 그러고는 맹자는 측은지심을 인仁의 단서로 보았다.

은 인의 피어남이다. 자신에게 얻음이 있고 남에게 얻음이 있음은 덕의 길이다. 사람으로 하여금 고르고[100] 평평하게 해서 그 살 곳을 잃지 않는 바는 도의 감화다.

> 舍己而教人者逆, 正己而化人者順. 逆者亂之招, 順者治之要. 道德仁義禮五者一體也. 道者人之所蹈, 德者人之所得, 仁者人之所親, 義者人之所宜, 禮者人之所體, 不可無一焉. 故夙興夜寐, 禮之制也. 討賊報仇, 義之決也. 惻隱之心, 仁之發也. 得己得人, 德之路也. 使人均平不失其所, 道之化也.

5. 왕명(命)·명령(令)·정치(政)의 삼위일체

군주에게서 나와 신하에게 하달되는 것을 왕명(命)이라고 하고, 대나무와 비단에 펼쳐지는 것을 명령(令)이라고 하며, 받들어 그것을 시행하는 것을 정치(政)라고 한다. 대저 왕명이 잘못되면 명령이 실행되지 못하고, 명령이 실행되지 못하면 정치가 정립되지 못하며, 정치가 정립되지 못하면 도의가 통하지 못하고, 도의가 통하지 못하면 간사한 신하가 승리하고, 간사한 신하가 승리하면 군주의 권위가 상처 입는다.

---

100) 원문의 '균均'은 균치均治, 평치平治를 의미하는데, 《중용中庸》 9장에 "천하와 국가를 고르게 다스릴 수 있다(天下國家, 可均也)."라는 공자의 말씀이 나온다.

出君下臣名曰命; 施於竹帛名曰令; 奉而行之名曰政. 夫命失則令不行;
令不行則政不正; 政不正則道不通; 道不通則邪臣勝; 邪臣勝則主威傷.

6. 천 리 밖 현인을 맞이하라

천 리 밖에서 현인을 맞이하려고 하면 그 길이 멀지만, 어리석은 사람을 오게 하려고 하면 그 길이 가깝다. 이 때문에 밝은 군주는 가까움을 버리고 멂을 거두니, 그러므로 공을 온전히 하고 사람을 높이기에 아랫사람들은 역량을 다하는 것이다.

千里迎賢, 其路遠; 致不肖, 其路近. 是以明王舍近而收遠, 故能全功尚人, 而下盡力.

7. 선한 정사를 순박한 백성에게 베풀라

하나의 선함을 물리치면 여러 선함이 쇠락하게 되고, 하나의 악함을 상 주면 여러 악함이 귀의한다. 선한 자가 그 복을 얻고 악한 자가 그 형벌을 받으면, 나라가 편안하고 뭇사람의 선함이 이른다.

廢一善, 則眾善衰; 賞一惡, 則眾惡歸. 善者得其祐, 惡者受其誅, 則國安而眾善至.

8. 의심과 미혹을 다스려야 안정된다

뭇사람이 의심하면 안정된 나라가 없고, 뭇사람이 미혹하면 다스려지는 백성이 없다. 의심이 진정되고 미혹이 돌아가야 나라가 비로소 안정될 수 있다.

衆疑無定國, 衆惑無治民. 疑定惑還, 國乃可安.

9. 하늘을 거스르지 마라

한 가지 명령이 거스르게 되면 백 가지 명령이 유실되고, 한 가지 악행이 실행되면 백 가지 악이 맺어진다. 그러므로 선한 정치가 순박한 백성에게 베풀어지고, 악한 정사가 흉악한 백성에게 더해지면, 명령은 실행되고 원망은 없어진다.

원한이 있는 사람으로 하여금 원한을 다스리게 하면 이것을 일러 '하늘을 거스른다'[101]라고 한다. 원수로 하여금 원수를 다스리게 하면 그 화근을 구원하지 못한다. 백성을 다스림에 고르게 하고 고르게 함을 이룸에 청렴함으로써 하면, 곧 백성이 자신의 자리를 얻

---

101) 원문의 '역천逆天'을 번역한 것인데, '역천'과 관련한 맹자의 발언이 있다. "맹자께서 말씀하셨다. '천하에 도가 있을 때는 작은 덕이 큰 덕에 부림을 당하고, 작은 현명함이 큰 현명함에 부림을 당하며, 천하에 도가 없을 때는 덩치가 작은 자가 큰 자에게 부림을 당하고, 약자가 강자에게 부림을 당한다. 이 두 가지는 하늘의 이치다. 하늘을 순종하는 자는 존재하고, 하늘을 거스르는 자는 멸망한다.'(孟子曰: '天下有道, 小德役大德, 小賢役大賢, 天下無道, 小役大, 弱役强. 斯二者, 天也. 順天者存, 逆天者亡.')"(《맹자》〈이루 상〉)

어 천하가 편안하게 된다.

一令逆則百令失, 一惡施則百惡結. 故善施於順民, 惡加於凶民, 則令行而無怨. 使怨治怨, 是謂逆天. 使仇治仇, 其禍不救. 治民使平, 致平以清, 則民得其所, 而天下寧.

10. 윗사람을 범하는 자가 존귀해진다면

윗사람을 범하는[102] 자가 존귀해지고, 탐욕스럽고 비루한 자가 잘살게 된다면, 비록 성스러운 군주가 있더라도 그 다스림에 이르게 될 수 없을 것이다. 윗사람을 범하는 자가 주살되고, 탐욕스럽고 비루한 자가 구속된다면, 교화가 실행되고 악한 무리가 사라지게 된다. 청렴결백한 선비는 관작과 녹봉으로써 얻을 수 없고, 절개와 의리가 있는 선비도 위세와 형벌로써 두렵게[103] 할 수 없는 것이다.

그러므로 밝은 군주가 현인을 구할 때는 반드시 그가 이르게 되는 길을 살펴야 한다.[104] 청렴하고 결백한 선비를 이르게 하려면 그 예를 닦아야 하고, 절개와 의리가 있는 선비를 이르게 하려면 그 도

---

102) 원문의 '범상犯上'을 번역한 것으로, "그 사람됨이 효성스럽고 우애가 있으면서 윗사람을 범하는 자는 드물다. 윗사람을 범하기를 좋아하지 않으면서 난을 일으키는 자는 드물다(其爲人也孝弟, 而好犯上者, 鮮矣. 不好犯上, 而好作亂者, 未之有也)."《논어》〈학이〉편) 공자 제자인 유약有若의 발언을 염두에 둘 만하다.

103) 원문의 '협협脅脅'을 번역한 것으로, 위엄과 무협으로 서로 간에 두려움을 주는 것이다.

를 닦아야 하니, 그러고 난 다음에야 선비가 이를 수 있고 명분이 지켜질 수 있다.

> 犯上者尊, 貪鄙者富, 雖有聖主, 不能致其治. 犯上者誅, 貪鄙者拘, 則化行而眾惡消. 淸白之士, 不可以爵祿得; 節義之士, 不可以威刑脅. 故明君求賢, 必觀其所以而致焉. 致淸白之士修其禮, 致節義之士修其道, 而後士可致而名可保.

11. 때를 기다리는 신하 될 자의 처신

대저 성인과 군자는 융성과 쇠락의 원천에 밝고, 성공과 실패의 실마리에 통달하며, 다스려짐과 어지러워짐의 기미를 살피고, 물러남과 나아감의 절도를 아니, 비록 곤궁해도 망해가는 나라의 자리에는 머물지 않고, 비록 가난해도 어지러운 나라의 녹봉을 먹지 않는다. 이름을 잠겨놓고 도를 간직한 자가 때가 되어 움직이면 남의 신하 된 자의 자리를 지극히 하게 된다. 덕이 자기와 들어맞으면 매우 빼어난 공적을 세운다. 그러므로 그 도가 높아지고 이름이 후세에 드날리게 되는 것이다.

> 夫聖人君子, 明盛衰之源, 通成敗之端, 審治亂之機, 知去就之節, 雖窮不處亡國之位, 雖貧不食亂邦之祿. 潛名抱道者, 時至而動, 則極人

---

104) 원문의 '관觀'을 번역한 것으로, 일상의 일을 보는 것을 '시視'라고 하고, 일상적이지 않은 일을 보는 것을 '관觀'이라고 한다.

臣之位. 德合於己, 則建殊絕之功. 故其道高而名揚於後世.

12. 병기는 상서롭지 못하지만 어쩔 수 없을 때는 써야 한다

어질고 덕이 뛰어난 왕이 군사를 부리는 것은 그것을 즐거워해서 하는 것이 아니고, 장차 포악함을 주벌하고 어지러움을 토벌하려고 하는 것이다. 대저 의로움으로써 의롭지 못함을 주벌하는 것은 큰 강물과 물을 터서 작은 횃불에 물을 적시는 것과 같으며, 잴 수 없는 깊은 곳에 도달하여 떨어지고자 하는 사람을 밀치는 것과 같으니, 반드시 승리할 것이다.

넉넉하고 유유자적하고 맑고 고요하여 나아가지 않는 것은 사람과 사물을 해치는 일을 신중히 하기 때문이다. 대저 병기란 상서롭지 못한 기물[105]이니, 천도가 그것을 미워하지만 어쩔 수 없어 쓰는 것이니, 이것이 천도다. 대저 사람이 도에 있는 것은 마치 물고기가 물에 있는 것과 같으니, [물고기는] 물을 얻으면 살고 물을 잃으면 죽는다. 그러므로 군자는 항상 두려워하여 함부로 도를 잃지 않아야 한다.

---

105) 원문의 '상서롭지 못한 기물[不祥之器]'은 바로 노자의 다음과 같은 유명한 발언에서 나온 것이다. "병기란 상서롭지 못한 기물이며 군자의 기물이 아니므로 부득이해서 그것을 사용하지만 초연함과 담담함을 최상으로 삼는다. 승리해도 [이를] 불미스럽게 여겨야 하니, 그것을 찬미하는 사람은 바로 사람 죽이는 것을 즐기는 사람이고, 사람 죽이는 것을 즐기는 사람은 천하에서 뜻을 얻지 못할 것이다[兵者, 不祥之器, 非君子之器, 不得已而用之, 恬淡爲上. 勝而不美, 而美之者, 是樂殺人, 夫樂殺人者, 則不可得志於天下矣]."《노자 도덕경》31장) 덧붙여 보면, '器'는 기물인데, 확대하면 강한 군사력이나 훌륭한 정책 같은 쓸모 있는 도구의 총칭을 의미한다.

聖王之用兵, 非樂之也, 將以誅暴討亂也. 夫以義誅不義, 若決江河而漑爝火, 臨不測而擠欲墜, 其克必矣. 所以優游恬淡而不進者, 重傷人物也. 夫兵者, 不祥之器, 天道惡之, 不得已而用之, 是天道也. 夫人之在道, 若魚之在水, 得水而生, 失水而死. 故君子者常畏懼而不敢失道.

13. 호걸을 통제하라

호걸이 직책을 잡고 있으면 나라의 권위가 나약해지고, 살리거나 죽이는 것이 호걸에게 달려있으면, 나라의 위세는 이내 다하게 된다. 호걸 같은 권신[106]이 머리를 낮추면 나라는 곧 오래갈 수 있고, 살리고 죽이는 것이 군주에게 달려있으면 나라는 이내 편안해진다. 사민四民(네 가지 생업에 종사하는 백성)의 쓰임이 공허하면 나라에는 곧 쌓아놓은 것이 없게 되고, 사민의 쓰임이 넉넉하면 나라는 이내 편안하고 즐겁게 된다.

豪傑秉職, 國威乃弱; 殺生在豪傑, 國勢乃竭. 豪傑低首, 國乃可久; 殺生在君, 國乃可安. 四民用虛, 國乃無儲; 四民用足, 國乃安樂.

---

106) 원문의 '호걸豪傑'을 번역한 것으로, 여기서는 호걸 같은 권신을 지칭한다.

14. 마땅함을 잃지 마라

　현명한 신하가 [궁궐] 안에 있으면 간사한 신하는 [궁궐] 밖에 있고, 간사한 신하가 안에 있으면 현명한 신하가 죽으니, 안과 밖이 마땅함을 잃으면 화근과 혼란이 후세에 전해진다.

　　賢臣內, 則邪臣外; 邪臣內, 則賢臣斃. 內外失宜, 禍亂傳世.

15. 군주는 군주, 신하는 신하

　대신大臣이 [권력이] 군주와 비슷하면[107] 간사한 무리가 모여들고, 신하가 군주의 높은 자리를 차지하면 위아래가 이내 혼미하며, 군주가 신하의 자리를 담당하면 위아래가 질서를 잃게 된다.

　　大臣疑主, 衆姦集聚; 臣當君尊, 上下乃昏; 君當臣處, 上下失序.

16. 현인을 곁에 둬라

　현인을 해치는 자는 재앙이 삼대에 미치고, 현인을 가리는 자는 자신이 그 피해를 받으며, 현인을 시샘하는 자는 그 이름이 온전하

---

107) 원문의 '의疑'는 '의심하다'라는 의미가 아니고 '비견되다'라는 뜻의 '의擬'와 같으므로 해석에 유의해야 한다.

지 못하고, 현인을 등용하는 자는 복이 자손에게까지 흘러간다. 그러므로 군자는 현인을 나아가게 하는 것을 다급하게 여겨야 아름다운 이름이 밝게 드러나는 것이다.

傷賢者, 殃及三世; 蔽賢者, 身受其害; 嫉賢者, 其名不全; 進賢者, 福流子孫. 故君子急於進賢而美名彰焉.

17. 이롭게 하든, 해롭게 하든 한 사람이 문제다

한 사람을 이롭게 하고 백 사람을 해롭게 하면 백성이 성곽을 떠나가고, 한 사람을 이롭게 하고 만 사람을 해롭게 하면 나라는 곧 흩어질 것을 생각한다. 한 사람을 없애 백 사람을 이롭게 하면 사람들은 곧 은택을 사모하고, 한 사람을 제거하여 만 사람을 이롭게 하면 정치는 곧 혼란스럽지 않게 된다.

利一害百, 民去城郭; 利一害萬, 國乃思散. 去一利百, 人乃慕澤; 去一利萬, 政乃不亂.

참고문헌

1. 판본, 단행본, 번역서

劉魯民·蘇德祥等編,《中國兵書集成(一)·六韜》, 北京: 解放軍出版社, 1987.
劉魯民·蘇德祥等編,《中國兵書集成(二)·三略》, 北京: 解放軍出版社, 1987.
傅傑 역주,《三略讀本》, 台北: 三民書局, 1996.
鄔錫非 역주,《六韜讀本》, 台北: 三民書局, 1996.
徐勇,《先秦兵書通解》, 天津人民出版社, 2002.
謝文超,《先秦兵書研究》, 上海古籍出版社, 2007.
蔣伯潛,《諸子通考》, 杭州: 浙江古籍出版社, 1985.
(淸)段玉裁注,《說文解字注》, 浙江古籍出版社, 1998.
顧實,《重考古今僞書考》, 上海大東書局, 1926.
中國兵書集成編委會,《中國兵書集成》第1冊, 沈陽: 解放軍出版社; 遼沈書社, 1987.
程素紅,《中國曆代兵書集成》, 北京: 團結出版社, 1999.
陳靑榮·徐樹梓,《薑太公新論》, 北京: 燕山出版社, 1993.
楊通方,《中國古代關系史論》, 北京: 社會科學文獻出版社, 1996.
姚際恒,《古今僞書考》, 北京: 中華書局, 1985.
余嘉錫,《四庫提要辨證》(11卷), 北京: 中華書局, 1985.
余嘉錫,《古書通例》, 上海: 上海古籍出版社, 1987.
趙國華,《中國兵學史》, 福建: 福建人民出版社, 2004.

孫建民,《黃石公三略新說》, 北京: 解放軍出版社, 2011.

(清)紀昀等撰,《四庫全書總目》卷九十九《子部·兵家類》,《素書》, 清乾隆四年武英殿校刻本.

王應麟,《漢藝文志考證》(卷五), 文淵閣《四庫全書》影印本.

李學勤,《對古書的反思》, 上海: 上海人民出版社, 1987.

姚鼐,〈讀司馬法六韜〉,《昔抱軒詩文集》卷五, 上海: 上海古籍出版社, 1992.

(明)劉寅,《武經七書直解·六韜直解》, 明 萬曆九年 莫與齋刻本.

(明)劉寅,《武經七書直解·三略直解》, 明 萬曆九年 莫與齋刻本.

太公望著·鄺達譯注,《太公兵法》, 北京: 中國檔案出版社, 2002.

太公望著·陳曦譯注,《六韜》, 北京: 中華書局, 2016.

中國兵書集成編委會,《中國兵書集成》第1冊, 沈陽: 解放軍出版社; 遼沈書社, 1987.

(唐)陸德明,《經典釋文》卷二八,《叢書集成初編》第1199冊, 中華書局, 1985.

李零,《兵以詐立》, 中華書局, 2006.

김경현 옮김,《오자병법》, 홍익출판사, 1998.

김기동,《중국 병법의 지혜》, 서광사, 1993.

김원중 옮김,《사기세가》, 민음사, 2015.

김원중 옮김,《사기열전》1·2, 민음사, 2015.

김원중 옮김,《한비자》, 휴머니스트, 2016.

김원중 옮김,《노자 도덕경》, 휴머니스트, 2018.

김원중 옮김,《논어》, 휴머니스트, 2019.

김원중 옮김,《손자병법》, 휴머니스트, 2020.

성백효·이종덕 옮김,《역주 육도직해 삼략직해》, 전통문화연구회, 2014.

유동환 옮김,《육도·삼략》, 홍익출판사, 2005.

이상옥 옮김,《신완역 육도삼략》, 명문당, 2007.

조강환 옮김,《육도삼략》, 자유문고, 1997.

하재철 옮김,《육도·삼략》, 범우사, 1996.

2. 학위논문 및 학술논문

(1) 석박사 학위논문

吳欣, 〈《六韜》研究〉, 東北師範大學歷史學碩士論文, 2004.
解文超, 〈先秦兵書研究〉, 西北師範大學古代文學博士論文, 2005.
李桂生, 〈先秦兵家研究〉, 浙江大學歷史學博士論文, 2005.
王曉雪, 〈先秦兵家治國思想——以先秦六本兵書爲中心〉, 南開大學法學博士論文, 2010.
趙強, 〈銀雀山漢簡《六韜》詞彙研究〉, 西南大學漢語言文字學碩士論文, 2010.
王一劍, 〈《六韜》的政治哲學思想研究〉, 曲阜師範大學哲學碩士論文, 2015.
馬思敏, 〈《六韜》的軍事用語研究〉, 西北師範大學碩士論文,漢語言文字學, 2015.
何元興, 〈《六韜》軍事哲學思想研究〉, 東吳大學哲學碩士論文, 2017.
金善佶, 〈《管子》在朝鮮半島的傳播與影響——以朝鮮王朝爲主〉, 山東理工大學碩士學位論文, 2018.
魏萊, 〈朝鮮王朝時期儒學典籍的刊印與編纂研究〉, 延邊大學歷史學碩士論文, 2019.
張曉波, 〈朝鮮王朝科擧制度研究〉, 山東師範大學博士學位論文, 2020.

(2) 학술논문

•《육도》관련

劉宏章, 〈《六韜》初探〉, 《中國哲學史研究》, 1985(2).
王聯斌, 〈《六韜》的軍事倫理思想〉, 《軍事歷史研究》, 1994(4).
仝晰綱, 〈《六韜》的成書及其思想蘊涵〉, 《學術月刊》, 2000(7).
楊朝明, 〈關於《六韜》成書的文獻學考察〉, 《中國文化研究》, 2002(1).
王繼光, 〈唐寫本〈六韜〉殘卷校釋〉, 《敦煌學輯刊》, 1984(11).
楊青, 〈銀雀山漢簡《六韜》的整理新發現〉, 《孫子研究》, 2018(3).

白立超,《《六韜》兵學思想論析》,《濱州學院學報》第29 卷第5期, 2013.

陳書臻·魏長春,《《六韜》反情報思想發微》,《情報雜志》第42卷 第9期, 2023.

蘇曉威,《《六韜》命名及文本流變研究》,《中國典籍與文化》, 2010(總第75期).

陳亞如,《《六韜》論》,《上海師範大學學報(哲學社會科學版)》第2期, 1992.

高潤浩,《《六韜》對中國傳統兵學的貢——對《六韜》曆史地位的再評價》,《濱州學院學報》第29卷 第5期, 2013.

杜文君,《《六韜》軍事情報思想研究》,《孫子研究》第5期(總第41期), 2022.

徐寅,《《六韜》軍事情報思想析議》,《孫子研究》第3期(總第39期), 2022.

陳建梁,《《六韜》"雲梯飛樓"即《左傳》"樓車"考——兼論孫詒讓對服虔注的誤解》,《管子學刊》第3期, 1996.

黃錦群,《《六韜》中的虛詞研究》,《齊齊哈爾大學學報(哲學社會科學版)》第6期, 2015.

張林川,《《六韜》的作者及其流傳考》,《文獻》, 1998.

聶鴻音,《《六韜》的西夏文譯本》,《傳統文化與現代化》第5期, 1996.

解文超·崔宏豔,《《六韜》真偽考》,《青海師範大學學報(哲學社會科學版)》第2期(總第109期), 2005.

解文超,《《六韜》的文獻著錄與版本流傳》,《圖書與情報》, 2005. 01.

臧思涵,《《六韜》隱蔽行動的實施方法及現代啟示》,《情報雜志》第43卷 第10期, 2024.

連劭名,《《六韜》新證》,《古籍研究》卷上 2007.

陳錦松,《《六韜》是部黃老道家的兵書》,《上海第二工業大學學報》第1期, 1994.

陳青榮,《《六韜》書名辨析》,《齊魯學刊》第3期, 1998.

周江吾,《《六韜》兵學思想的實踐運用——以朝鮮壬辰戰爭爲例》,《孫子研究》第4期(總第34期), 2021.

姚振文,〈對《六韜》兵學地位的再認識——兼論戰國末期先秦兵家思想的成熟》,《軍事曆史》第2期, 2021.

張玉春,《《六韜》探源》,《古籍整理研究學刊》第6期, 1993.

王歡,〈《六韜》真僞述議〉,《軍事歷史研究》, 1987.
唐嗣德,〈解衣剝筍逐層透裏——《六韜·文韜·國務》的修辭藝術〉,《語文知識》, 1996.
王玨,〈太公望與《六韜》〉,《管子學刊》第4期, 2018.
韓立森,〈定州西漢中山懷王墓竹簡《六韜》的整理及其意義〉,《文物》第5期, 2001.
張守中,〈定州西漢中山懷王墓竹簡《六韜》釋文及校注〉,《文物》第5期, 2001.
張帆,〈日本古鈔本《群書治要》所收《六韜》的校勘價值〉,《中國典籍與文化》第2期 (總第125 期), 2023.
劉釗,〈銀雀山漢簡《六韜·佚文三》複原新探〉,《文物》第9期, 2023.

• 《삼략》 관련

黃樸民,〈大一統兵學的奠基者——《三略》宗論〉,《軍事歷史研究》, 2001. 03.
胡曉文,〈《三略》成書年代考辨〉,《孫子研究》第1期(總第25期), 2020.
郭海燕,〈《三略》對《孫子兵法》的繼承與發展〉,《濱州學院學報》第34卷 第5期, 2018.
郭海燕,〈《黃石公三略》的君臣觀〉,《濱州學院學報》, 2013. 05.
徐炳傑,〈《黃石公三略》整理研究述要〉,《孫子研究》第2期, 2015.
何清穀,〈《黃石公三略》考辨〉,《秦文化論叢》第1期, 1999.
劉向陽,〈《黃石公三略》的軍事法治思想〉,《泰山鄉鎮企業職工大學學報》, 2005. 01.
郭新榜,〈《黃石公三略》中的將帥理論及其現實意義〉,《文史雜誌》, 2010. 01.
孫建民,〈《黃石公三略》軍事思想述要〉,《濱州學院學報》, 2013. 05.
王愛民,〈《黃石公三略》的儒家思想基調〉,《秦文化論叢》, 2013. 05.
顧文瑾,〈《黃石公三略》"守柔"軍事思想及其淵源〉,《長江叢刊》, 2020. 23.
鄭先星,〈《黃石公三略》的歷史哲學發微〉,《秦漢研究》, 2022. 02.
王業文,〈《黃石公三略》所蘊含的領導藝術探析〉,《領導科學論壇》, 2019.
鍾焓,〈《黃石公三略》西夏譯本正文的文獻特徵〉,《民族研究》第6期, 2005.
남권희,〈『三略』板本과 諺解本 3種 比較〉,《국어사연구》제3호, 2002.

• 《육도·삼략》 및 기타

李文明,〈《六韜》《三略》之人才管理理念與方法解讀〉,《靑島科技大學學報(社會科學版)》第31卷 第2期, 2015.

李桂生,〈先秦兵家人文主義精神特征探析〉,《中華文化論壇》, 2006(3).

張申,〈《尉繚子》文獻學硏究——以《子藏·兵家部·六韜卷》爲中心的考察〉,《湖南工程學院學報(社會科學版)》第31卷 第2期, 2021

薑國柱,〈武聖薑太公的軍事謀略思想〉,《靑海大學師範學院學報》, 2002(1).

周興濤,〈朝鮮李朝武擧考略〉,《東疆學刊》 2009(1).

琴知雅,〈中國漢籍傳入韓國硏究〉,《國際漢學》, 2015(4).

곽낙현,〈武經七書를 통해서 본 조선전기 武科試取에 관한 연구〉,《동양고전연구》, 2009(34).

김성애,〈육도직해 해제〉,〈삼략직해 해제〉(성백효·이종덕 옮김,《역주 육도직해 삼략직해》, 전통문화연구회, 2014, 5~23쪽).

노영구,〈壬辰倭亂 이후 戰法의 추이와 武藝書의 간행〉,《한국문화》, 2001(27).

노영구,〈조선시대『武經七書』의 간행과 활용의 양상:『武經七書直解』의 도입, 간행을 중심으로〉,《조선시대사학보》, 2017(80).

尹武學,〈朝鮮初期의 兵書編纂과 兵學思想〉,《동양고전연구》, 2012(49).

윤훈표,〈조선 전기 兵書의 강의와 무학교육〉,《역사문화연구》, 2014(49).

찾아보기

ㄱ

가벼운 수레(輜車) 178
강성한 종족(强宗) 311
강아姜牙(=태공) 17
강태공姜太公(=태공) 5, 6, 16~19, 25, 30, 48, 100, 147
갱전갱식更戰更息 245
거현擧賢 48, 89
고굉股肱 123
고요皐陶 51
교전敎戰 260
국무國務 48, 62
군략軍略 174, 195
군려軍旅 39
군성軍城 246
군세軍勢 122, 152
《군세軍勢》 320~323
군용軍用 174, 176
《군참軍讖》 27, 286, 289, 291, 297, 298, 301~303, 305~308, 310~315
궁전 신하들(廊廟) 304
광요光耀 178
권도(權) 32, 36, 42, 52, 53
권도權道 127, 318~321
권력權力 75, 76, 304, 324, 326, 330, 342
권사權士 123
궤사詭詐 111
균병均兵 250, 262
글로 다스리고 힘으로 공을 이룬다(文治武功) 49
금고金鼓 174, 204
금판육도金版六弢 22
기병奇兵 16, 35, 122, 153, 157, 158, 163, 171, 178~181, 188, 192, 193, 202, 211, 212, 214, 223, 227, 230, 232~234, 236, 240, 243, 250, 253, 262~265, 270, 271, 275~281

기병 부대〔騎寇〕 178, 223, 230, 233, 234, 236, 240, 243, 253, 262~265
기이한 속임수〔奇譎〕 127
기정奇正 35, 153, 235
기정상생奇正相生 35
기필코 죽으려 하는 병사〔必死之士〕 258

ㄴ

나라가 비었다〔國虛〕 309
나라의 간적〔國姦〕 312
난장亂將 299
넓은 날의 낫〔大櫓刀〕 183
노병老兵 300
노자老子 6, 27, 36, 37, 68, 286, 340
《노자 도덕경老子道德經》 36, 37, 68, 76, 94, 112, 289, 340
논장論將 34, 122, 130, 134
놀라서 움직이게 하는 적〔震寇〕 229
농기農器 122, 170
뇌고雷鼓 196, 197
누허壘虛 174, 217

ㄷ

다행히 치욕을 씻고자 하는 병사〔倖用之士〕 258
대례大禮 48, 65
대로大櫓 196
대황大黃 178
도적질의 실마리〔盜端〕 310
돌문突門 227
돌병突兵 225, 226
돌전突戰 222, 225, 227
동정動靜 274, 201
동축고위수銅築固爲垂 182
둔한 성품을 단련하는 병사〔勵鈍之士〕 258

ㅁ

망하는 나라〔亡國〕 310
매수〔收〕 7, 31, 112, 113, 238
명가鳴笳 197
명령을 기다리는 병사〔待命之士〕 258
명전明傳 30, 48, 69
모공謀攻 36
모사謀士 123
목당랑木螳螂 179
목숨 지키는 대그릇〔命籠〕 281
무거사武車士 250, 267
무경칠서武經七書 16, 17, 20, 26, 40, 41

무기사武騎士 250, 267, 269
무당과 점술〔巫蠱〕 85
무당과 축원하는 자〔巫祝〕 318, 322
무락武落 196
무봉武鋒 250, 253
무위無爲 57~59, 84, 107
무위이치無爲而治 42
무익武翼 177
무충대부서武衛大扶胥 177
문계文啓 25, 100, 107
문벌文伐 31, 100, 111, 118
문벌전승文伐全勝 42
문사文師 25, 29, 32, 48, 50

ㅂ

반드시 붕괴된다〔必潰〕 309
발계發啓 25, 100, 101
방사方士 123, 128
번개처럼 공격하다〔電擊〕 178
법산法算 123
벼락 치듯 놀라게 하는 부대〔震駭〕 177
벼락이 치다〔霆擊〕 179
변變 37, 290
병도兵道 48, 94
병법兵法 23, 36, 37, 49, 86, 123, 124,
126, 177~179, 214, 287
병징兵徵 122, 166
복고기伏鼓旗 123
복심腹心 123, 192
부서扶胥 177
부해浮海 197
북두병〔斗杓〕 186, 187
분온轒轀 196
분위奮威 123
분합分合 250, 251
분험分險 222, 245
불가불찰不可不察 38
붕당朋黨 83, 311
비교飛橋 181, 197
비구飛鉤 179
비루飛樓 196
비부飛鳧 178

ㅅ

《사기史記》 7, 17~22, 97, 128, 252,
316, 321, 326
사납고 날랜 병사〔寇兵之士〕 257
사마천司馬遷 6, 7, 17~22, 26, 28, 319
사무충진四武衝陳 188, 193, 216, 223,
281
사직社稷 69, 112, 138, 141, 326

산의 성곽〔山城〕 236
삼군三軍 125~128, 139, 142, 144, 145, 147, 155, 159~162, 166, 167, 176, 179, 181, 191, 193, 195~197, 200, 203~205, 208~211, 214, 223~227, 229, 230, 232, 235, 236, 238~240, 246, 251, 252, 260, 261, 263, 273, 274, 276, 278, 281, 288, 297, 308, 321
삼왕〔王者〕 319
삼의三疑 25, 33, 48, 100, 118
삼진三陳 174, 186
삼황三皇 162, 163, 318, 319
상벌賞罰 30, 42, 48, 92, 142, 250, 251, 286, 302
상서롭지 못한 기물〔不祥之器〕 37, 340
상현上賢 48, 82
서백西伯 창창昌(=주 문왕) 17, 19, 50
선장選將 122, 130, 134
성군聖君 79, 80
성동격서聲東擊西 32, 96
성인聖人 55, 69, 70, 80, 81, 105, 107~110, 113, 136, 153, 154, 290, 325, 331, 339
세勢 87, 152
세 가지 보배〔三寶〕 71, 73, 74
소중少衆 222, 242

손무孫武(=손자孫子) 8, 20
손자孫子(=손무孫武) 8, 31, 32, 36~38, 125, 127, 128, 130, 131, 152, 153, 155, 193, 207, 232, 244, 260, 298, 299, 302, 321
《손자병법孫子兵法》 5, 7, 16, 24, 25, 29, 31~41, 124, 125, 127, 128, 130~132, 152, 153, 155, 186, 193, 196, 199, 207, 214, 218, 232, 236, 244, 260, 278, 298, 299, 302, 321
쇠 작살〔鐵叉〕 183
쇠뇌〔强弩〕 158, 177, 178, 181, 183, 191, 196, 214~216, 223, 227, 230, 233, 234, 240, 246, 268, 280, 281
수국守國 25, 48, 79
수토守土 25, 48, 75, 79
순계順啟 94, 100, 116
술사術士 123, 128
숲속에서 하는 전투의 기강〔林戰之紀〕 224
숲속에서의 전투〔林戰〕 223
신명神明 67, 92, 156, 167, 289
신물여전愼勿與戰 210
신상필벌信賞必罰 8, 42, 92

ㅇ

아홉 오랑캐(九夷) 290
약지略地 174, 210
여군勵軍 122, 144
여상呂尙(=태공) 16, 18, 101
여섯 가지 지킴(六守) 71, 72, 74
여섯 가지 해침(六賊) 83
연사練士 250, 256, 259, 261
열 가지 허물(十過) 130, 131
영허盈虛 50, 57
예의를 지키는 장수(禮將) 145, 297
오운산병烏雲山兵 35, 222, 235
오운택병烏雲澤兵 35, 222, 235, 238
오음五音 122, 162, 163
《오자병법吳子兵法》 24, 25, 40
오제(帝) 58, 318, 319
오패(覇) 318~320
온전한 승리(全勝) 8, 297, 298
왕익王翼 122, 123
욕심을 멈추는 장수(止欲將) 145
용감하고 날랜 병사(勇銳之士) 257
용맹하고 힘이 있는 병사(勇力之士) 257
용맹한 기병(武騎之士) 270
용맹한 전차병(武車之士) 267, 268
용병用兵 6, 7, 17, 27, 36, 37, 125, 153, 286, 298

우익羽翼 123, 263
운제雲梯 196
유도柔道 6, 27, 286
유사遊士 123
유성流星 178
육적六賊 82, 83
육합六合 331
율관 열두 개(律管十二) 162
은밀한 문서(陰書) 150, 151
음부陰符 122, 147, 148, 150
음서陰書 122, 150
이목耳目 123
이상노인圯上老人 28
이중의 친교(重親) 113
인과 의의 벼리(仁義之紀) 77
인군仁君 79, 80
인진人陳 186, 187
일곱 가지 폐해(七害) 83
임경臨境 174, 198
임기응변(權變) 8, 35, 36, 42, 127, 222, 235, 290, 318, 323, 324, 325
임전林戰 222, 223
임충臨衝 196
입장立將 25, 122, 138

ㅈ

작은북과 방울〔鼙鐸〕 196
장량張良 6, 20~22, 28
장위將威 122, 142
《장자莊子》 22
적강敵強 222, 229
적무敵武 222, 232
적진으로 치닫는 용사〔馳陳〕 253
적진을 함락시키는 병사〔陷陳之士〕 257
전기戰騎 250, 275
전보戰步 250, 280
전차電車 178
전차戰車 35, 87, 158, 171, 177, 180, 181, 186, 188, 191~193, 196, 202, 211, 212, 214, 224, 227, 230, 232~234, 236, 240, 243, 246, 250, 253, 262~265, 267, 271, 272, 274~278, 280, 281
절강絕江 197
절도絕道 174, 207
제요帝堯 58, 59
제익提翼 178
조아爪牙 123
주周나라 무왕武王 5, 16, 19, 20, 30, 48, 50, 69, 94~96, 118, 123, 124, 130, 133, 134, 136, 138, 141, 142, 144, 147, 148, 150~152, 156, 157, 161, 162, 164, 166, 169, 170, 172, 176, 177, 183, 186, 187~190, 192, 193, 195, 198, 199, 201~205, 207~212, 214, 215, 217, 218, 223, 225~227, 229, 230, 232~235, 238~240, 242~246, 251, 253, 254, 256, 260~262, 264, 265, 267, 269, 271~276, 278, 280, 281
주周나라 문왕文王 5, 16, 17~20, 23, 30, 32, 42, 48, 50~53, 55~58, 60, 62, 63, 65~67, 69~73, 75, 77, 79, 82, 83, 88, 89~92, 100, 101, 107, 109~111, 116, 291, 319
주왕紂王 19, 50
주포토란誅暴討亂 38
죽음으로 분을 품는 병사〔敢死之士〕 257
죽음으로 싸우려는 병사〔死鬪之士〕 257
중원〔中州〕 326
지극히 먼 곳〔八極〕 290
지리地利 57, 123, 125, 152, 157, 166, 207, 280
지진地陳 186, 187
지피지기知彼知己 38, 128
질전疾戰 174, 188

ㅊ

창과 갈라진 창〔矛戟〕 170, 177, 178, 223
천강天矼 182
천라天羅 181, 196
천문天文 50, 123
천봉天棓 179
천부철당랑天浮鐵螳蜋 181
천월天鉞 179
천진天陳 186, 187
천퇴天鎚 179
천하화복天下和服 210
천황天潢 182, 192, 197
철파鐵杷 182, 183
충군衝軍 229
충차衝車 178
측은해하는 마음〔惻隱之心〕 28, 334
치우씨蚩尤氏 180
칠해七害 82~84

ㅋ

칼날을 무릅쓰는 병사〔冒刃之士〕 256
큰 결정〔大定〕 109
큰 괭이〔棨钁〕 182
큰 기강〔大紀〕 108
큰 실수〔大失〕 109

ㅌ

태공太公 16~20, 22, 24, 26, 29, 32, 40, 42, 50~53, 55~59, 62, 63, 65~67, 69~73, 75, 77, 79, 80, 82, 83, 89~92, 94, 96, 97, 101, 107, 109, 111, 116, 118, 123, 125, 130, 134, 136, 138, 142, 144, 145, 147, 150, 152, 157, 162, 164, 166, 170, 176, 177, 186, 188~190, 192, 195, 198, 200~204, 206~211, 214, 215, 217, 218, 223, 225, 226, 229, 230, 232, 233, 235, 238~240, 242, 243, 245, 251, 253, 254, 256, 260, 262, 264, 267, 269, 271~273, 275, 276, 278, 280, 281
《태공육도太公六韜》(=《태공병법太公兵法》) 15, 16, 20~23, 28
태공망太公望(=태공) 16, 18, 26, 69, 80, 101, 107
태자 발太子發(=주 무왕) 69
통량通糧 123
통재通材 123

ㅍ

패병敗兵 232
패왕 노릇 하는 자의 모략〔霸者之略〕

326
풍豊 101
필출必出 174, 190

ㅎ

하늘 우물(天井) 278
하늘을 거스른다(逆天) 337
행마行馬 170, 171, 179, 196, 227, 280, 281
허실虛實 34, 174, 217
호락虎落 181
화전火戰 34, 174, 214
환란의 뿌리(亂根) 312
환란의 원천(亂源) 311
황석공黃石公 6, 16, 20~22, 26, 28, 31
《황석공삼략黃石公三略》 16, 28, 37
황제黃帝 95, 180, 319
회전하는 녹로(轉關轆轤) 181
희창姬昌(=주 문왕) 51
힘을 바치는 장수(力將) 145

지은이 **강태공**姜太公

본명은 강아姜牙, 동해東海 출신이다. 주 문왕이 강태공을 만나 '고공단보古公亶父가 바라던 인재'라는 의미에서 태공망太公望이라 불렀으므로 태공太公 혹은 강태공이라 불렸다. 강태공은 주 문왕과 주 무왕의 스승으로서, 주나라의 국가 경영 전반에서 핵심적인 역할을 했다.

지은이 **황석공**黃石公

황석공은 진나라 말기의 은사隱士로, 진시황 암살 모의에 실패한 장량張良이 하비下邳에 숨어 살 때 그 앞에 우연히 나타났다. 사마천에 따르면 황석공은 장량에게 "읽으면 마땅히 왕 노릇 하려는 자의 스승이 될 수 있을 것"이라며 《삼략》을 전했다. 이 책을 읽은 장량은 모책과 계책으로 한 고조의 천하 통일에 결정적으로 기여했다.

옮긴이 **김원중**金元中

성균관대학교 중문과에서 문학박사 학위를 받았다. 대만 중앙연구원과 중국 문철연구소 방문학자 및 대만사범대학교 국문연구소 방문교수, 중국 푸단대학교 중문과 방문학자, 건양대학교 중문과 교수, 대통령 직속 인문정신문화특별위원, 한국학진흥사업위원장, 대통령 직속 국가교육위원회 전문위원을 역임했다. 현재 단국대학교 사범대학 한문교육과 교수로 재직 중이며 중국인문학회 부회장을 맡고 있다.
동양의 고전을 우리 시대의 보편적 언어로 섬세히 복원하는 작업에 매진하여, 고전 한문의 응축미를 담아내면서도 아름다운 우리말의 결을 살려 원전의 품격을 잃지 않는 번역으로 정평 나 있다. 《교수신문》이 선정한 최고의 번역서인 《사기 열전》을 비롯해 《사기 본기》, 《사기 표》, 《사기 서》, 《사기 세가》 등 개인으로서는 세계 최초로 《사기》 전체를 완역했으며, 그 외에도 MBC 〈느낌표〉 선정도서인 《삼국유사》를 비롯해 《논어》, 《맹자》, 《대학·중용》, 《노자 도덕경》, 《장자》, 《한비자》, 《손자병법》, 《명심보감》, 《채근담》, 《정관정요》, 《정사 삼국지》(전 4권), 《당시》, 《송시》, 《격몽요결》 등 20여 권의 고전을 번역했다. 또한 《고사성어 사전: 한마디의 인문학》(편저), 《한문 해석 사전》(편저), 《중국 문화사》, 《중국 문학 이론의 세계》 등의 저서를 출간했고 40여 편의 논문을 발표했다. 2011년 환경재단 '2011 세상을 밝게 만든 사람들'(학계 부문)에 선정되었다. EBS·KBS·JTBC 출연, 삼성·LG사장단 강연, SERICEO 강연 등 이 시대의 오피니언 리더들을 위한 대표적인 인문학 강연자로도 널리 알려져 있다.

육도·삼략 감추면서 펼치는 전략전술의 고전

1판 1쇄 발행일 2025년 8월 25일

지은이 강태공·황석공
옮긴이 김원중

발행인 김학원
발행처 (주)휴머니스트출판그룹
출판등록 제313-2007-000007호(2007년 1월 5일)
주소 (03991) 서울시 마포구 동교로23길 76(연남동)
전화 02-335-4422 **팩스** 02-334-3427
저자·독자 서비스 humanist@humanistbooks.com
홈페이지 www.humanistbooks.com
유튜브 youtube.com/user/humanistma
페이스북 facebook.com/hmcv2001
인스타그램 humanist_insta

편집주간 황서현 **편집** 김주원 임미영 **디자인** 김태형 **표지글씨·전각** 강병인 **지도** 임근선
조판 홍영사 **용지** 화인페이퍼 **인쇄·제본** 정민문화사

ⓒ 김원중, 2025

ISBN 979-11-7087-372-3 04140
ISBN 978-89-5862-322-9(세트)

• 이 책은 저작권법에 따라 보호받는 저작물이므로 무단 전재와 무단 복제를 금합니다.
• 이 책의 전부 또는 일부를 이용하려면 반드시 저자와 (주)휴머니스트출판그룹의 동의를 받아야 합니다.

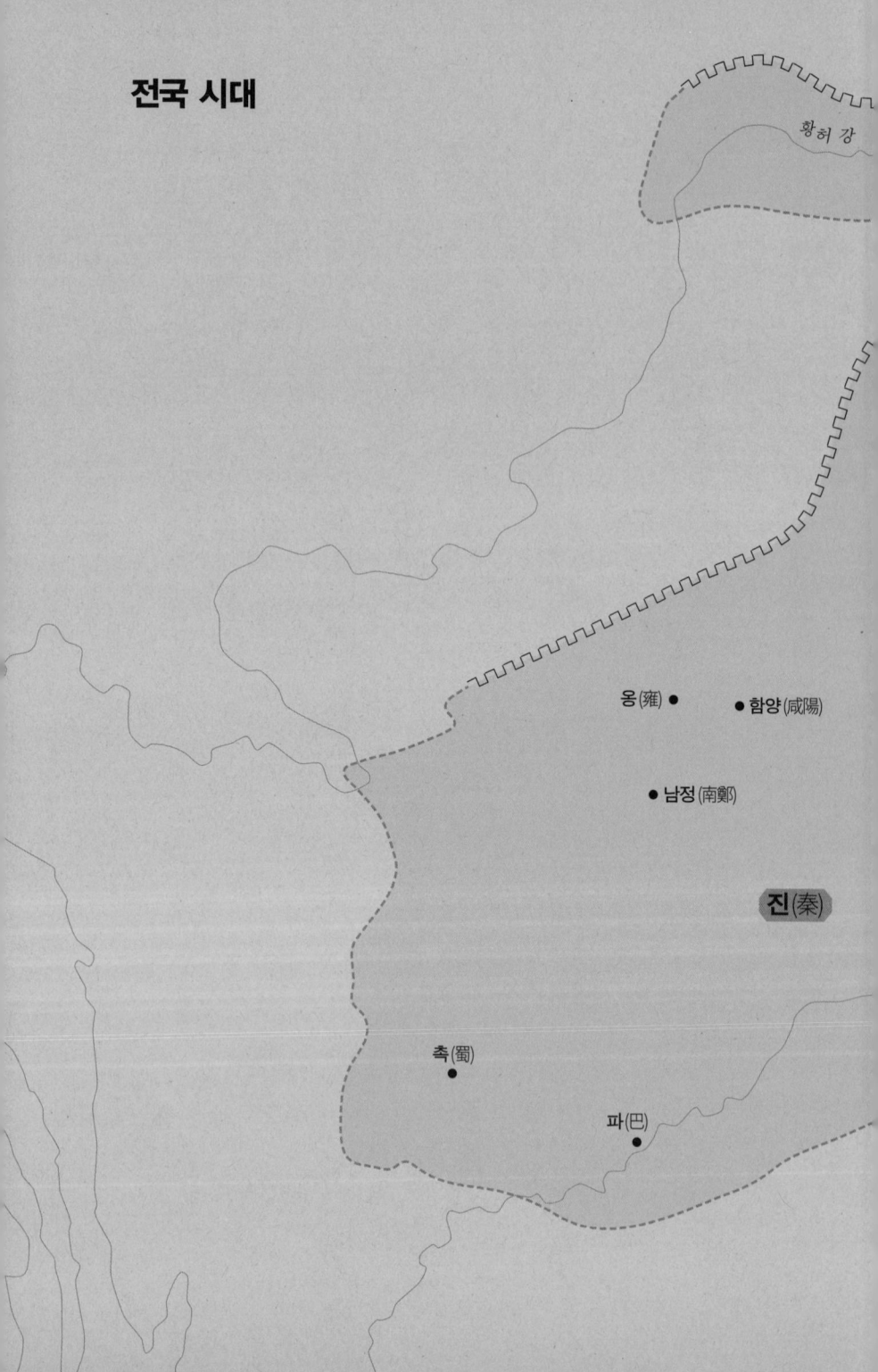